ジブリの文学

ジブリの文学

鈴木敏夫
Toshio Suzuki

岩波書店

方丈記とスタジオジブリと――はしがきにかえて

元を正せば、『方丈記』を読もうとした動機は不純なものだった。宮崎駿を理解したい。その一点だった。どういうことかというと、知り合ったばかりの宮崎駿が堀田善衞さんのファンで、『方丈記私記』を読んでいたく衝撃を受けていたからだ。出会って直ぐに、彼との相性のよさを感じ取ったぼくは、彼の読んで来たものをトコトン読み漁ろうと考えていた。でないと、会話が成立しない。だから、『方丈記私記』の場合も、ぼくは最初、義務感で読み始めた。

しかし、読み進むうちに、大いに魅了された。中世がそうであったように、現代は乱世だという堀田さんの指摘にまず目から鱗が落ちた。そして、昭和二十年三月十日の東京大空襲を回想し、一面焦土と化した東京で途方にくれる人々と、八百年前の鴨長明の経験を折り重ねる。堀田さんは『方丈記』を読みながら、いったい、日本はどうなっていくのだと考える。そういう内容の本だった。

さらに、ぼくが一番興味を持ったのは、長明は自分の体験した京の都を襲った天変地異――安元の大火、治承の辻風、福原遷都、養和の飢饉、元暦の大地震を、まるで現代のルポルタージュのように正確無比に描いているという指摘だった。同時に、堀田さん自身もまた、焦土と化した東京をリアルに報告する。ぼくなども、アニメーションの世界に入る前は、出版の末端に身を置き、記者をやっていた。自分が見たモノ、聞いたことを過不足なく第三者に報告する仕事だ。ぼくは、堀田善衛という作家の立ち位置に親近感を覚えた。その後、ぼくは堀田善衛の全著作を読みまくり、堀田さんという作家が、乱世の時代を生きた歴史の観察者、記録者だった人物に深い関心のある人だということを知る。

しかし、誤解を恐れずに言えば、宮さんはそんなことには、いっさい関心がなかった。『方丈記私記』に描かれた平安末期と東京の風景について妄想に妄想を重ね、それを膨らませることに一所懸命だった。しかも、細部にわたるまで具体的現実的にありありと。宮さんという人は、自分の思い描くその時代と風景の中にタイムスリップして自分が紛れ込み、その街を練り歩く。そういうことが好きな人だった。

宮崎駿は、一般の印象とは随分と違う人かもしれない。『となりのトトロ』に代表されるように一見、明るい作品が多いからだ。しかし、一方に『風の谷のナウシカ』がある。それは終末観の色が濃い作品だ。宮さんはぼくが出会った時から悲観論者だった。それも、並の悲観論者ではない。実際、悲観すると、肉体が壊れんばかりに支障を来す。眠れない夜が続き、挙句は目が腫れたり歩けなくなったりする人なのだ。『もののけ姫』に登場した乙事主の最期を思い出して欲しい。鎮西(九州)を領土として治める、齢五百歳の巨大イノシシの王だ。あれが、宮さんそのものなのだ。しかし、その悲観の深さが作品を生む。

宮さんがいつなぜ、悲観論者になったのかについては、ぼくはよく知らない。ただ、彼のそういうモノの見方への共感がぼくにも少なからずあった。心の中の深い闇、それが宮崎駿という作家の創造の原点なのだとぼくは理解し始めていた。

ぼくは、この『方丈記私記』を読みながら、ぼく自身のその後の人生の立ち位置を決めることになる。宮崎駿流誤読を理解しつつ、同時に本の内容を正確に把握する。それが、ぼくの仕事の上での役割だと考えたのだ。でないと、彼の考えることが世間につながらない。ぼくは、本気でそう思った。

『となりのトトロ』を作っている時の話だ。宮さんは、映画に登場するあの風景がその後、どうなったのかをラストに付け加えようとした。川は高速道路に、田園にはビルが立ち並び、様相は一変する。宮さんの描いたイメージボードを見せられた時、ぼくは身を挺して反対した。それをやれば、それまで心地よく映画を見ていた人たちを裏切ることになる、と。

その後、ぼくらは、堀田さんの新刊が刊行されるごとに、ふたりだけの読書会を自然と開いた。おたがい読後感を述べあうのだ。しかし、最後は必ずと言っていいほど、『方丈記私記』の話になった。そして、宮さんはインタビューで何度も『方丈記』の話をした。

後に堀田さんと知り合ったぼくらは毎年、年が明けてしばらく経った時期に、逗子にあった堀田さんのご自宅を訪ねることになる。それは一年に一回限りの年中行事になり、堀田さんが亡くなるまで続いた。同時代に堀田さんがいたことは、ぼくらの幸運だったとしか言いようがない。

堀田さんの代々木にあった東京のマンションにビデオデッキを持ち込み、『風の谷のナウシカ』

を見て貰った日があった。司馬遼太郎さんをゲストに招き、堀田さんと宮さんの三人で日本を語って貰ったこともある。東京と大阪で、語り合って貰った時間は、計十時間以上に及んだ。これは、『時代の風音』という本になった。そして、晩年、堀田さんの生涯一度きりの出版記念パーティへの参加も幸せな思い出だ。

振り返ると、あれからもう三十年余の歳月が通り過ぎている。いったい、その間に、『方丈記私記』に何度目を通したことか。

さて、ここまで書いてきて、やっと気がついた。ジブリというか、宮崎駿と『方丈記』との深い関係について。信じがたい話だが、ぼくは今回、はじめて気がついた。自分の不明を恥じるばかりである。

（『聖地の入口――京都下鴨神社　式年遷宮の祈り』主婦の友社、二〇一四年より）

目次

第五章　推薦の辞

自分がやっているのに自分がやっているんじゃない。プロデューサーという仕事。

第一章

熱い風の来た道

――ジブリ作品を振り返って

『ナウシカ』は、まだ終わっていない

『風の谷のナウシカ』をスクリーンで見た。二十六年ぶりの再会だ。そばには、宮さんがいた。試写室が暗くなると、緊張した。手に力が入り、汗ばんだ。そして、『ナウシカ』が始まった。いつも、映画を作り終わると、ぼくらは二度と見ないし、また、見たくない。でないと、次に行けない。しかし、今回は特別の事情があった。

ディズニーから次のBD(Blu-ray Disc)のタイトルを決めて欲しいという要望が出たのは、『崖の上のポニョ』のBDの打ち上げの日で、去年の暮れのことだった。『ポニョ』の次にどの作品をBDにするのか。それまで何も考えていなかったが、ぼくは即答した。『ナウシカ』にしませんか。その場に同席していたジブリとディズニーの関係者の表情が凍った。みんなの考えていた案は『天空の城ラピュタ』で、『ナウシカ』はBD化の〝最後の作品〟になると勝手に考えていたようだ。そして、そう答えると同時に、ぼくにはもうひとつの考えが浮かんでいた。

『ナウシカ』の公開は一九八四年三月。当時の日本映画は実写も含めて、そのほとんどがネガから直接、プリントを焼いた。現在は、別のネガを作って焼くことが多いが、当時は、それが当たり前だった。その数、およそ百本。それだけ焼くと、ネガに傷がつき、損傷が激しくなる。おまけに、経年劣化がある。いま、現存するネガからプリントを焼くと、公開時のモノとは別物の、特に色彩がまるで違うプリントが出来上がる。それを、いつの日か、公開時の綺麗なネガに復元してみたい。それは、『ナウシカ』に関わったぼくとしては、長年の宿題だった。

その日を境に、撮影部の奥井敦さんを中心に、どういう方針で『ナウシカ』の原板を作るのか、議論が始まった。しかし、奥井さんは、『ナウシカ』の制作には直接、関わっていない。何を基準に原板を作るのか。推測は出来るが肝心なところが分からない。なにしろ、デジタル技術は、何でもやってのける。中古のものを新品に変えるのだって朝飯前だ。そこで、出た結論は、監督である宮さんに決めてもらう、それしかない。宮さんが会議に参加した。宮さんの意見は、単純明快だった。

仕事が終わって帰宅すると、宮さんは、ディズニー・チャンネルをよく見る。そこで放映されているのは、デジタル処理で〝お色直し〟した昔の作品群だった。冒瀆ですよ、あれは。今回の話が持ち上がる前から、宮さんは、デジタル処理に関して、否定的な意見を吐いていた。過去の名作が、デジタル処理を施すことで、色にざらつきのある、品のない作品になってしまっている。ああだったはずがない。あれは、作った人に対する冒瀆ですよ。年数が経てば、作品が古ぼけて見えるのは当たり前。ぼくにしても、そうやって過去の名作を見てきた。それをいくら技術の進歩があったからといって、新品にしてしまう権利がだれにあるのか。それが宮さんの意見だった。

それを整理すると、こうだった。基本は、公開時のものを尊重して欲しい。それ以上には綺麗にしない。プリントを焼く過程でついた傷は取る。色パカ(塗り残し)は、そのままにする等々。

奥井さんは、宮さんの意見を尊重し、二ヶ月掛けて、忠実にデータ化に勤しんだ。フィルムの一コマ一コマをスキャニングして一コマごとにデータ化するという、気が遠くなる作業だ。

こうして三月一日(月)、試写の日がやって来た。当時を知るスタッフは、ジブリにはもうほとんどいない。見るのをいやがった宮さんをぼくが説得した。見るのは、本当に限られたスタッフだった。十分前に、試写室へ行くと、すでに宮さんが待ち構えていた。

じつは、二~三日前から、宮さんが、そわそわして落ち着きがないことをぼくは知っていた。『ナウシカ』との再会を待つ宮さんは、明らかに興奮していた。

上映が終わった。会議室にスタッフが集まり、宮さんの感想を待った。宮さんは、やっと重い口を開いた。古ぼけて見えたと、まず、感想を述べた。そして、こう話したのが印象的だった。鈴木さん、技術的に、ぼくらは、随分と遠くまで来てしまったんだね。

話し合いの結果、この映像を基本としながら、少しだけ、手直しすることになった。宮さんの注文は一つだった。必要な箇所に緑を少し増やして欲しい。

一日経って、奥井さんが、ぼくの部屋にやって来た。宮崎さん、泣いていましたよね、あれは……。ぼくは、こう答えた。『ナウシカ』は、まだ終わっていない。ぼくも宮さんも、カットごとに、そのときに起きた出来事をすべて覚えている。そりゃあ、後悔もあるし、これでよかったということも含めて。

(ディズニー「ジブリがいっぱいCOLLECTION」『風の谷のナウシカ』プレスインフォメーション、二〇一〇年)

西洋かぶれ――『となりのトトロ』と『火垂るの墓』

その昔、〝西洋かぶれ〟という言葉が流行ったことがある。元々は、日本より西洋をよしとして振る舞う人を指す蔑称で、たとえば、夏目漱石の『坊っちゃん』に登場する赤シャツがその典型例だが、戦後になって、多少、意味が変わる。

アメリカに戦争で負けた日本という国を好きになれず、かといって、アメリカに尻尾を振るわけにもいかない。そうだ、もうひとつの西洋、ヨーロッパがあるじゃないか。アメリカと違って、ヨーロッパには、古い伝統と歴史がある。

新しい〝西洋かぶれ〟の誕生だった。それは、ヨーロッパにあこがれ、ヨーロッパの文物に親しむ人々のことを指した。

高畑勲と宮崎駿のふたりも、その例外ではなかった。

ふたりとも、そういう時代の申し子だった。

ふたりは、ヨーロッパを舞台に『アルプスの少女ハイジ』と『母をたずねて三千里』を作るが、そういう作品を作ることに何の抵抗も痛痒も無かった。それどころか、それは喜びだった。そういう時代だった。

しかし、時の経過は、ふたりに大きな変化をもたらす。日本を舞台に日本人が主人公の作品を作りたい。いつしか、そう願うようになる。

当時の宮崎駿の発言に、こんな言葉が残っている。

「日本に借金がある。それを返したい」

こうして、企画されたのが、『となりのトトロ』と『火垂るの墓』の二本立て興行だった。いまでこそ、日本が舞台の作品は珍しくないが、当時の日本のアニメーション界では、かなり画期的な野心作だった。企画から数えると、四半世紀、二十五年前の出来事である。

最近の話だが、ある人が、こんなことを語ったのが印象的だった。

日本は戦争に負けてよかった。

もし、勝っていたら、本当に嫌な国になっていた気がする――。

（ディズニー「ジブリがいっぱいCOLLECTION」『となりのトトロ』／『火垂るの墓』プレスインフォメーション、二〇一二年）

人間の生き方はふたつしかない――『おもひでぽろぽろ』と『魔女の宅急便』

いまから二十年以上前の話になる。

〝キャリア・ウーマン〟という流行語があった。翻訳すれば、〝仕事の出来る女〟という意味だろうか。時代が、そんな女性たちを求めていた。

「その成功率は?」と、ある日、高畑さんに真顔で質問された。

「さあ、五パーセントくらいでしょうか」と何の根拠もなく答えると、高畑さんはひとり考え込んでいる様子だった。そして、ふと、洩らした。

「じゃあ、残りの九十五パーセントの人は、その後、どうして行くんですか」

二十七歳のタエ子の誕生だった。

「魔女」の世界では、空を飛ぶことは特別な能力では無い。それは、勉強が出来たり、絵を描くことが上手かったり、運動が出来ることと同じくらいの意味だ。だから、キキは、宅急便屋さんを始めても、商売で大成功して、会社を大きくして、その社長に収まろうという野心は持たない。毎日をつつがなく過ごせれば、それで事足りる。宮さんは、作品を始めるにあたり、スタッフにそう伝えた。

人間の生き方はふたつしかない。目的を持って、それに到達すべく努力する。あるいは、目の前のことをコツコツこなしながら、未来を切り開く。キキとタエ子。奇しくも、ふたりに共通するのは、いずれも、その生き方が後者のタイプに属していることだった。

高畑勲と宮崎駿のふたりは、いつの時代も、流行に背を向ける。そこに、現代を生きるヒントがある。

（ディズニー「ジブリがいっぱいCOLLECTION」『おもひでぽろぽろ』／『魔女の宅急便』プレスインフォメーション、二〇一二年）

ポルコは、なぜ、豚になってしまったのか？――『紅の豚』

宮崎駿は、電車に乗るのが好きだ。

有名人なので、周りが心配すると、こう言ってのける。

「怖い顔をしていれば、だれも気づかない」

実際は違う。乗客たちが知らんぷりを決め込んでくれるのだ。ありがたい。しかし、本人はそう思っていない。あるとき、ぼくとふたりで電車に乗った。すると、乗客のひとりがサインをねだってきた。ぼくが小さな声で、やんわり断ると、その人も諦めてくれた。電車を降りて、目的地に近づいたとき、宮さんが怒り出した。

「鈴木さんがそばにいたから、ばれたんだ」

ぼくにしても、そういうときは知らんぷりを決め込み、宮さんのことを無視する。このエピソード、じつは単なる笑い話ではない。宮崎駿の本質の一部があるとぼくは思っている。

『紅の豚』の絵コンテを描き始めたとき、ぼくは驚いた。

主人公が豚の顔をして、平然と街を歩くシーンがあるのだが、だれも驚かない。むろん、そんな顔をしているのは彼ひとりだ。感想を求められ、ふと口走ってしまった。ポルコは、なぜ、豚になってしまったのか?

「くだらないよ、そういうのは」

そういう因果関係をグダグダ説明するから、日本映画はつまらないと言うのだ。しかし、宮さんは、ぼくの要望に応えるべく、ジーナのシーンを付け加えてくれた。

「どう、これで分かるよね」

映画を作るとき、宮さんという人は、俯瞰でモノを見ない。

というか、見ちゃいけない。そう思っている人だ。

だから、時として、その言動は奇異に映る。

ぼくにとっては、宮崎駿が作家であることを実感したエピソードのひとつである。

(ディズニー「ジブリがいっぱいCOLLECTION」『紅の豚』プレスインフォメーション、二〇一三年)

真のプロデューサー──『海がきこえる』

企画というモノは、いつだって、誰かの不純な動機から始まる。今作の場合、それは徳間書店の編集者だった三ツ木早苗である。彼女は最初から目論んでいた。当代の大人気作家だった氷室冴子さんに本を書かせ、その原作を元にジブリで映像化する。なにしろ氷室さんは、当時、集英社のお抱え作家で、そこへ徳間が食い込むことは至難の業だった。それをジブリを餌に実現したのだから、見事という他は無い。

彼女の得意技は、大酒を飲んでも酔っぱらわないこと。お酒が大好きだった氷室さんに、彼女はこの得意技を大いに発揮するはずだった。しかし、ぼくの記憶だと、酔っぱらって前後不覚になった三ツ木早苗を自宅まで送り届けたのは、いつだって氷室さんの方だった。だが、氷室さんという人は、そのことを意に介さない。どういうことかといえば、いつも接待づけで下にも置かない編集者たちにうんざりしていたのだろう。はじめてジブリを訪れた氷室さんは、心底、嬉しそうにこの逸話を語った。

というわけで、三ツ木早苗が氷室さんを伴ってジブリに登場したときは、氷室さんはすでに彼女の手中にあった。作家と編集者の立場の逆転。作家は、時としてマゾになって、そのことを喜びとする。訳の分からないことを口走る三ツ木早苗のフォローをするのは、もっぱら、氷室さんの役割だった。

事はどんどん速やかに順調に進んだ。最近の映画の主人公は不良ばかり。優等生を主人公にすると、いま、どうなるのか？　舞台は土佐の高知。地方都市を舞台に、やがて、都会へ出て行く高校生たちの青春群像。卒業のとき、高知は東京へ行く人と関西へ行く人に分かれる。そこがおもしろいと氷室さんは、一気に話した。それを傍らでニコニコしながら、頷き、相槌を打つ三ツ木早苗。タイトルは、『海がきこえる』。

その後、『アニメージュ』で連載が始まるが、間を置かず、映像化の話も同時進行する。日本テレビでの放映もあっという間に決まった。祝日の午後の特別番組。となると、いつものメンバーがジブリに集まってくる。気がつけば、すべての関係者が三ツ木早苗の掌の上で踊っていた。そういえば、『魔女の宅急便』のとき、三ツ木早苗は、すでに氷室さんと宮崎駿の対談をモノしていた。

あれから二十二年、その間に氷室さんは若くして亡くなった。三ツ木早苗は、その後も徳間書店で編集の仕事を続けた。彼女の名前は、映画の中で大きくクレジットされたわけでは無い。しかし、この逸話でお分かりのように、彼女こそがこの映画の真のプロデューサーだった。

（ディズニー「ジブリがいっぱいCOLLECTION」『海がきこえる』プレスインフォメーション、二〇一五年）

豚から狸へ――『平成狸合戦ぽんぽこ』

いま、考えても無茶苦茶な話だ。

宮さんがある日、言い出した。

「豚の次は狸だ！」

言い出した方も凄いが、受けた方にも感心する。

しかも、見事な映画になったのだから、事実は小説より奇なりだ。当時のことを思い出してみる。まずは、宮さんに説明を聞いた。

「俺が自分を主人公に映画を作ったのだから、今度は、それをパクさんにやってもらおう」

パクさんとは、高畑監督のことである。

宮さんが、なぜそんなことを言い出したのか、いまだよく分かっていない。それを高畑さんに伝えたとき、当然のことだが、高畑さんは首をひねった。

「どういう意味ですか？」

準備していた答えがあった。

「古来、日本には狸を題材にした面白い話がたくさんある。これは日本人が映像にすべきだと、高畑さんは力説していましたよね。絶好の機会じゃないですか。やりましょう」

高畑さんはそういうときに、はい、分かりましたと二つ返事で頷く人では無い。そんなことは分かっていた。ぼくとしては、きっかけが欲しかった。きっかけさえあれば、あとは何とかなる。いや、何とかしなきゃいけない。高畑さんなら何とかしてくれる。ぼくはそう信じて、毎日のように高畑宅を訪ねた。

その後、起きた事件の数々については、別の機会に譲る。

狸を題材に、高畑さんは空前絶後、架空のドキュメンタリーをモノした。

実際に起きた事件だが、山をひとつ崩してそこにベッドタウンを造る。そこに住んでいた狸たちは、それを黙って見過ごしていたのだろうか。そうじゃないだろう。彼らなりに、人間たちに対して独自の戦いを挑んだに違いない。化学《ばけがく》の復興というアイデアは、日本の伝統的な狸話を描いてあまりある内容になった。しかも、現代の話として映画としても傑作として蘇ったのである。

話し始めて半年、それから脚本が出来あがるまでに半年くらい掛かっただろうか。記憶は忘却の彼方に遠ざかっているが、これだけは言える。繰り返しになるが、高畑さんはどんな企画でも形にしてくれる人、ぼくには、そういう確信があった。

（ディズニー「ジブリがいっぱい COLLECTION」『平成狸合戦ぽんぽこ』プレスインフォメーション、二〇一三年）

近藤喜文さんの背中――『耳をすませば』

必要があって『耳をすませば』を見た。計算すると、十七年ぶりになる。見始めて、愕然とした。アニメーションがすごい。動きで、性別とおよその年齢と性格が分かる。主人公の雫と姉さん、そして、お母さんとお父さん、いずれも、感じが出ている。上半身、特に手の動きに特徴があるし、歩くと際立つ。それに、空間がある。奥行きがある。食事をする一家の団地の台所の部屋の広さ。狭い。しかし、狭いから、家族の距離が近くなる。団地で生活する家族は、こんな感じだ。画面が息づいている。それらを支える背景もいい。夏から秋へ。こうやって、季節感は出るんだという見本のような絵だ。

雫が地球屋を訪ねるシーンで、彼女が階段を駆け下りるところがある。彼女は普段、見慣れた町の風景がまったく違う表情を見せたことにはっとする。そして、その光景に目を奪われる。しかし、町を見つめる彼女のカットはなんと、背中からのものだ。かつて、アニメーションで、背中で演技した作品があっただろうか。

監督は、いまは亡き近藤喜文さん。享年四十七歳、ぼくと同世代の人だった。なぜ、こんな素晴らしい作品を作ることが出来たのか。努力もあるし、才能もあった。そして、時代と運。比較して、現在のジブリはどうなのか。『コクリコ坂から』の制作の追い込みの時期に全編を見るのは、本当にしんどい作業だったが、見てよかった。
スタジオへ帰ると、ぼくはすぐに宮さんのデスクを訪ねた。ぼくのただならない様子に、宮さんが何があったのか聞いてきた。一部始終を話すと、ため息をついた。その後、ぼくが自分のデスクに戻って仕事をしていると、間をおかずに、宮さんが現れた。さっきの話の続きなんだけど……。

（ディズニー「ジブリがいっぱいCOLLECTION」『耳をすませば』解説書、二〇一一年）

時代の転換点——『もののけ姫』

自分のためじゃなく誰かのために戦う。子どものころから、主人公はそういうものだと思っていた。ナウシカは風の谷の五百人のために戦った。だから、納得がいった。観客として、主人公に共感するのは、その一点だった。

しかし、『もののけ姫』の主人公、アシタカは違う。アシタカは、誰かのためじゃなく、自分のために戦った。腕に痣《あざ》の出来たアシタカは、体良く村を追い出される。痣は村人たちにとって忌まわしいものだった。

その旅立ちの音楽は、当然、アシタカの複雑な心境を表現しなければいけない。宮さんは久石譲さんに、そう依頼した。悩んだ。それでいいのだろうか。たとえそうだったとしても、ぼくは、主人公の旅立ちはいつだって、勇壮さが必要だと思った。

ぼくの悩みを打ち明けると、久石さんは、だったら、二曲作ってみると言ってくれた。そして、ふたつの曲が出来あがった。いずれ劣らぬ名曲だった。さて、どっちがいいだろうか。どちらにするか決めるとき、久石譲さんがぼくに目で合図を送った。宮さんは、迷うことなく勇壮さを選んだ。

この時期を境に、その後のヒーローたちは、自分のための戦いを繰り広げている。いま振り返ると分かることがある。『もののけ姫』のころに、大きな時代の転換点があったのだと。

（ディズニー「ジブリがいっぱいCOLLECTION」『もののけ姫』プレスインフォメーション、二〇一三年）

千と千尋の倍返し

ことばの恐ろしさについて書く。ひとことが運命を変えることがある。二〇〇〇年の秋くらいだったと思う。赤坂を歩いていて友人の藤巻直哉さんに出くわした。のちに『崖の上のポニョ』を歌って、博報堂DYMPの社員でありながら、暮れの紅白にまで登場したあの藤巻さんである。

おたがい時間があったのだろう。ふたりでお茶を飲んだ。翌年の夏に公開する『千と千尋の神隠し』に話題は及んだ。藤巻さんにとっては他人事だったからだろう。興行の見通しについて無責任にこう言い放った。

「ほっといても大ヒットしますよ。みんな、言っていますよ。『もののけ姫』の半分は行くと」

このひとことがぼくに火を付けた。無性に腹が立った。なんだ、みんな、そんな風に思っているのか。関係者は顔を突き合わせると、みんな、真剣そのもの。おくびにも〝楽観〟は口にしない。しかし、藤巻さんの話を聞くと、ぼくのよく知っているこの作品の当事者たちまでが、楽勝気分でそう話しているという。ちなみに、宮崎駿の前作『もののけ姫』は、邦画に於ける興行の日本記録を作ったばかりだった。

この日を境に、ぼくの作品に取り組む姿勢が大きく変わった。ぼくは鬼と化し、がむしゃらになった。半分というなら、倍を目指す。昨今、流行の言葉でいえば〝倍返し〟だ。やるべきことは二つしかなかった。まずは、宣伝の内容。普通なら、千尋とハクの恋物語だ。違うと思った。千尋とカオナシの物語だ。監督という人種は、往々にして、自分が何を作っているのか、分からないときがある。ぼくがカオナシで宣伝を始めると、宮崎駿が怪訝な顔をしてぼくの前に現れた。

「鈴木さん、カオナシで宣伝をやるの？」

ぼくは事も無げに答えた。

「千尋とカオナシの物語ですから」

さらに、映画館の数と宣伝量を『もののけ姫』の倍にする。ぼくは、配給の責任者に連絡を取った。

そして、二〇〇一年夏、『千と千尋』は、『もののけ』の記録を大きく更新、不滅の記録を作ることになる。それは、ぼくの予想を超えた、信じがたい数字だった。

『千と千尋』は、なぜ、不滅の記録を作ったのか？　作品もよかった。宣伝もうまく行った。興行の大きな努力もあった。すべてうまく行ったが、ぼくは、藤巻さんのあのひとことが忘れられない。

（ディズニー「ジブリがいっぱいCOLLECTION」『千と千尋の神隠し』
プレスインフォメーション、二〇一四年）

宮崎駿と付き合う法——『猫の恩返し』

若い人で映画を作る。これは、ジブリにとって大きな課題だった。

第一に、宮崎駿の作ったものと比較される。これは、若い人にとっては塗炭《とたん》の苦しみとなる。第二に、近くに宮崎駿がいる。これは、経験した者で無ければ分からない大きなプレッシャーだ。随分と昔の話だが、ある企画で若い監督を抜擢したが、わずか二週間足らずで彼は十二指腸潰瘍になって入院した。

『猫の恩返し』は、『千と千尋の神隠し』の次回作だった。あの超大ヒット作のあとを誰に任せるのか？　悩みに悩んで、抜擢したのが森田宏幸くんだった。

彼の特徴は、誰にも真似のできない粘りがあること。アニメーターとして、粘った絵と動きには定評があった。そんな彼の目標が演出であることをぼくは知っていた。

彼が『猫の恩返し』に取り掛かると、宮さんが森田くんの机の横に張り付いた。不安が過《よぎ》った。森田くんが監督業を放り出す危険性がある。それどころか、逃げ出すかもしれない。

宮さんは、思いつくことを言葉にし、また、絵を描いて見せる。しかも、それらは尋常なスピードじゃない。そこで、大概の人はついて行けなくなって逃げて行く。

しかし、森田くんは違った。それどころか、疑問が生まれると、宮さんを捜して捕まえて、延々と質問をする。自分がトコトン納得するまで。

最初のうちこそ、宮さんも丁寧に答えていたが、回数が増えるにつれ、宮さんの方が辟易として来た。逃げ出したのは宮さんのほうだった。

森田くんは、終始、マイペースで『猫の恩返し』を作りあげた。

（ディズニー「ジブリがいっぱいCOLLECTION」『猫の恩返し』『ギブリーズ episode 2』プレスインフォメーション、二〇〇二年）

選べないもの――『ハウルの動く城』『ゲド戦記』

人は、生まれる時代を選べない。
宮崎駿は、時代と格闘して映画を作って来た。
魔法使いたちが悪魔と契約し、
自ら異形の怪物となって戦うのが、この時代の「戦争」だった。
だが、魔法使いのハウルはただひとり、
戦争に背を向け、毎日を無為に生きていた。
そんな彼の前に現れたのが、魔女に呪いをかけられ、
九十歳のおばあちゃんになってしまったソフィー。
ふたりは、ハウルの居城で奇妙な共同生活を始め、
次第に心を通わせてゆくが、
その城は、四本の足で歩く、人々が恐れおののく「動く城」だった……。

人は、家族を選べない。

宮崎吾朗は、偉大な父を持ち、父と格闘しながら生きて来た。
そんな彼の人生と主人公アレンの生き方が折り重なる。
世界の均衡《バランス》が崩れつつある時代、
人々はせわしなく動きまわっているが目的は無く、
その目に映っているものは、
夢か、死か、どこか別の世界だった。
人間の頭が、変《ヘン》になっている。
心に闇を持つ少年アレンの前に現れた大賢人ゲド。
災いの源を探るべく、ふたりは世界の果てまで旅に出る……。

むごい現実から目をそらすのか、あるいは、そらさないで生きるのか？
人は生まれる時代を選べないし、家族を選ぶことも出来ない。
そこに葛藤があるし、人生の大きな意味がある。

（ディズニー「ジブリがいっぱい COLLECTION」『ハウルの動く城』／『ゲド戦記』
プレスインフォメーション、二〇一一年）

日本人と戦争──『風立ちぬ』

戦闘機が大好きで、戦争が大嫌い。宮崎駿は矛盾の人である。人間への絶望と信頼、その狭間で宮さんは生きて来た。ではなぜ、彼はそうなったのか？

あまり知られていないが、宮崎駿は戦争についても詳しい。日本はむろんのこと、世界の戦史についても詳しい。特に独ソ戦について語るときは熱くなる。局地戦の数々についても入手出来る限りの様々な本を読んでいるし、戦闘に使用された戦闘機や戦車などなど武器の類に至るまで知識が豊富だ。彼の話によると二〇〇〇万人が死んだそうだ。そして、人間が体験した一番愚かな戦争だと断罪する。

一方で、彼は平和を誰よりも激しく望んでいる。若き日には、反戦デモなどにも数多く参加し、現在もその気持ちを抱き続けている。

そんな彼が、ゼロ戦を設計した堀越二郎を主人公に漫画連載を構想し始めたのは、五年ほど前のことになる。今日、話したばかりだが、彼の創作ノート「風立ちぬ」には二〇〇八年と書かれていたそうだ。

そんな彼のことを熟知していたぼくは、当たり前のように、今度は「風立ちぬ」を作ろうと提案した。しかし、彼の返事はにべも無かった。

「鈴木さんはどうかしている。この漫画は俺の趣味の範囲で描いている。映画化などとんでもない」「アニメーション映画は子どものために作るべきで、大人物を作ってはいけない」

しかし、ぼくは食い下がった。プロデュースの基本は野次馬精神である。宮崎駿が戦争を題材にどういう映画を作るのか。戦闘シーンは宮さんの得意技。まさか、今度の映画で好戦的な映画を作るわけにはゆかない。そのことはあらかじめ分かっていた。得意技を封じられたとき、作家は、往々にして傑作をモノにする。

この話を持ちかけたのが二〇一〇年の夏。その後、ぼくと宮さんは何度も話し合う。そして、秋のことだったと記憶している。

「分かった。映画になるかどうか、検討してみる。暮れまで待って欲しい」

企画が決定した日を忘れない。十二月二十八日だった。年が明けて、宮さんはすぐに絵コンテに取り掛かる。二郎の子ども時代と関東大震災のさなか、二郎とヒロインの菜穂子の出会いまでをあっという間に描いた——。

ちょうど、東日本大震災が起きる前日のことだった。

戦後六十八年、人間への絶望と信頼を抱き続けて来たのは、何も宮崎駿に限らない。このテーマこそ、日本人の抱える一番の問題だとぼくは確信していた。

二〇一三・五・二八

（『風立ちぬ』プレスシート、二〇一三年）

氏家齊一郎という重石――『かぐや姫の物語』

氏家齊一郎がいなければ、この映画は作られていない。すべては氏家さんの一言から始まった。「俺は高畑さんの作品が好きだ。特に『となりの山田くん』が大好きだ。高畑さんの新作を見たい。大きな赤字を生んでも構わない。金はすべて俺が出す。俺の死に土産だ」

こうして、かぐや姫の企画が決まり制作が始まったが、関係者一同、氏家さんの道楽に諸手を挙げて賛同したわけではない。それどころか、この企画と多額の制作費に心配の向きが圧倒的に多かった。経済合理性を考えるなら暴挙とも言える試みだったからだ。

しかし、当時の氏家さんに面と向かって意見を言えるような人は誰もいなかった。陰口を叩く人すらいなかった。どういう経路で本人に伝わるか分かったもんじゃない。そのくらい、氏家さんは怖い存在だった。二〇〇五年のことだった。

その後、制作は諸般の都合で遅々として進まなかった。そうこうするうち、二〇一一年に氏家さんが亡くなった。亡くなる直前に、氏家さんは脚本を読み、途中まで出来上がった絵コンテを読んだ。

「かぐや姫は我儘な娘だなあ、しかし、俺は我儘な女が好きだ」

その言葉が強く印象に残っている。高畑さんに伝えると、我が意を得たりとニコニコ顔だった。

氏家さんが亡くなったあと、誰も口に出さなかったが、関係者一同に、この企画の先行きはどうなるのかという不安が過った。そんな大きな不安を吹き飛ばしてくれたのが、現在、日本テレビの社長を務める大久保好男さんだった。

氏家さんの遺志を継ぐ。大久保さんは、そう明言してくれた。ご承知のように、公開日も延期になった。そのことを報告に行くと大久保さんは、追加予算を出してくれた。その予算が実写の大作一本分に匹敵する費用だったにも拘わらず。

内心を慮るなら、ぼくらには分からないご苦労があったんだと容易に想像出来る。大久保さんは、微塵もそれを見せなかった。

後日、かぐや姫の現場を訪ねてくれた大久保さんが率直に感想を洩らしてくれた。壁に貼り付けてある絵を全て見たあとのことだった。

「これは、遅れますねえ」

超大作を作る条件は、パトロンの存在だとぼくは思う。作ってくれ、この一言が大きい。その一言を言ってくれる人、パトロンがいなければ、思い切った企画の実現は不可能だ。氏家さんは、亡くなったあとも生きつづけ、この作品の重石になってくれた。そして、この重石は、ぼくを動かし高畑さんを動かした他に、関係者の心配を無言で突っぱねる役割まで果たしてくれた。

以上、亡くなった方の名前を、クレジットの最初に出した所以を書いた。

（『かぐや姫の物語』プレスシート、二〇一三年）

二枚のポスター――『思い出のマーニー』

『思い出のマーニー』と「クルミわり人形とネズミの王さま展」のポスター絵を見比べて欲しい。一見、何の関係も無さそうな二枚の絵が、じっくり見ているうちに折り重なる。金髪の娘とネグリジェ。よく見ると、同じモチーフで描かれている。また、描かれている少女の年の頃も似ている。

米林宏昌の描いたマーニーの絵を宮さんは批判していた。

「麻呂は、美少女ばかり描いている。しかも、金髪の……」

麻呂とは、米林宏昌の愛称だ。それは西洋に対する日本人のコンプレックスだとも指摘していた。そんなある日、宮さんが「クルミわり人形とネズミの王さま展」のためにポスターを作った。真ん中にすっくと立って、前方に歩いて来るのは主人公マリーだ。ある特定の人たちを対象にするのじゃなく、広く一般にアピールするにはこう描けばいい。そんな声が聞こえてきそうな魅力的な絵だ。

その絵を見ながら、あるスタッフが教えてくれた。宮さんがＰＤ(プロデューサー)室にやってきて、その場にいた三～四人の女性スタッフを相手に「ネグリジェって、どう描くんだっけ？」と訊ねたそうだ。で、ひとりが、それならこれをと映画のポスターを指さすと、宮さんはそれを見ながら本当に嬉しそうにニコニコしながら自分のアトリエへ戻って行った。むろん、宮さんは、以前からそのポスターの存在を知っていた。

そして、出来あがったのが件のポスターだ。最初は、だれも気づかなかったが、あるスタッフが言い出した。

「これって、マーニーですよねえ」

©Museo d'Arte Ghibli
©Studio Ghibli

©2014 Studio Ghibli・NDHDMTK

ぼくにしても、言われるまで気づかなかったが、確かにそうだ。

宮さんは、いったい、何を企んでいるのか？　わかったのは、引退など何処吹く風、宮崎駿健在である。それどころか、宮さんの不在をいいことに、スタジオで平然と作品を作る麻呂への挑戦状だ。

麻呂の描いた絵が、自分の想定の範囲内だったら、宮さんも笑って見過ごしたに違いない。それは宮さんを脅かす絵だった。麻呂の描いたキャラクターは、これまでジブリでだれも試みなかった官能性のあるキャラクターだった。

マーニーを見て、ジブリを好きだった人たちがどう思うのか。それが今作に於けるぼくの〝秘やかな楽しみ〟なのである。

（『思い出のマーニー』プレスシート、二〇一四年）

ジブリの最新作がフランスからやって来る――『レッドタートル』

二〇一六年五月、カンヌ国際映画祭に初めて参加した。マイケル・デュドク・ドゥ・ヴィット監督の『レッドタートル　ある島の物語』を携えて。思えば長い道のりだった。マイケルに長編映画を作ってみないかと呼び掛けたのが二〇〇六年秋のこと。それまでマイケルは短編の名手だった。

たった八分間の作品でひとりの女性の人生を見事に描き切った『Father and Daughter』(邦題：「父と娘」)。この映画を見て、ぼくはマイケルの長編が見たくなった。ジブリが手伝ってくれるなら――それがマイケルの条件だった。ぼくは早速、高畑勲さんに話を持ち掛け、了解を得た。

一方でぼくはフランスの映画製作兼配給会社ワイルドバンチのプロデューサー、ヴァンサン・マラヴァルにも声を掛けた。シナリオ作りはともかく、現場はヨーロッパになる。だとしたら、ジブリと三十年の付き合いのあるヴァンサンがベスト。東京恵比寿で『Father and Daughter』を見てくれたヴァンサンも作品を気に入り、その場で協力を快諾してくれた。準備は進む。しかし、脚本の決定には時間を要した。

どういう映画を作るのか？　マイケルの提案は、無人島に流れ着いたひとりの男の物語だった。

世界にゴマンとある、いわゆるロビンソン・クルーソーものだが、マイケルが作れば格別のモノが出来そうだとぼくは確信した。夢が膨らんだ。

高畑さんとの実際のやり取りが始まった。しかし、コミュニケーションが難しい。日本とマイケルの住むイギリスは遠かった。電子機器の進歩を使ってもお互いの考えが交わらない。いまでもイギリスは地球の裏側なのだ。そこでマイケルに提案する。シナリオ作りを日本でやってみないか？

元々日本が好きだったマイケルは二つ返事で来日した。ジブリの近くにアパートを借りて、毎日のように高畑さんと顔を突き合わせての打ち合わせが始まった。マイケルは、高畑さんとの議論を元に自分の考えをまとめて行く。一ヶ月という予定がまたたく間に過ぎた。こうしてシナリオと絵コンテ作りは捗《はかど》り、マイケルも長編映画の作り方を習得して行った。

結局、マイケルに依頼したときから数えるとほぼ十年の歳月をかけて映画は完成した。予想外に時間が掛かったのが資金調達と契約だった。完全主義者のマイケルなので、スタッフの描いた絵をこれじゃダメだと言って、「ぼくひとりで作る」と言い出すことが一番の心配だったが、それは杞憂に終わった。実制作は足掛け三年。マイケルは理性で自分をコントロールし、見事に長編アニメーション映画の監督をやってのけた。なにしろ六十二歳の長編処女作である。短編作家として長年のキャリアを持つマイケルが頑固で独善的になっても不思議ではなかった。だが彼は理性的な監督だった。

映画の完成後、カンヌ国際映画祭から声が掛かった。「ある視点」部門へのノミネートだ。アニメーション映画がこの部門に選ばれることは非常に珍しいらしい。関係者一同に異存はない。こうして、ぼくたちスタッフも海を渡ることになって、今回、ジブリとして初めてカンヌ国際映画祭に参加した。

『レッドタートル　ある島の物語』はカンヌで「ある視点」部門特別賞を受賞した。映像と音のポエジーに溢れる、この映画自体が特別なものだというのが審査員の評だった。

（『レッドタートル　ある島の物語』プレスシート、二〇一六年）

ジブリの建造物

宮さんのことをよく知る人は、口を揃えて指摘する。宮さんの作る建造物の大きな特徴は、〝吹き抜け螺旋階段〟だと。確かに。最近だと、『コクリコ坂から』に登場したカルチェラタン。息子の吾朗作品だが、あの建物だけは、宮さんが自らデザインした。

「これがあれば、映画になる」

建物に入って見上げると大きな吹き抜けがあり、階段が螺旋になっている。その白眉は何と言っても『千と千尋の神隠し』に登場した湯屋だろう。となると、思い出さざるを得ないのが、ジブリ美術館の中央ホールと名付けた大空間。美術館を訪れた人は、すぐに、吹き抜け螺旋階段に出会《でくわ》し、思わず天を見上げる。そして、あっという間に、映画の主人公になり、作品世界に没頭する。

言わずもがなだが、美術館の設計も宮さんが手掛けた。

と、ここまでは、だれもが想像できる宮崎駿の幻想空間。しかし、宮さんのやることは、それにとどまらない。宮さんには、知られざるもうひとつの顔がある。最初にまず、半径三メートル以内のことから発想を始めることだ。ジブリの第一スタジオを作ることが決まったとき、宮さんがまず言い出したのは駐車場のこと。

最初に大きな木を植える。その合間を縫って駐車場を設置する。ぼくを相手に想像を巡らすのだが、感心したことがふたつある。

ひとつは、車を置く地面をコンクリートにしたくない。インターロッキングの舗装にしたいと言い出したことだ。あらゆる建物が、駐車場のせいで台無しになっていると言うのだ。で、教えてくれたのがインターロッキングなる代物。細かい説明は忘れたが、全部敷き詰めるんじゃなく地肌がのぞくインターロッキングをやりたいという。

こうすれば、表面から雨水を浸透させて地中に放出でき、おまけに水たまりが出来にくく、周辺樹木の育成にも役立つという。写真を見せてもらった記憶があるが、確かに美しい。木片の間から地肌が出ているという風情だ。「そこに雑草が生えて欲しい」とも述べた。

もうひとつ驚いたことは、スタジオで車を所持している人のリストを作成し、その車種まですべて把握していたことだ。

「玄関の横に一台分の駐車スペースを作る。そこに鈴木さんの車を」

さらに、駐車スペースは四台分しか作らない。それ以上は景観を壊すという。そして、色とりどりの車が並んだ様子を想像しながら、駐車場の大きさを決めた。スタジオも、玄関を入ると、むろん、吹き抜けがあり、奥へ進むと、螺旋階段があった。

美術館そのものの設計をするときにも宮さんらしさがあった。まず、少年の部屋を作った。おじいちゃんから貰った部屋だと言う。壁一面にイメージボードを貼りまくり、天井には、飛行機やプテラノドンが吊るされていた。さらに部屋のイメージボードを描く。そうこうするうち、記憶が定かでは無いが、十六くらいの部屋が完成した。これをぐるりと回れば、どうやって映画が出来上がるのか、分かる仕組みだと言う。で、それらを実際の敷地に当てはめてみた。まったく、入り切らない。宮さんがいらつく。

「敷地が、なぜ、こんなに狭いんだ!」

とはいえ、それは最初から決まっていたこと。井の頭公園は高さ制限も厳しかった。それを無視してまったく考えずに画を描きまくったのだから入り切るわけがない。そんなある日のこと。宮さんが、嬉しそうにぼくに近づいて来た。

「地下を掘ればいい」

そうすれば、ワンフロアー広くなる。確かに。秀逸なアイデアだった。お金がかなり、余分に掛かるけど。それでも、全部の部屋は入り切らなかったけど、ま、何とかなった。これが、世にも不思議な幻想空間が出来上がるきっかけになった。入口から階段を降りると中央ホール、天を見上げた途端に、中枢神経に異変が起きる。

「あれ、いま、何階にいるのだろう?」

吹き抜けの中央ホールの大きさに圧倒され、人々は前後不覚に陥る。そして、その場所を地下一階なのに一階であると錯覚する。いま、階段を降りたばかりなのに。そして、歩き回るうちに、自分が何階にいるんだか分からなくなる。それは、スペースが狭かったという偶然のなせる業だった。糸井重里さんが『千と千尋の神隠し』のときに余分に作ってくれたコピーが役に立った。

迷子になろうよ、いっしょに。

制約があるとき、宮さんは燃える。そして、難題を解決する。これは、映画作りに於いても、何度も経験してきたことだった。

あるとき、加藤周一さんから直接教えられたことがある。西洋の人が江戸屋敷を見学すると、その建築構造の複雑さに、これをどうやって設計したのか、大概の人が驚嘆するそうだ。回答は、江戸屋敷には設計図が無い。日本の建物は部分から造り始める。まず第一に、床柱をどうするのか。床柱が決まれば、つぎに床板と天井板。その部屋が完成してはじめて、隣の部屋をどうするのか考える。その後、〝建て増し〟で全体が出来上がる。

これとは真逆に、西洋では、まず全体を考える。教会がいい例だ。ほぼ例外なく、天空から見ると十字架になっている。ヴェネチアにある有名なサン・マルコ寺院などもそうなっているらしい。で、真正面から見ると左右対称。その後、部分に及び、祭壇や懺悔室の場所や装飾などを考える。

目から鱗が落ちた。長年連れ添った宮さんについて本能で思っていたことを理屈で理解できた。

『ハウルの動く城』を思い出して欲しい。

「鈴木さん、これ、お城に見える?」

そう言われた日のことを印象深く憶えている。宮さんは、まず、大砲を描き始めた。これが、生き物の大きな目に見えた。つぎに、西洋風の小屋とかバルコニーを、さらに大きな口めいたモノを、あげくは舌まで付け加えた。最後は、大きな滑車など、機械的なモノを。

余談になるが、これが、宮さんが西洋で喝采を浴びる大きな原因だ。西洋人には理解できない。何が何だか訳が分からないデザインなのだ。だから、現地のメディアの反応も、豊かなイマジネーションだ、まるでピカソの再来だ、になる。これは、一例に過ぎないが、ぼくは、加藤周一さんの書かれたモノによって、目の前にいる宮さんのやっていることを理解し、理解すると同時に、宮さんにフィードバック出来るようになった。

吹き抜け螺旋階段は、むろん、西洋の影響だろう。そして、半径三メートル以内からの発想は日本的ということに違いない。宮崎駿は、二十一世紀の和洋折衷の建造物を造り続けている。

(『ジブリの立体建造物展』図録、二〇一四年)

さよならだけが
人生ならば
また来る春は何だろう。
〜寺山修司より〜

第二章

人生の本棚
——ささやかな読書歴

ぼくを育ててくれた本の森

〔少年時代〕

青い抱擁
青柳裕介／（スクラップ）／一九七三

陽のあたる坂道
石坂洋次郎／新潮文庫／一九六二

青春とはなんだ
石原慎太郎／講談社／一九六五

海を見ていたジョニー
五木寛之／講談社文庫／一九七四

あすなろ物語
井上靖／新潮文庫／一九五八

われらの時代
大江健三郎／新潮文庫／一九六三

作画汗まみれ
大塚康生／アニメージュ文庫／一九八二

人生劇場
尾崎士郎／新潮文庫／一九四七

采配
落合博満／ダイヤモンド社／二〇一一

戦士の休息
落合博満／岩波書店／二〇一三

どくとるマンボウ青春期
北杜夫／中央公論社／一九六八

背番号の消えた人生
近藤唯之／サンケイ新聞社／一九七九

三丁目の夕日　選集　夏
西岸良平／小学館／一九九四

燃えよ剣
司馬遼太郎／新潮文庫／一九七二

赤頭巾ちゃん気をつけて
庄司薫／中央公論社／一九六九

杉浦茂傑作漫画全集
杉浦茂／集英社／一九五七

猿飛佐助
杉浦茂／ペップ出版／一九八七

けんかえれじい
鈴木隆／TBS出版会／一九七六

キャプテン
ちばあきお／集英社／一九七四

ユキの太陽
ちばてつや／講談社、虫プロ／一九七八

小説熱海殺人事件
つかこうへい／角川文庫／一九八六

無能の人
つげ義春／日本文芸社／一九八八

俗物図鑑
筒井康隆／新潮文庫／一九七六

手塚治虫漫画全集
手塚治虫／講談社／一九七七

火の鳥
手塚治虫／講談社／一九七八

戦後詩
寺山修司／紀伊國屋書店／一九六五

時代の射手
寺山修司／芳賀書店／一九六七

雪の記憶
富島健夫／ケイブンシャ文庫／一九八七

姿三四郎
富田常雄／東京文芸社／一九八六

大菩薩峠
中里介山／春秋社／一九二五

勇魚
C・W・ニコル／文藝春秋／一九八七

柔侠伝
バロン吉元／双葉社／一九七三

もぐらの歌
アニメーターの自伝
森やすじ／アニメージュ文庫／一九八四

無面目・太公望伝
諸星大二郎／潮出版社／一九八九

プロ野球三国志
大和球士／ベースボール・マガジン社／一九七七

人間必勝法
山松ゆうきち／ヒット出版社／一九九二

宮本武蔵
吉川英治／講談社／一九七五

PEOPLE
和田誠／美術出版社／一九七三

物語世界

何者
朝井リョウ／新潮社／二〇一二

朝倉摂のステージ・ワーク 1991―2002
朝倉摂／PARCO出版／二〇〇三

監督不行届
安野モヨコ／祥伝社／二〇〇五

マシアス・ギリの失脚
池澤夏樹／新潮社／一九九三

ノンちゃん雲に乗る
石井桃子／福音館書店／一九六七

手鎖心中
井上ひさし／文藝春秋／一九七二

きらめく星座
井上ひさし／集英社／一九八五

詩のこころを読む
茨城のり子／岩波ジュニア新書／一九七九

駅前旅館
井伏鱒二／新潮文庫／一九六〇

かかし
ウェストール／福武書店／一九八七

モモ
エンデ／岩波書店／一九七六

どっこいショ
遠藤周作／読売新聞社／一九七〇

わたしが・棄てた・女
遠藤周作／講談社文庫／一九七二

花影
大岡昇平／講談社文芸文庫／二〇〇六

織田作之助全集
織田作之助／講談社／一九七〇

夫婦善哉
織田作之助／新潮文庫／二〇〇〇

燈火節
片山廣子ほか／月曜社／二〇〇四

北斎美術館
葛飾北斎／集英社／一九九〇

ジョコンダ夫人の肖像
カニグズバーグ／岩波書店／一九七五

バウルを探して
川内有緒／幻冬舎／二〇一三

悪童日記
クリストフ／早川書房／一九九一

ケストナー少年文学全集
ケストナー／岩波書店／一九六二

ふたりのロッテ
ケストナー／岩波書店／一九六二

小津安二郎の芸術
佐藤忠男／朝日選書／一九七八

日本映画史
佐藤忠男／岩波書店／一九九五

第九軍団のワシ
サトクリフ／岩波書店／一九七二

愛が裁かれるとき
澤地久枝／文藝春秋／一九七九

娘と私
獅子文六／新潮文庫／一九七二

死の棘
島尾敏雄／新潮社／一九七七

海辺の生と死
島尾ミホ／創樹社／一九七四

かいじゅうたちのいるところ
センダック／冨山房／一九七五

少年
ダール／早川書房／一九八九

芸術のパトロンたち
高階秀爾／岩波新書／一九九七

絢爛たる影絵　小津安二郎
高橋治／文春文庫／一九八五

話の話
高畑勲解説／アニメージュ文庫／一九八四

日本美術全史
田中英道／講談社／一九九五

幼なごころの歌
谷内六郎／新潮社／一九六九

はじめてのおつかい
筒井頼子ほか／福音館書店／一九七七

川は生きている
富山和子／講談社／一九七八

いやいやえん
中川李枝子／福音館書店／一九六二

行人
夏目漱石／新潮文庫／一九五二

絵本　火垂るの墓
野坂昭如ほか／新潮社／一九八八

フラーニャと私
ノルシュテイン／徳間書店／二〇〇三

諫早菖蒲日記
野呂邦暢／文藝春秋／一九七七

白隠展（図録）
白隠／Bunkamura／二〇一二

映画とは何か
バザン／美術出版社／一九六七

瞼の母・沓掛時次郎
長谷川伸／ちくま文庫／一九九四

映画術
ヒッチコックほか／晶文社／一九八一

天皇の逝く国で
フィールド／みすず書房／一九九四

子供の領分
藤田順子／アニメージュ文庫／一九九〇

いのちの初夜
北條民雄／角川文庫／一九五五

故郷　私の徳山村写真日記
増山たづ子／じゃこめてい出版／一九八三

忠臣蔵とは何か
丸谷才一／講談社／一九八四

神去なあなあ日常
三浦しをん／徳間書店／二〇〇九

午後の曳航
三島由紀夫／新潮文庫／一九六八

宮崎駿の雑想ノート
宮崎駿／大日本絵画／一九九七

あ・うん
向田邦子／文春文庫／二〇〇三

赤毛のアン
モンゴメリ／新潮文庫／二〇〇八

八木重吉詩集
八木重吉／新文学書房／一九六七

果てもない道中記
安岡章太郎／講談社／一九九五

生きる
私も書くことができる
山田うた子／理論社／一九六一

早春スケッチブック
山田太一／大和書房／一九八六

柳橋物語　むかしも今も
山本周五郎／新潮文庫／一九六四

ローマの休日
吉村英夫／朝日文庫／一九九四

映画理解学入門
映画のどこをどう読むか
リチー／スタジオジブリ／二〇〇六

長くつ下のピッピ
リンドグレーン／岩波書店／一九六四

〈アサヒ芸能系〉

路上觀察學入門
赤瀬川原平ほか／筑摩書房／一九八六

夜這いの民俗学
赤松啓介／明石書店／一九九四

巷談　本牧亭
安藤鶴夫／桃源社／一九六四

日本映画の若き日々
稲垣浩／中公文庫／一九八三

漫画映画論
今村太平／真善美社／一九四八

ニヒリズム
（戦後日本思想体系　３）
梅原猛／筑摩書房／一九六八

芸人その世界
永六輔／文藝春秋／一九六九

戦後秘史
大森実／講談社／一九七五

昭和怪物伝
大宅壮一／角川書店／一九五七

猿の群れから共和国まで
丘浅次郎／有精堂出版／一九六八

権力の陰謀
緒方克行／現代史出版会／一九七六

私は河原乞食・考
小沢昭一／三一書房／一九六九

親善野球に来たスパイ
カウフマンほか／平凡社／一九七六

昭和の劇
映画脚本家　笠原和夫
笠原和夫ほか／太田出版／二〇〇二

あかんやつら
春日太一／文藝春秋／二〇一三

映画監督　山中貞雄
加藤泰／キネマ旬報社／二〇〇八

反骨　鈴木東民の生涯
鎌田慧／講談社／一九八九

同棲時代
上村一夫／双葉社／一九八六

売春
決定版・神埼レポート
神崎清／現代史出版会／一九七四

戦争を知らない子供たち
北山修／ブロンズ社／一九七一

『市民ケーン』、すべて真実
キャリンジャー／筑摩書房／一九九五

特攻の思想
草柳大蔵／文藝春秋／一九七二

悪政・銃声・乱世
児玉誉士夫／廣済堂出版／一九七四

無実
後藤昌次郎／三一書房／一九八〇

定本　日本の喜劇人
小林信彦／新潮社／二〇〇八

一条さゆりの性
駒田信二／講談社文庫／一九八三

人間の條件
五味川純平／三一新書／一九五六

悪太郎
今東光／角川文庫／一九六一

なにが粋かよ
斎藤龍鳳／創樹社／一九七二

私の田中角栄日記
佐藤昭子／新潮社／一九九四

私説コメディアン史
澤田隆治／白水社／一九七七

戦後マスコミ回遊記
柴田秀利／中公文庫／一九九五

日本列島蝦蟇蛙
ジョージ秋山／講談社／一九七三

忍者武芸帳
白土三平／小学館／一九六六

官僚たちの夏
城山三郎／新潮社／一九七五

小説　田中絹代
新藤兼人／読売新聞社／一九八三

私説　内田吐夢伝
鈴木尚之／岩波書店／一九九七

惹句術
関根忠郎ほか／ワイズ出版／一九九五

血脈
ダウナー／徳間書店／一九九六

千恵蔵一代
田山力哉／社会思想社／一九八七

土門拳
愛蔵版　昭和のこども
土門拳／小学館／二〇〇〇

完本
チャンバラ時代劇講座
橋本治／徳間書店／一九八六

赤色エレジー
林静一／青林堂／一九七二

花と龍
火野葦平／角川文庫／一九六二

笛吹川
深沢七郎／中央公論社／一九五八

わが国おんな三割安
藤原審爾／徳間文庫／一九八二

東京アンダーワールド
ホワイティング／角川文庫／二〇〇二

極限の民族
本多勝一／朝日新聞社／一九六七

映画興行師
前田幸恒／徳間書店／一九九七

映画渡世 天の巻・地の巻
マキノ雅弘／平凡社／二〇〇二

ながれ者の系譜 第三部
地獄狼篇
真崎守／青林堂／一九七三

日本の黒い霧
松本清張／文藝春秋／一九七三

聞き書 野中広務回顧録
御厨貴ほか／岩波書店／二〇一二

遊俠一匹 加藤泰の世界
山根貞男／幻燈社／一九七〇

下品な日本人
柳在順／作品社／一九九四

写真集 親から子に伝えたい
昭和の子どもたち
学研／一九八六

人文思想

子守り唄の誕生
赤坂憲雄／講談社現代新書／一九九四

自分のなかに歴史をよむ
阿部謹也／筑摩書房／一九八八

網野善彦著作集
網野善彦／岩波書店／二〇〇八

異形の王権
網野善彦／平凡社ライブラリー／一九九三

日本の中世 1～12
網野善彦ほか／中央公論新社／二〇〇二

歴史の見方考え方
板倉聖宣／仮説社／一九八六

プロテスタンティズムの
倫理と資本主義の精神
ヴェーバー／岩波文庫／一九八九

戦後日本スタディーズ
上野千鶴子ほか／紀伊國屋書店／二〇〇八

図説・近代日本住宅史
内田青藏ほか／鹿島出版会／二〇〇一

老いてゆくアジア
大泉啓一郎／中公新書／二〇〇七

語りかける中世
イタリアの山岳都市・
テベレ川流域
大谷幸夫ほか／鹿島出版会／一九七七

社会科学の方法
大塚久雄／岩波新書／一九六六

日本語の起源
大野晋／岩波新書／一九五七

木のいのち木のこころ　地
小川三夫／草思社／一九九三

モラトリアム人間の時代
小此木啓吾／中公叢書／一九七八

大佛次郎　敗戦日記
大佛次郎／草思社／一九九五

歴史とは何か
カー／岩波新書／一九六二

加藤周一著作集
加藤周一／平凡社／一九七九

日本文学史序説
加藤周一／筑摩書房／一九七五

それでも、日本人は「戦争」を選んだ
加藤陽子／朝日出版社／二〇〇九

明治天皇
キーン／新潮社／二〇〇一

ものぐさ精神分析
岸田秀／中公文庫／一九八二

著作権史話
倉田喜弘／千人社／一九八三

世界が土曜の夜の夢なら
斎藤環／角川書店／二〇一二

村の戦争と平和
(日本の中世 12)
坂田聡・榎原雅治・稲葉継陽／中央公論新社／二〇〇二

佐藤忠良
彫刻七十年の仕事
佐藤忠良／講談社／二〇〇八

実存主義とは何か
サルトル／人文書院／一九五七

男たちへ
塩野七生／文春文庫／一九九三

鈴木大拙随聞記
志村武／日本放送出版協会／一九六七

西洋の没落
シュペングラー／五月書房／一九七一

禅と日本文化
鈴木大拙／岩波新書／一九四〇

銃・病原菌・鉄
ダイアモンド／草思社／二〇〇〇

精神と物質
立花隆・利根川進／文藝春秋／一九九〇

敗北を抱きしめて
ダワー／岩波書店／二〇〇一

悼詞
鶴見俊輔／編集グループSURE／二〇〇八

江戸の町
内藤昌ほか／草思社／一九八二

日本の歴史 21 町人
中井信彦／小学館／一九七五

僕の叔父さん 網野善彦
中沢新一／集英社新書／二〇〇四

民族という名の宗教
なだいなだ／岩波新書／一九九二

斑鳩の匠 宮大工三代
西岡常一ほか／徳間書店／一九七七

風邪の効用
野口晴哉／全生社／一九八四

ふしぎなキリスト教
橋爪大三郎・大澤真幸／講談社現代新書／二〇一一

昭和史
半藤一利／平凡社／二〇〇四

意識と社会
ヒューズ／みすず書房／一九七〇

人口減少社会という希望
広井良典／朝日選書／二〇一三

幻影の時代
ブーアスティン／東京創元社／一九六四

性の歴史
フーコー／新潮社／一九八六

ネットで「つながる」ことの耐えられない軽さ
藤原智美／文藝春秋／二〇一四

「日本人論」再考
船曳建夫／講談社学術文庫／二〇一〇

自由からの逃走
フロム／東京創元社／一九六五

堀田善衞全集
堀田善衞／筑摩書房／一九七四

ゴヤ
堀田善衞／新潮社／一九七四

方丈記私記
堀田善衞／ちくま文庫／一九八八

歴史主義の貧困
ポパー／中央公論社／一九六一

中世の光と影
堀米庸三／講談社学術文庫／一九七八

日本の思想
丸山真男／岩波新書／一九六一

青春の終焉
三浦雅士／講談社／二〇〇一

忘れられた日本人
宮本常一／岩波文庫／一九八四

民俗学の旅
宮本常一／講談社学術文庫／一九九三

イギリスと日本
森嶋通夫／岩波新書／一九七七

蛇と十字架
安田喜憲／人文書院／一九九四

遠野物語　山の人生
柳田国男／岩波文庫／一九七六

山崎正和著作集
山崎正和／中央公論社／一九八二

近代の擁護
山崎正和／ＰＨＰ研究所／一九九四

気候の語る日本の歴史
山本武夫／そしえて文庫／一九七六

唯脳論
養老孟司／ちくま学芸文庫／一九九八

夏目漱石を読む
吉本隆明／筑摩書房／二〇〇二

帝国の残影
與那覇潤／ＮＴＴ出版／二〇一一

ライシャワーの日本史
ライシャワー／文藝春秋／一九八六

孤独な群衆
リースマン／みすず書房／一九六四

悲しき熱帯
レヴィ＝ストロース／中央公論社／一九七七

逝きし世の面影
渡辺京二／平凡社ライブラリー／二〇〇五

＊著者名五十音順。
＊全集・分冊など複数巻にまたがるタイトルの刊行年は一冊目が刊行された年とした。

（「鈴木敏夫を宮崎駿につなげた232冊」構成：小柳暁子『ＡＥＲＡ』二〇一四年八月十一日号）

寺山修司『戦後詩――ユリシーズの不在』

若い頃、寺山修司を貪《むさぼ》り読んだ。その中の一冊が、この本だった。一九六七年、時代は学生運動の前夜だった。グーテンベルクの印刷機の発明が、人々から肉声を奪った。書き出しから、ぼくは、魅了された。

「印刷機械は「ことば」を劃一《かくいつ》化し、知識の発達のために役立て、やがては「大きいコミュニケーション」を生み出していった。／だが、私たちのどんなデリケートな感情をあらわすことばも、喚《わめ》き声も、ささやき声も、すべて同じ大きさの鉛の鋳型《いがた》にはめこむという活字のおそろしさに気づく者は誰もいなかった」

そして、寺山は、〝歴史嫌い〟だったと告白する。

歴史は「「過ぎ去った日」について語るか「たぶん、やってくると思われる日」について耳をすますだけで、現在進行中のものではなかったから」。その点、地理はちがう。

「世界はすべて地理的存在だって考えたい。国家として考えるよりも土地として考えることの方がはるかに新鮮だし、それに人間的なような気がする」

その基準で、寺山は、戦後詩の善し悪しを批評してゆく。

当時、寺山の言っていることを正確に理解していたかどうかは、はなはだ怪しい。が、ぼくは、華麗で挑戦的な寺山のレトリックに酔いしれていた。そして、誤った理解だろうが何だろうが、自分なりに咀嚼《そしゃく》した。正確に理解するのは、先延ばしでいいと思っていた。

寺山は、言葉の世界に生きる天才だった。考えるということは、「ことば」が単位で、それを構築すること。そのことを知るだけでも意味があった。

その後、ぼくは、「個人に於ける歴史の役割」というタイトルで卒論を書いた。むろん、寺山の影響だった。

あれから四十五年、ぼくは、これを機会にもう一度、寺山の全著作に目を通して、その頃の自分に再会してみたい、そう思っている。

(「書架散策」『しんぶん赤旗』二〇一二年一月八日)

著者が大学1年生の頃に書いた詩.
同人誌「D さいぼう」より

二十歳の読書ノート――野坂昭如・織田作之助・深沢七郎

『火垂るの墓』を読んで野坂昭如のファンになり、『エロ事師《ごとし》たち』『アメリカひじき』をはじめとする野坂の小説や随筆を読み漁った。内容もさることながら、文章に句点が少なく、読点が延々と続く不思議な語り口にも魅了され、その文体が織田作之助という作家の影響だと知るや、織田作の『夫婦善哉』を読み、またぞろファンになったが、文庫の棚に織田作の作品はその一作しかなく、そうこうしているときに講談社から全集が出た。

早速、一、二巻を入手し『合駒富士』『青春の逆説』などを読み漁るも、学生だったぼくはお金が続かず、残り六巻はお金が出来たときに買おうと決めたが、そのうち忘れてしまう。そして今度は織田作から、内容を含めたその影響が井原西鶴にあることを学ぶが、古典が苦手だったぼくは、今はまだ西鶴をちゃんと読んで理解するのは難しいと勝手に判断し、年齢を重ねて勉強をしてから読むことにしよう、そう決めたが、じつは六十四歳になった今日に至るも、いまだ読んでいない。

そして、深沢七郎に出会う。深沢七郎といえば、『楢山節考』が有名だが、ぼくには『笛吹川』のほうが相性がよく、深沢を好きになった理由は、野坂と織田作を好きだったことと共通点があった。

戦時下の小さな兄妹(『火垂るの墓』)、大阪の庶民の暮らし(『夫婦善哉』)、戦国時代の農民たち(『笛吹川』)、それぞれ題材は違っていたが、共通点の第一は登場人物がいずれも、哀れにもまたおかしい弱者だったことだ。かつて、文学は弱者のために存在したし、強い人間に文学など必要なかった。その本質は今の時代も変わらない。第二に、宗教と倫理上のタブーを破ることで人間の生き方を教えてくれる内容だったこと。第三に、その描写と表現がいずれも淡々としていて、対象からの距離感が自分の生理に合致し心地良かったことだ。

野坂、織田作、深沢の三人を好きになることで、自分が何者なのか少しずつ分かってきた、それがぼくの二十歳の読書体験だったと思う。

一九七一年ごろ、深沢が、東武曳舟駅の近くで今川焼き屋「夢屋」を開くが、記憶に間違いが無ければ、その開店祝いが浅草の木馬館で開かれ、お客さんを迎えるスタッフのひとりとして、ぼくはその場にいた。深沢七郎は、ぼくが間近で見た初めての作家だった。

大学を卒業して出版社に入り、アニメーション映画『火垂るの墓』を企画し、映画化の許諾を貰うべく、野坂昭如の自宅に伺うのは、それから十五年くらい経ってからのことになる。

(「二十歳の読書ノート」『公明新聞』二〇一二年九月三日)

岩波文庫の三冊

『萩原朔太郎詩集』(三好達治選)

こころをばなににたとへん　こころはあぢさゐの花　で始まる「こころ」。若き日、朔太郎の純情小曲集のこの一篇を繰り返し読んで、いまだに諳んじる事が出来る。ぼくは二十四歳だった。

『夫婦善哉』(織田作之助)

野坂昭如はこの人の文体を真似て習作に努めたらしい。それを何処かで目にして読み耽るうちにぼくの文章もおかしくなった。

それもさることながら、ぼくはこの小説で男女の営みを学んだ。

『忘れられた日本人』(宮本常一)

この本を教えてくれたのは高畑勲、宮崎駿のご両人。

「え、読んでいないのですか」と馬鹿にされた記憶はいまも生々しいが、後にぼくは、ふたりの作品の元がここにあることを知ることになる。

（「私の三冊」『図書』岩波文庫創刊九十年記念号、二〇一七年四月掲載）

風立ちぬ、いざ生きめやも。

この一節は、堀辰雄がヴァレリーの詩を訳したものとして有名だが、ある人から、それは誤訳誤用だと教えられた。ヴァレリーの詩を直訳すると、「風が起きようとしている。私は生きなければいけない」という意味。それを堀辰雄は、「風が立った」とまず完了形に訳し、その後を「生きようか。いや、生きることは出来ない。死のう」と反語を使って、原詩とはまるで逆の訳をした。

東大の国文科出身の作家が、なにゆえ、そんな誤訳誤用をしたのか？

ぼくは何も知らなかったが、調べてみると、国文学界では論争が起きているんだそうで、じつは、いまだに解決していない問題らしい。堀辰雄の単純な誤訳誤用なのか、あるいは、深い理由があってそうしたのか？　謎は謎を呼び、その世界では諸説入り乱れ、文学史上の大事件であることを知った。

門外漢のぼくがモノをいうのはおこがましいが、元来が野次馬。虚心坦懐に、原作を読み直しつつ考えてみた。

そこで、ふと思い出したのが、『耳をすませば』で使わせて貰ったジョン・デンバーの「カントリー・ロード」。本編の中で、主人公の雫が翻訳を頼まれ、それを訳すのだが、元の詩は、「ふるさとへ帰りたい」の意味だったが、これをあろうことか、作詞の鈴木麻実子が「ふるさとを捨てる」と訳した。この映画のプロデューサーだったぼくは、一瞬、悩んだが、宮崎駿がこれでいいというのに従い、それ以上は追及しなかった。そのほうが、映画の内容に見合っていたからだ。

妄想が浮かんだ。もしかしたら、堀辰雄にしても、誤訳誤用しようと思ったわけでは無い。ヴァレリーの書いた詩がヒントになって、ふと意味を逆に訳す一節を思いついたのではないか。堀辰雄は、「生きようか。いや、生きることは出来ない。死のう」と思っていたに違いない。しかし、ヒントがヴァレリーにある以上、それは明らかにしておきたい。ゆえに、小説の冒頭にヴァレリーの詩を引用する。

風という命題について考えているうちに、こんな妄想が浮かんだ。


（『いとをかし』二〇一二年夏号）

ゆく河の流れは

鴨長明について調べていたら、現代で言う、いわゆる〝お坊ちゃま〟で、何の努力もしないで出世しようとした人だということが分かってきた。

お父さんが下鴨神社の正禰宜で、順当にゆけば将来は保証されていたはずが、十八歳の頃にお父さんが死んで人生が暗転する。やっていたことと言えば、歌を詠むことと琵琶を弾くこと。暇にあかせて精進したので、歌と琵琶の腕はなかなかのものだったらしい。

そこに目をつけたのが、後鳥羽院。和歌所の寄人として長明に声を掛ける。このときとばかり、長明も生涯唯一、一所懸命に勤めた。その様子を見ていた後鳥羽院が長明に同情し、お父さんの身分だった下鴨の河合神社の禰宜に推挙するが、なにしろ、神官としての職務怠慢が広く世間に知られていたので、まわりが納得しない。後鳥羽院もあきらめざるをえず、今度は、下鴨と比べるとひとつ格下の禰宜に推挙するが、長明はそれを受け入れなかった。自尊心だけが強く、プライドが傷ついたのだろう。そのあたりが〝お坊ちゃま〟たる所以だ。晩年、実朝が、歌の先生として長明に声を掛ける。これが最後のチャンスとばかり、鎌倉に馳せ参じるも、時はすでに遅し。実朝の先生は、定家に決まっていた。

まさに、踏んだり蹴ったりの人生だった。

その間に、もうひとつ長明に特徴的だったのが、棲《すみか》、住まう住居が、段々と小さくなっていったことだ。ここは、彼の書いた『方丈記』に詳しいが、父方の祖母の家を継ぐも、その家をもちこたえることが出来ず、三十余歳で引っ越し、庵をむすぶ。祖母の家を基準にすれば、十分の一の大きさだった。五十歳を迎えて出家したのちは、住居を転々とし、あげくが中年頃の庵の百分の一以下の大きさの方丈、つまり、現代で言えば三メートル四方の移動可能の仮説住居だった。

それは何も出家をしたから、そうなったのではない。現世での出世がダメだったので、今度は来世での出世を願ったのだ。

高い身分とか立派な住居、それに何の意味があるのか。長明はそう書くが、積極的にそうなったわけではない。にわか仕込みで勉強した仏教の教えに、モノに執着するなと書いてあったからだ。

堀田善衞が、長明は俗物で、仏教に帰依したといってもたいして勉強していたわけではないと断言するが、『方丈記』を読むと、それがよくわかる。『方丈記』の最後は、その方丈に執着する自分を発見し、こんなことで本当に極楽での出世が叶うのか、と心配するところで終わる。

ゆく河の流れは絶えずして元の水にあらず、というのは、そういう心境に達しなかった人が書き遺す言葉かと思うと感慨深いモノがあった。

にしても、長明という人は、なんと、人間くさい人だったのか。

そんなことを考えていたら、ふと思いついた。井上ひさしさんが存命だったら、長明こそ、井上さんの芝居の主人公に相応しい。いまとなってはそれも叶わないが、だれか長明について書く人はいないものだろうか。調べていくと、若いときに妻子がいたことがあるらしい。そこに工夫を加えると、どうなるのだろう。

ぼくの友人に、六十歳を超えて、離婚を決意した男がいる。この男、差し障りがあるので名前は伏せるが、若いときに結婚し離婚し、その後、新しい人との出会いがあって、結婚し、そして離婚し、再び同じ人と結婚した。今度の離婚は同じ人との離婚だ。話がややこしい。単純化すれば、三回結婚し、今度は三回目の離婚を目論んでいる。

このエピソードを長明の人生に重ねると、より人間的な話になって、人々の関心を呼ぶものになると確信するが、さて、どうなんだろうか。

過日、国文学の教授に教えを乞うた。長明に関するぼくの見解について間違いが無いかどうか尋ねると、おおむね正しい。ただし、学者は、そういう書き方は出来ない。そう言いながら、教授は嬉しくてたまらないといった風情だった。

「だから、鈴木さん、ぜひ、書いてください」

心置きなく、書いた次第である。

（『文藝春秋』二〇一四年十二月号）

広辞苑の御利益

広辞苑をめぐる謎について書く。

はじめて広辞苑に出会ったのは、親父のプレゼントとしてだった。それはぼくの中学入学の時だった。しかしなぜ、親父がわざわざ広辞苑を選んで贈ってくれたのか。本などとまるで縁の無かった親父である。親父の本といえば、好きだった将棋の本くらいだ。今となっては、知る由も無いが、亡くなる前に聞いておけばよかったと、今回、深く反省した。

その広辞苑だが、その後、大学に入学したぼくに東京まで付いて来た。六年の歳月を経た広辞苑は表紙が剝がれ、その手当にガムテープで固定されていた。しかしなぜ、そこまで破損していたのか。使い込んだ記憶は全く無かった。その証拠に中身は綺麗だった。別の目的に使ったのか。記憶が大きく飛んでいる。もしかしたら、踏み台に使っていたのか⁉

ぼくはその後、出版社に就職するが、その直前のことだったと思う。二冊目の広辞苑を、今度は自費で購入した。いつも傍にあった一冊目の広辞苑だが、正確に言うと置いてあっただけだ。置いてあっただけで、開いた記憶は無い。だのになぜ、二冊目を買ったのか。これも記憶が飛んでいる。ちなみに、その第二版はいまも手元にあるが、中身はやっぱり綺麗なままの状態だ。

就職して、週刊誌の企画部に属したぼくは、その後、大日本印刷の校正室で毎日のように広辞苑と向き合うことになる。因縁というヤツなのか。はじめて、広辞苑のお世話になるわけだが、だからといって、始終開いていたわけじゃない。

そんなぼくがある雑誌の編集長になって、部下を持つようになった。そしてよく、こんな怒り方をしていたらしい。

「辞書を引くなら、広辞苑で調べろ！」

なぜ、それが広辞苑だったのか。他の辞書ではなぜいけなかったのか。いまも、昔の部下に会うとよく、このエピソードが出る。これも、謎のひとつだ。

と、ここまで書いて来てふと思った。ぼくは、なぜ、辞書を引かないのか。じつは、これが最大の謎だ。出版の仕事に辞書はつきもの。必携のアイテムのはずだ。それをほとんど使わずに、この年齢を迎えてしまった。いったい、ぼくは、どこで、漢字とその意味を憶えたのか。わからない。憶えていない。自分で言うのもおこがましいが、漢字とその意味について、ぼくはよく知っている方に属する。辞書を引くことが少なかった人生なのに。ただ、通俗小説と漫画だけは貪るように読み漁っていたが。

話は横道にそれるが、宮崎駿はよく辞書を引いている。彼との付き合いは、かれこれ四十年近くになるが、辞書を引く姿を何度も目にしている。彼にとって、辞書は仕事の上で無くてはならないモノのひとつだ。そして、つい最近のことだ。息子さんが電子辞書を買って来てくれたらしい。中身は広辞苑。「これ、便利ですね」と嬉しそうに調べている。それを横目で見ながら、ぼくはちと羨ましかった。何事もおろそかにしない。そういう勤勉さが宮さんにはある。

話はまだ終わらない。告白するが、その後、ぼくはデジタルの広辞苑を二回購入した。いわゆるガラパゴス携帯にダウンロードして。これでいつでも辞書が引ける。それはぼくにとって秘やかな楽しみだった。そして、誰かに「この言葉、どういう意味ですか」と尋ねられるのをひたすら待った。ぼくのささやかな虚栄心だったのだろう。だが、その機会はついに訪れなかった。

出版社でぼくは、週刊誌の後、旬刊と月刊誌を作ることになる。そしてぼくは、誰にも言わなかったが、いつの日か、辞書の編集をしてみたいと願うようになっていた。誰に教えてもらったのか。それは、辞書を一冊作るには十年くらい掛かると教えてもらったことがきっかけだった。十年で一冊の本を作る。それは夢のような話だった。だからといって、高邁な志があったわけじゃない。十年間、日がな一日、のんびりと優雅に暮らす。それも、毎日。いそがしくなるのは、十年目の最後の一ヶ月間に違いない。それがぼくの白日夢だったのだ。言ってみれば、ぼくは、究極の〝ぐうたら人間〟ということになるのだろうか。

三冊目の広辞苑第六版をある人に貰ったとき、ぼくは、初版の広辞苑を捨てた。悩みに悩み、考え抜いての決断だった。ちなみにそれは、数えてみれば、およそ五十年有余手元にあったものだ。これを捨てると罰が当たる。そんなふうにも考えた。となると、ぼくにとっての広辞苑の正体が見えてくる。お守り、そう、神社で売っているあれだ。

持っているだけで安心する。持っているだけで頭が良くなった気がする。捨てると罰が当たる……努力しないで、ある成果を得る。御利益という言葉がふと浮かぶ。ぼくの本棚には御本尊のように、六版と二版が並んで燦然と飾ってある。
この春、ぼくの小さな友人ふたりが、高校へ入学する。ぼくは、迷うことなくふたりに広辞苑をプレゼントすることにした。

(『図書』二〇一五年六月号)

『唯脳論』と『風邪の効用』

お薦めの一冊目は養老孟司の『唯脳論』です。現生人類のホモ・サピエンスは、ここ数万年ほど脳の機能は変わっておらず、その脳で考えたことを具現化してきたのが人間の歴史です。最初は自然の洞窟に住んでいましたが、やがて建造物を作り、都市を作った。その最たるものが現代の都市で、自然すら脳によって人為的に配置され、脳の産物である人工物に取り囲まれている。現代人はこうした脳化社会に生きているわけです。

しかも、文化や社会制度はもちろんのこと、言語や意識、心など、人のあらゆる営みは脳に由来すると説き明かしています。特に言語発生論が、ぼくには含蓄が深く勉強になりました。脳の視覚系は、光すなわち電磁波を捉えて信号に置き換えて送る。聴覚系は音波を信号化して送る。この視覚と聴覚のふたつを脳細胞が繋いだ結果、言語が生まれたというのです。

これを読んで、宮崎駿アニメがなぜ多くの人に支持されるのか、ふと思い当たることがありました。現代人は過剰なまでに視覚と聴覚に頼り、触覚、嗅覚、味覚をなおざりにしている。ところが宮崎アニメには、五感に訴えるものが溢れているんですね。人間は本来、五感をフルに活動させて生きるものだということに、共感を覚えるのかもしれません。

人工物に囲まれた生活は疲れるので、意図的に無意識の時間を作らないと心身のバランスが崩れると、養老さんも指摘しています。彼の場合はそれが虫採りであり、ぼくの場合は毎週日曜日に母と出かける神社仏閣巡りでしょうか。

もう一冊は、野口整体の創始者である野口晴哉《はるちか》の『風邪の効用』です。風邪というのは、疲れが溜まり体調が悪くなったときに、体がバランスをとろうとする自然の健康法だというのが著者の考え方です。だから薬で強制的に治すべきではない。体が発しているSOS信号に従って上手に経過を待てば、《風邪をひいた後は、あたかも蛇が脱皮するように新鮮な体になる》と言っています。お風呂に入ると風邪が抜けるなど、ぼくは経験的に知って実行していましたが、この本にも同じことが書かれていて嬉しかったですね。

ぼくは鍛錬して、意図的に風邪をひくことを体得しました。というのは、高畑勲監督も宮崎駿監督も作品作りに入るとまったく風邪をひかないんですね。ぼくがひこうものなら、仕事中に不届きだと言われかねない。そこで、ジブリの休日である大晦日と元日の二日間だけ風邪をひくことを長年やってきました。三十日の夜中に風邪をひき、三十一日はほとんど寝込んで、一日から自然治癒力で治し、二日の朝にはきれいな体になって仕事場に行く。気を緩めればいいので、風邪をひくのは簡単です。

病気をしても、それを楽しむ術《すべ》が大切です。『唯脳論』にあるように、脳が心に及ぼす影響、気の持ちようは大きいと思います。現代の脳化社会では、脳と体のバランスがますます重要になってくるのではないでしょうか。（談話）

（「とにかく面白かったこの一冊」『サライ』二〇一二年六月号）

歴史の本から「現在」を読む

実は、ぼくは大学で社会学を専攻したのですが、卒業論文はなぜか歴史について書いたんですね。タイトルは「個人に於ける歴史の役割」（笑）。有名なプレハーノフの『歴史における個人の役割』（岩波文庫）を引っくり返して、三日間で仕上げたんですが、その学生時代に出会って以来、何度も読み返しているのが、E・H・カー『歴史とは何か』（岩波新書）です。

この本には「歴史とは、現在と過去との対話である」という有名な言葉が出てきます。つまりそもそも歴史の「事実」自体が見る人によって異なるもので、時代や立場によって変わっていくものだ、というところから始まるんです。ぼくたちは現在の目でしか過去を見ることが出来ないわけで、逆に歴史をどう見るかと問うことは、いまの自分たちの姿を知る方法にも使えるんじゃないか、そんなことを考えたんですね。

だから、ぼくにとってはダニエル・J・ブーアスティンの『幻影の時代』(東京創元社)なんかもメディア論であるとともに、時代を考察するという点で、歴史の本でもあるんです。これは一九六一年に書かれていますが、当時のアメリカに代表される大衆消費社会、そしてメディアの存在が具体的な事例とともに描き出されています。これは、実はぼくが映画宣伝を手がける上で、とても参考になった一冊でもあります(笑)。

というのは、ぼくらが映画の仕事を始めた八〇年代、九〇年代には、「この映画は三十代後半の働く女性」などと、最初からターゲットを細かく設定するマーケティングが大流行していたんですね。だけど、ぼくはジブリ作品の企画書にはいつも「ターゲット：オール世代、男女問わず」と書いたんです。宣伝や配給の責任者からは怒られましたが、ぼくはむしろ同じものを誰もが欲しがる、見たがるところに、大衆消費社会の本質はあって、そのマーケットのほうが実は広いのではないか、と考えていたんです。そのバックボーンとなったのが、ブーアスティンであり、リースマンの『孤独な群衆』(みすず書房)やエーリッヒ・フロムの『自由からの逃走』(東京創元社)だった。現在を見るために、あえて近過去に視点を置くことも有効なのだ、と知りました。

こうして振り返ってみると、ぼくは、どうやら実際に起きた歴史そのものよりも、その歴史をどう見るか、というほうに興味の重点があるようです。そういう意味で対照的なのは宮さんで、徹底して具体的なものにしか興味がない。たとえば堀田善衞さんの『方丈記私記』(ちくま文庫)などを読んでも、平安末期、地震、水害、疫病、飢饉などに次々と襲われる都の具体的な描写に没入して、頭の中で絵として再現するのが好きなんですよ。そして、そこに自分も身を置いてみたい(笑)。

一方、ぼくは鴨長明という人物のほうに興味がいく。京都の由緒正しい神官の家に生まれるのですが、十八歳で父を亡くし、裕福な祖母の家を継いだものの、三十を超えてから引っ越さざるを得なくなる。そこは、祖母の家の十分の一くらいの大きさなんですね。そして最後は一丈四方の方丈の庵に住む。つまり生涯、どんどん家が小さくなっていく人なんです。歌と琵琶で出世しようとしたり、どうも脱俗というよりも、時代に流され翻弄された人、というように見えてくる。そうやって鴨長明に現代人を重ねてみたり、逆に「NHKスペシャル」なんかを見て、これは歴史の流れの中でどの辺に位置するのか、と考えたりするのが好きなんですね。

最近で言えば、水野和夫さんの『資本主義の終焉と歴史の危機』(集英社新書)も面白かった。資本主義は常にフロンティアを生み出すことで自己増殖してきたのだけど、もはやアフリカくらいしか残っていないという指摘で、これから人間はどうなっていくのか、という思考にとても刺激されます。結局、いま自分が生きている、このよくわからない現在というものを見るための視点やヒントを与えてもらうのが、ぼくにとっての歴史との付き合い方なのでしょう。(談話)

(「達人10人が選ぶ教養力増強ブックガイド　鈴木敏夫の三冊」
『文藝春秋SPECIAL』二〇一五年季刊夏号)

二〇一六年秋、お薦めの五冊

『レッドタートル　ある島の物語』（マイケル・デュドク・ドゥ・ヴィット（原作）、池澤夏樹（構成・文）、岩波書店、二〇一六年）

ジブリの最新作は、監督以下、ヨーロッパのスタッフを起用して作った。池澤夏樹さんに映画を見て貰うと、思惑通りに感心しきり。すかさず、映画の解説と絵本の構成と文章を書き上げていただいた。その出来栄えには、監督もぼくたちもただただ得心がいった。

『タマリンドの木』（池澤夏樹著、ボイジャー、二〇一四年）

恋愛小説というと、とかく甘くなりがち。だが、池澤さんのそれは一味違う。男女それぞれがどういう生き方を選択するのか？　そのせめぎあいが現代における恋愛小説だと納得した。面白くて一気に読んでしまった。

『私の消滅』（中村文則著、文藝春秋、二〇一六年）

この小説は、タイトルがキャッチコピーになっている。他人の記憶を人為的に操作する。中村文則は、とんでもないテーマに挑んだ。他人の人生を歩みたい願望、他人に歩ませたい欲望。この世は一期《いちご》の夢！　いま、生きている人生は本当なのか、本当とは何なのか？

『さらば、政治よ　旅の仲間へ』（渡辺京二著、晶文社、二〇一六年）

最近、世界情勢がどうのこうの、そして、日本はどうなるのかなどなど憂国の議論が日本を覆うが、そんなことは知ったことじゃ無い、どうでもいいこと。反骨の人、渡辺京二の現代を生きる知恵とは？

『夜を乗り越える』（又吉直樹著、小学館、二〇一六年）

これは文学の役割について書かれた本だ。又吉さんは、ひとことひとことをおろそかにしない。本を読んで、必ずそれを血肉化する。そうやって又吉直樹が誕生した。

・目下のテーマは、エマニュエル・トッドの『家族システムの起源』をどう読むか？　家族システムが、すべての思想を生み出したらしい。読まなくっちゃ！

（「忙しいときほど本は読む。ヒマだと読まない（笑）」 ｈｏｎｔｏブックツリー、二〇一六年 https://honto.jp/booktree.html）

誰かと対話する。
人と人の間が生まれる。
そこにエゴは無い。

第三章

楽しき作家たちとの語らい

対談

〈自分〉という問題を処理する、新しい小説を。

朝井リョウ…あさい・りょう
小説家。一九八九年生まれ。二〇〇九年、『桐島、部活やめるってよ』で第二二回小説すばる新人賞を受賞しデビュー。二〇一三年『何者』で第一四八回直木賞を受賞。『世界地図の下書き』は二〇一三年、集英社より刊行。近著に『何様』(新潮社、二〇一六年)。

朝井　ぼくの新刊、『世界地図の下書き』の装画をスタジオジブリの近藤勝也さんに描いていただいて、本当に嬉しく思っています。いつ「やっぱり無理だそうです」という連絡がくるかと心配でした。出来上がった絵もう、素晴らしくて。鈴木さんが近藤さんに声を掛けてくださったんですよね。

鈴木　装画の依頼をもらったとき、勝也ならやるかなと思ったんです。彼はやりたくないことはやらないんです。つまり、やりたいことはやる(笑)。

朝井　今それを聞くと怖いですね……。プロデューサーとして、相手をやる気にさせる秘訣が何かあるんですか。

鈴木　いや、勝也は朝井さんの作品を前から知っていましたし、今回の本も響くところがあったようです。読んですぐ「やります」と言ってきました。

朝井　ますます光栄です……。公開されたばかりの『風立ちぬ』は、実は宮崎監督は映画化するつもりがなかったそうですね。それを鈴木さんが説得したそうですが。

鈴木　原作となるのは宮崎駿が『モデルグラフィックス』という模型雑誌に連載していた漫画ですが、これを映画化しようと言ったら怒鳴られましたよ。「どうかしている」「仕事というものをどう考えているんだ」って。

朝井　うわ、監督が怒鳴ったんですか。プライベートゾーンに触れてしまったということでしょうか。

鈴木　その通り。子どもが見るアニメーションという表現方法で大人のものを扱っちゃいけない、まして戦争なんてとんでもない、と言うんですね。

朝井　今回の映画は実在の人物がモデルなんですよね。零戦を設計した堀越二郎という方の半生と、堀辰雄の小説『風立ちぬ』が交ざっている。もともと宮崎監督は飛行機がすごく好きなんですよね。

鈴木　戦闘機は大好き、でも戦争は大嫌いという、矛盾を抱えている人なんです。なんで人はそんなことをするのか、戦争についてもすごく勉強している。蔵書の半数は戦争関連の本と言っていいくらい。だから一度きちんと向き合って作品を作ったほうがいいんじゃないか、と言いました。

朝井　実際に映画を拝見すると、戦争に対する意見を声高に謳《うた》う内容ではなく、主人公の堀越二郎が美しい飛行機づくりを追求していく様子が大筋ですよね。夢を一途に追いかける姿は、ぜひ子どもたちにも観てほしいです。

鈴木　ぼくもそう思っています。

朝井　ぼくはジブリのキャラクターって、客観性がないところが好きなんです。二郎さんも周囲の目を気にせず、やりたいことをひたむきに追いかけて、いい人だけど協調性がない。今の世の中って協調性がないと生きづらいところがあるので、二郎さんの客観性のなさにはすごく励まされます。

鈴木　なるほど！　さすがだなあ、そういう見方をしてくれるとは。

朝井　美しい飛行機を作るという夢がかなって、それがどんなふうに使われたかを「一機も戻ってきませんでした」という言葉で示唆しますよね。ぼくも二郎さんと一緒になって絶望を感じたんですが、そのあとに夢が潰《つい》えても力を尽くして生きていかねばならない、ということを提示されてホッとしました。

一文字だけ違った、幻のラストシーン

鈴木　そうですか。もうね、朝井さんだから、ぼ

く話しちゃいます。本当はラストシーンは違ったんです。絵は変わってないんだけれども。

朝井　えっ。台詞が変わったってことですか。

鈴木　そう。しかも一文字だけ。最後に二郎の死んだ妻の菜穂子が現れて彼に「生きて」って言うでしょう。あれ、実は「来て」だったんです。

朝井　えーーーーっ!!　百八十度意味が変わるじゃないですか!

鈴木　「い」の字を入れただけなんですけれどね。「来て」のままだったら、最後の場面は煉獄にいる二郎を彼岸にいる菜穂子が呼びに来た、という意味合いになりますよね。

朝井　今、鳥肌立った……。夢が潰えた二郎が「生きて」と言われることに励まされた身としてはショックです……。

鈴木　ポスターにも使った「生きねば。」という言葉はぼくが考えたんですが、それがヒントになったのかもしれない。だとしたら特別な作品が生まれようとしているのをぼくが壊したんじゃないかって、悩むんですよ。個人的には「来て」も面白かったので。

朝井　ぼくも面白いと思います。

鈴木　朝井さんだったら、最後の台詞はどうしますか。

朝井　小説で書くとしたら、最初は「来て」のほうを考えるかもしれません。ぼくは書くときに読者の方と一対一で向き合っている感覚があるのでその物語でもいいと思うんですが、何百万、何千万の人が見る物語だと思うと、自分の中でせめぎ合いがありそうです。「生きて」「来て」悩むなあ……。

鈴木　宮さんも大勢の観客のことは意識していないんです。『千と千尋の神隠し』だって実はたったひとりの人に見せたくて作ったものですから。よくインタビューで「世界を意識して作っているんですか」と聞かれるけど、そんなこと考えていないんです。

朝井　今回の映画は時に、宮崎監督が好きなものを全部入れこんだ、個人的な作品という気がします。

鈴木　そうでしょう。ぼくは彼のそういう気持ちの邪魔をしちゃったのかなあ……。エンドロールの宮崎駿の名前の背景も、全編の中でいちばんモヤモヤしている絵でしょう。あれは彼岸なんですよね。あの絵を見ると、やはり宮さんは「来て」をやりたかったんだろうなと思うんです。

朝井　もう一回、「来て」を想定しながら見てみたくなりました。あの、この話は公開数週間後のお盆の頃に公にすると「そうなんだ、もう一度見よう」という人が続出するのでは……。

なけなしの希望を書いた『世界地図の下書き』

鈴木　あははは。すごいこと言いますねえ。朝井さんの新作の『世界地図の下書き』は、小学生たちの話なんですね。児童養護施設で暮らしている子どもたちが出てくるそうですが。

朝井　小学三年生のときに両親を事故で喪《うしな》い、伯父夫婦と暮らしたけれど虐待され、児童養護施設に来た男の子が主人公です。そこで少しずつ周囲と仲よくなっていく。でもいつかみんな養護施設という安全な場所から出て行かなければならないんですよね。そのことが書きたかったんです。

鈴木　表紙に描かれているのが、施設の子どもたちなんですね。

朝井　そうです。彼らの中には苛めにあう子もいます。苛めをやめさせようとしても苛めっ子は変わらない。そういうときはその場所から逃げてもいいんだということも書きたかったんです。生きる場所を変えたら、人生が変わるかもしれない。それこそ夢が潰えたあとでも、また夢を見られるかもしれないということが書きたかったので、今の「来て」「生きて」問題は他人事ではないように思います。

鈴木　ああ、そうですよねえ。

朝井　ただ、ぼくも無責任に「この先に希望はあるよ」とは書きたくないんです。夢が潰えてもまた新しい希望が生まれる〝かも〟しれない、という形でしか書けない。でも、そのなけなしの希望を打ち出したかったんです。

鈴木　小説は今、すごいところに来ているんですね。朝井さんには前も話したけれど、ずいぶん前に『スター・ウォーズ』のプロデューサーと話したことがあったんです。ハリウッドはそれまでギャング映画だろうと歴史映画だろうと描かれるのは「LOVE」だった。でもこれからは「PHILOSOPHY(哲学)」がなきゃお客さんは来ないっていうんです。そうでなければ『スター・ウォーズ』で、ダース・ベイダーがお父さんだったという設定は入っていなかった、というんですね。

朝井　宮崎監督の映画も哲学が入っていますよね。いろんなメタファーがあって、さまざまな人が議論をしています。

鈴木　朝井さんの『何者』も明らかにそうでしょう。〈自分〉という問題を扱っている。人類は〈自分〉なんてものを発見して不幸になった。芸術だって昔は自己表現という概念とは関係なかったんですよ。レオナルド・ダ・ヴィンチやミケランジェロは注文に応じて作品を創っていたんですから、そこに〈自分〉はなかった。

朝井　〈自分〉が発見されたのは、それほど大昔じゃないわけですね。

鈴木　作家の島尾敏雄さんの妻だった島尾ミホさんが書いた『海辺の生と死』は彼女の故郷の奄美の島が舞台ですが、この小説は〈自分〉というものが出てこないんですよ。島尾さんの息子さんと島に行ったことがあるんです。そこでは三世代が同居していて、自分のものと他人のものの区別がない。〈自分〉というものを発見する以前の日本はこうだったのか、と思いましたね。

朝井　今は自己実現だの自己表現だのと、〈自分〉がとても重いです。

鈴木　となるとこの先、物語はどうなっていくんでしょうねえ。

〈自分〉が重すぎる世の中で

朝井　『風立ちぬ』の二郎さんは違いますね。周囲の評価なんて気にせず、ただ夢を追いかけている。二郎さんのような生き方はしづらくなっています。でも、ぼくも小説を書いている時間は自分を客観視していない気がします。〈自分〉を意識していない。本が出るときにインタビューでいろいろ聞かれて、そんなこと全然考えてなかった、と思うことがたくさんありますし。

鈴木　宮さんはインタビューでも主観的にしゃべるんだよね。だから何言っているのか、さっぱり分からないときがある(笑)。朝井さんもインタビューのとき、そうしてみたら?

朝井　ああ、ぼくインタビューの席だと作家じゃなくて会社員の顔になってしまって、それがつまらないって言われるんです。見抜かれていましたか。

鈴木　分かりますよ。

朝井　プロデューサーの目ってすごいな……。ぼくは二郎さんがうらやましいです。設計した飛行機が飛んだ場面でも、嬉しくなさそうな顔をしている。ぼくだったら周りに気を遣ってチョー笑顔をつくります(笑)。鈴木さんは、〈自分〉をもて余すことはなかったですか。

鈴木　ぼくは今〈自分〉を表現する人たちの傍らで仕事をしていますが、このほうがラクなんですよね。

朝井　ご自身は自己表現をしないでいることがラクなんですか。

鈴木　ぼくは昔の価値観で生きているのかもしれません。編集者だった頃も、人の文章を手直しするときにその人になりきって書いて、本人に「こういうことが書きたかった」と感謝されることがありました。実は、宮さんが描くトトロの真似は、ほかの絵描きと比べてもぼくがいちばん巧《うま》いんです。

朝井　ほかもアニメーターの方が描くとその人のクセが出るけれど、鈴木さんは宮崎監督になりきっているということですか。

鈴木　そう。絵描きがトトロを描くときには〈自分〉が邪魔になるんですよ。ぼくは〈自分〉を出さないことが目的化しているからね。芸術家より職人に憧れるからなのかな。

朝井　〈自分〉を消してほかの人になりきる職人ですね、もはや。

鈴木　ノンフィクション作家でも、どんな人のルポルタージュを書いても似た人物像になってしまう人っていますよね。おそらくそこに〈自分〉が出ているんです。でも一方で『鞍馬天狗』の大佛次郎なんかは「鞍馬天狗はみんなに愛されているけれど、私が書いたということは誰も知らない。それが私のプライドです」と言っている。自分が作った人物がひとり歩きしていることを喜んでいる。そういう気持ちになれるとラクですよ。

朝井　〈自分〉を捨てないと、その境地にはいかないですよね。

鈴木　今後はどうなっていくんでしょうね。もう、〈自分〉なんて封じちゃったらいいのに。

朝井　一度発見したものをなかったことに戻すのは難しいですね。

鈴木　朝井さん、〈自分〉という問題を処理するような、新しい小説にチャレンジしてくださいよ。

朝井　な、難問です。でも、人生はどうやら長いらしいので、いつかは……。

鈴木　楽しみにしていますよ(笑)。

(構成：瀧井朝世。「朝井リョウ、〝ジブリの鈴木P〟に会いに行く」『SPUR』二〇一三年九月号)

座談

『教団X』の衝撃

鈴木　今日はわざわざありがとうございます。

中村　いや、とんでもないです。

鈴木　とにかくこちらの三人が『教団X』のファンで（笑）。

中村　えっ、本当ですか。

鈴木　簡単に言うと、『教団X』を見つけたのが米倉さんで、ぼくに薦めてくれて。そうしたらすごくおもしろくて、一気に読んだんですよ。

中村　ありがとうございます。

鈴木　そしてぼくが川上さんに薦めたんです。これは絶対喜ぶに違いないって。

中村　そうですか。

鈴木　なんと川上さんは、この本を読むために入院までしてね。

川上　いや、たまたま入院していたときに、鈴木さんから芥川賞作家ので、すごい本があると聞いて。芥川賞作品って短いじゃないですか。で、すぐ読めるだろうと思ったら、いつまで経っても全然終わらない（笑）。電子書籍で読んでいたので、本の厚さがわからなかったんですよね。おかしいな、と思いながら読みきりました。

鈴木　ベッドからぼくにおもしろいって、途中で経過報告が来たしね。

中村文則…なかむら・ふみのり
小説家。一九七七年生まれ。二〇〇二年、「銃」で第三四回新潮新人賞を受賞しデビュー。二〇〇五年、『土の中の子供』で第一三三回芥川賞、二〇一〇年、『掏摸（スリ）』で第四回大江健三郎賞を受賞。『教団X』は二〇一四年、集英社より刊行。近著に『私の消滅』（文藝春秋、二〇一六年）。

川上量生…かわかみ・のぶお
実業家、映画プロデューサー。一九六八年生まれ。九七年に株式会社ドワンゴを設立。現在、同社代表取締役会長、カドカワ株式会社代表取締役社長、スタジオジブリプロデューサー見習い。近著に『鈴木さんにも分かるネットの未来』（岩波新書、二〇一五年）。

米倉智美…よねくら・さとみ
著者の友人。愛書家。

中村　それはびっくりだなあ。

鈴木　米倉さんに、絶対来てもらおうと思ったのは、ぼくなんか、読んでからずいぶん時間が経っているからいろんなこと忘れているんですけど、彼女はよく覚えているんですよ。書いてある文章そのままを。

米倉　いえ、そんな(笑)。

鈴木　そういうわけで、今日、この三人で一斉に襲いかかろうという。

中村　非常にありがたい話です。

鈴木　きっかけはね、アマゾンで買ったんだけれど、レビューを見て頭へ来たんですよ、あれ。ひどいこと書いてあるんですよ。

中村　ネットはしょうがないです(笑)。

鈴木　ほとんどが読まないほうがいいとか。全五段階評価の「非常にいい」も二つぐらいしかないしね。それで本屋さんへ行ってみたら、十万部突破でしょ。でも少ないと思ったんですよ、ぼく。もっと売れるべきだと。三十万、五十万行ってほしいですよね、最低。

中村　ああ、すばらしいですね。そうなれば。

鈴木　だから、おこがましいんですけれど、多少の応援をさせていただくと。

中村　すみません、ありがとうございます。ぼくもジブリの大ファンなので、今日は本当に光栄です。宮崎さんの映画は、ぼくが把握しているのは全部見ていると思います。わりと大人になってからは全て映画館で。

鈴木　ありがとうございます。

中村　ドワンゴさんといえば、ちょうど今、ＫＡＤＯＫＡＷＡの編集者さんから、ぼくの原稿が欲しいといろいろな角度から、攻められているところで(笑)。

川上　そうですか。

中村　連絡がよく来ます。また依頼の仕方がうまいんですよね……。

鈴木　出版にも関わっているんですか、川上さん。

川上　基本は関わっていないんですけど。

鈴木　社長ですからね。

川上　一応(笑)。

鈴木　いまだにピンと来ていないです、ぼく。

川上　ぼくもピンと来てないですよ。

中村　いや、出版界は、もうみんな知っていらっしゃいますからね。こういうふうになっているというのは。［編集部注：二〇一四年五月、株式会社KADOKAWAとドワンゴが経営統合。翌年十月、「カドカワ株式会社」となった］

鈴木　出版界は小さい。ぼく、元出版社だから。なんか、村ですよね。

川上　いや、でもね、いろいろな取材を受けても、やっぱりドワンゴの川上ということで紹介いただくので。カドカワをやっているとは、みんな思っていないし、思いたくないんじゃないかな(笑)。

中村　いやいや(笑)。ニコニコ動画がやっている、ブースというかな。スタジオあるじゃないですか。バーンと三六〇度の。

川上　はいはい。ニコファーレ。

中村　あそこ、共同通信の記者に記事を書いてくれって言われて、一回取材に行きました。えっ、なんでぼくがと聞いたら、ネットとか関係なさそうな人を選びたいとか言われて。そこで川上さんが舞台に立っていらっしゃるのをお見かけしたことがあります。かなり前ですけどね。何かを発表するというときでしたね。

川上　だいたい何かを発表するときはあそこへ行きます(笑)。

中村　すごくびっくりした記憶があります。三六〇度、全部壁に字が出る。

川上　あれ、けっこう高かったんですよ。

中村　絶対高いですよ。

川上　高かったんだけれども、調べたらジブリの保育園より安かったということがわかって。これってNGなんですかね。

鈴木　いや、いいですよ、もう(笑)。だってしゃべっちゃいけないと思っていると、おもしろくなくなるんだもん。

中村　たしかにそうです。

鈴木　川上さんは化学を勉強した人で。

川上　勉強はしていないですね。化学でしか大学に入れなかったので。

鈴木　でも物理とかも得意なんですよね。それで文科系の人はなぜ大学へ行くんだろうと思っている人なので。

川上　いえ、そんなこと言ってないですよ(笑)。やめてくださいよ。ぼくなんか、文系をディスってるというふうに、ネットで思われているので。

中村　ネットはいろいろですね……。

鈴木　社長になったから言うこと変わったな、なんつって(笑)。

川上　いやいや(笑)。

中村　で、どうなんですか(笑)?

川上　いや、一応、文芸もやっている出版社としては、文系の批判をしていると思われるのは困ります。本当に批判していたらしょうがないですけど、誤解ですから。

中村　そうですね(笑)。

川上　ぼくは理系的な本を読むのも大好きですが、文系的な本のほうがたくさん読んでいるんです。

鈴木　小説は好きなんですよね。

川上　そうですよ。本当に好きなんですけども、最近ほとんど読んでなくて。でも久々にこの本を読んで、本当におもしろいと思ったんです。

中村　それはすごくうれしいです。

鈴木　どうですか。米倉さん。

米倉　私も本を見つけたきっかけが、最近小説を読んでないなと思って、ネットサーフィンをしていたらタイトルが目について。あっ、おもしろそうだなと。

中村　タイトルはけっこうやけくそですからね(笑)。教団Xってどういうことだよという。

今までに見たことがない小説

米倉　半年ぶりぐらいに小説を読んで。でも感想は、小説ではないかもしれないと思いました。

中村　たしかに。いろいろなものが入っていますからね。

米倉　そうですね。

鈴木　そこがおもしろかったよね。

米倉　はい。これはジャンルがないなと思った小説でした。結局、小説ではなかったなと。

川上　見たことないですよね。
米倉　ないです。
川上　いろいろ不思議はあるんですけど、これは小説なのかという不思議さがあるのと、なんでこんなのを書いたのかという(笑)。
米倉　そうです(笑)。すべての要素がちりばめられているし。
中村　やっちゃった感がありますね。
川上　そんなに書ける小説じゃないですよね。長いし。普通だったら一生にたぶん一冊か、二冊ぐらいしか書けないんじゃないかなって(笑)。
中村　ちょうどデビュー十年目にあの連載を始めたんです。自分の興味がいろいろ広がったりしているときだったので、このタイミングで言いたいことを言っちゃえと思って。書いていたら、どんどん長くなっていって。二年半の連載になりました。
鈴木　確かに言いたいことがあるというのが非常に明快な小説。だから小説という形式が手段になっているでしょ。
中村　ああ、そうですね。
鈴木　ねえ。そこがおもしろかった。
川上　ぼくもあの本を読んで思ったのは、この作者は、宗教を自分で開きたいんだと。これはその経典なんだというふうにしか思えなかったんですよ(笑)。
中村　純文学は、もっと芸術に落とし込めたりとか、いろいろな方法があるんですけどね。見る人が見れば、わかるという。でも現代はそれだともう広がらないと思って。
鈴木　ぼく、又吉さんの『火花』を同時期に読んだんですよ。そうすると、又吉さんのほうは、いかにも小説好きという感じでしょ。小説のファンで、小説を書きたいというのが露骨に伝わってきて。ぼくなんか、彼の書いたものが一種、懐かしかったんです。ああ、文学だと思って。
中村　はい、文学ですね。
鈴木　一方で『教団X』は、なにしろ小説は手段であって、言いたいことがあるというやつでしょ。この対比はおもしろかったんですよ。

川上　ぼくは逆に、又吉さんが『教団X』を薦めているのがすごくよくわかって。『火花』もそうなんですけど、あれはやはり又吉さんが持っている世界観を世の中に伝えたいと思って書いたんだなと。『教団X』はそれをさらに進めたというか(笑)。

鈴木　でも、やはり第一におもしろいのは、現代との格闘がある。

中村　そうですね。それはやっていますね。

川上　昔は理系と文系の距離というのがもっと近かったんじゃないかなと思うんです。同じ人が両方やっていたりもして。でも今はもう専門で分化していますよね。もしも文系の学者とか、社会学者とかが、たとえば物理学とかの最先端の知識を使って世の中を解説するってやったら、たぶん笑われる。だから今それを発表するんだとしたら、こういう形で小説にするしかないんだなと。

鈴木　なるほど。

中村　ドストエフスキーとか、ぼく、すごく尊敬しているんですけど、あの人たちができなかったことは何かなと考えたときに、最新科学かなと。あの時代から一番発展しているのはそれなので。で、人間とは何かを哲学的にやっても、もちろんおもしろいんですけど、物理とかからでも、小説だったらいいんじゃないかなと。多方面から、人間とは何だろう、みたいなことを真正面からやった感じですね。

鈴木　ぼくなんて、中間子なんて小学校以来ですよ。湯川秀樹先生の(笑)。

川上　だってね、小説の最後にある参考文献が、これ、小説の参考文献なのかって(笑)。

米倉　思いました。

川上　冗談みたいになってますよね。

中村　しかも多すぎるだろう、みたいな。どんだけ読んどんねんという話(笑)。

川上　そうそう。だってぼくは今日に備えて、もう一回読み直そうと思ったのは『教団X』ではなくて、ひも理論の本(笑)。

中村　超ひも理論のやつですね。

川上　はい。ホログラフィーとか、あそこらへんをちゃんと読み直さないと、今日は臨めないというのでね。なんでこんなことやってんのかなって思いながら（笑）。

中村　自分で書いておいてなんですが、そこまでぼくは詳しくないですよ（笑）。

米倉　私は『教団X』を読んだ後、すぐ仏教のほうに走りましたからね。仏教の基礎入門みたいなやつを三冊ぐらい読んで、完全に感化されたんです。

川上　思想書ですよね。やはり（笑）。

米倉　そうなんですよね。興味が湧く部門がそう。

中村　いろいろ多岐にわたっていますから。

川上　もともと物理とかは好きだったんですか。

中村　これまで人間とは何かみたいなことを、西洋の宗教や哲学と、あと生物学からのアプローチはやってきたんですけど、物理からは初めてで。しかたないから勉強するかと思って、基礎入門からずっと読んでいきました。実はその前に神話を調べようと思って、リグ・ヴェーダという、インドの最古の経典の本を読んでいたのですが、物理の宇宙の本とか読んだら、あれ、これ、リグ・ヴェーダとすごく似ているじゃないかと。びっくりして。

宗教に詳しい人は宗教に詳しいし、物理に詳しい人は物理に詳しいのですが、そこはなかなかリンクしない。あまり変にリンクすると、何か、いかがわしい宗教みたいになっていくんですけど。そこはちゃんとした知識でやってみると、ほとんど近かったんですよね。

さっき言われた、小説ではないような要素があるというのも、やはり意識していて。読者さんがいろいろな楽しみ方ができるようにしようと。新書的な部分も多いし。物語は物語として、知識は知識として読める。でもその知識も、理系の専門書だったら難しく書いてあるじゃないですか。それを文系の言葉でどう書くかというのをずっとやっていましたね。

鈴木　佐治晴夫さんという方が書いている『14歳のための物理学』（春秋社）などの理系のシリーズがあって、ぼくもそれで少しは勉強しようと思ったのだけれど、やっぱり躓いてしまって(笑)。ところが、この本を読んでみたら、そこを非常に端的に、明快に書いてあるから、大変勉強になったんです。

米倉　松尾先生のお話ですね。

鈴木　そう。あのＤＶＤはすごくおもしろかったもん。

中村　本当は会話文でやるのが小説なんですよ。でも、それをすると長すぎて、訳わからなくなってしまう。それで教祖の話って章に分けてしまって、ここからは知識ですよと。

鈴木　あそこからぼく、俄然、読み方が深くなるんです。

中村　ありがとうございます。

鈴木　それで何回も同じところを繰り返し読んだりね。

川上　ぼくの友達に薦めたら、教祖の話だけを読んでいましたよね(笑)。

鈴木　それ、すごくわかる。

中村　それも全然いいと思います。

鈴木　だって読み返すところ、そこばかりだったもん。ストーリーのほう、ちょっとなおざりになったりして(笑)。

川上　そうそう。だからなんかね、ストーリーを追うと、それが褒美として出てくるみたいな。

鈴木　早く次のＤＶＤ来ないかなとかね(笑)。

中村　逆に知識はなくて、ストーリーだけでいいという人もいたり、いろいろですね。

鈴木　でも、それもったいないですよね。

中村　どんな読み方でもいいんですよね。知識だけ楽しむ人も、知識がだるいなと思う人もいるだろうなと。で、ちょっと間に違うのを入れて、休憩してもらったりとか、あの手この手ですね。デビュー当時では、さすがに書けなかったと思います。十年の自分なりの技術的な蓄積もあってできたかなというのはありました。

世界に対して言いたいことを全部言う

鈴木　全体を通して言うと、どうですか。

米倉　ちょっと待ってください(笑)。全体を通してですか。小説じゃないなというのが、読後の感想だと言ったんですけど、正確には少し語弊があって。一番最後、松尾さんの最後の演説はＤＶＤなんですかね。講話なんですかね。

中村 一番最後のは遺言のＤＶＤです。

米倉 そうですよね。いろいろあるけれども、今、生きているというのはすごく特殊な状況だから、生きていこうよという。今までの語り口からは、遥かに超える明るさというか。最後、希望を持って終わるんだなというのが、すごくウルッとしたんですよ。

中村 ありがとうございます。

鈴木 共に生きていこう。

米倉 そう。その部分は圧倒的に小説だったなと。

中村 そうですね。すごく暗いことも、ひどいこともいっぱい書いて、でもやはり最後はどうしても前向きに終わりたいというのがあったので。とくに最後の松尾さんの演説は、ほとんどぼくが思っていること全部ですよね。

鈴木 あれ、意表を突かれた。ものすごいまともなんだもん。

米倉 そう。鈴木さんと感想を言い合っていたときに、お互い意見が一致したところでしたね。これは小説としてではなくて、作者が世の中に訴えたいことなんだろうなという。

中村 実は純文学の中にはこうしてはいけないとか言う人もいて。あまり作者の地は出してはいけないとか、意見を言うのはよくないとか、いろいろあるんですけど、そういうタブーを全部取っ払ってしまったのが『教団Ｘ』で。だからもう作者の地が見えていても、小説として多少、歪《いびつ》でもいいんですよ。それが真剣に読者さんに伝われば。ぼくは世界にはいろいろな人がいたほうがおもしろいと思うので、すべての多様性を愛するというのがこの小説の基本ベースなんです。それを言いたいがために書いたというのもあったんです。

批判も聞きましたが、褒めてもらえる声のほうが、多かった。政治的にこの本はすごくリベラルなので、そうではない人たちからすると、たぶん我慢ならないでしょうね。でも、そういう人たちはそこについて文句を言うのは難しいので、全然関係ない部分で攻撃して、本を否定しようとするのはあると思います。

川上　これを機会に宗教を立ち上げようとか、思わないですか。

中村　(笑)それはないですね。

川上　この思想をもっと広めようとか。

中村　世界を見渡すと、やっぱりひどいんですよ、貧困や戦争のあらゆる構図が。ちょうど自分の本が翻訳されて海外でも出版されるようになってきたタイミングだったので、世界に向けて言いたいことを言ってやるという意識で書きました。

川上　翻訳者、大変ですね。

中村　ほんとうに大変だと思います。

鈴木　でも、言いたいことを言うって、小説にあんまりないんですよね。

米倉　ないですね。

中村　小説はそういうことをやらないほうがいいという考え方もあるし。

鈴木　だからもしかしたら、編集者の方が、あの最後のくだり、あそこをやる、やらないで、いろいろな議論があったのかな、なんて少し思っちゃいましたね。たぶん普通の小説だと手前で終わる。ところがそれを付け加えた。

中村　基本的にこういうのはやめてくれというのは、出版社からはなかったですね。だから全部自分の言いたいことを書いたというのがこの本です(笑)。

川上　今後も、こういうような本を書くんですか。

中村　常に、前の小説を超えたものを書くというのをやっているのですが、作品のタイプが多岐にわたってきて、今は、少し前に出した、『去年の冬、きみと別れ』という本を超えるものを、と書いてまして。だからその次で、『教団X』を超えるような、また長いやつを、今度は別のアプローチで書こうかなと思っています。相当大変でしょうけど。でも、これ書いて、これからどうするのというのはいろいろな人に言われました(笑)。

川上　ほんとそうでしょうね。

中村　全部書いちゃったんじゃないかって。でもやっぱり小説というのは奥が深くて、どんどん出てくるんですよね。だから書くのは少し先になりますが、今、練っている途中です。それも長くないと超えられないので。

川上　長さなんですか(笑)。

中村　長さはありますよ。『教団X』は短いとちょっと。実はこれでも、省きに省いているんですけどね。風景描写とか、ほとんどないんですよ。本当は小説って、風景描写だけで一ページとか、平気であるんですけど、それも全部そぎ落として、そぎ落として、それでこれですからね。

鈴木　だからそういうことで言うと、読みやすいですよね。

川上　確かに。

鈴木　第一部を一日で読み、間をおいて第二部をまた一日で読んだんですよ。そういう読み方ができる本。で、次から次と先へ進みたくなったから。

米倉　全然眠れなかった(笑)。

川上　長くても冗長という感じがしなかったですね。

中村　本当は短いのが、ぼくは好きで。短い言葉でどれだけ言えるかをいつも考えていて。助詞についても、たとえば、「そんなことはない」の「は」が余計だと思うと、「そんなことない」とか、状況によってちょっとでも短くしようとするんです。

鈴木　余計な形容詞ないですよね、全体を通して。これだけ長いのに。だからものすごく読みやすいんですよ。みんないっぱい書くから。

中村　風景描写はとくにそうですよね。

鈴木　世界をつくっておいて、人間を描こうとするから、どうしても昔の人はそうやっていましたよね。

中村　ホテルの部屋とかも、廊下でドアが並んでいて、静かで、絨緞があってとか書くと長いじゃないですか。

鈴木　勝手に想像しろと。

中村　だからもう「沈黙したドアが並ぶ」とか書くと、ひとことで全部わかるというか。短く、どうでかいことを書けるかなというのは、いろいろ研究しましたね。

タイトルと装幀のインパクト

中村　タイトルは最初『教団』に変えないかと言われたんです。でも、なんか『教団』って普通で。「X」がないとインパクトがないと、無理やりこのタイトルで押したんです(笑)。

鈴木　でも、それに惹かれましたよ。あれXがなかったら。

中村　やっぱり、弱いですよね。

鈴木　全然弱い。インパクトがあるんですよ。Xによって。そこに謎が出てきているし。

川上　なんか、内面に狂気が宿っていますよね。『教団X』というのは。

中村　表紙もかなり、やばいですからね。これ、絵みたいに見えて、実は写真なんですよ。

川上　エッ!

中村　これ、全部シャンパングラスなんです。曼荼羅に見えるんですけど。

米倉　曼荼羅だと思っていました。

中村　シャンパングラスを重ねたものを撮っているんです。

鈴木　写真を加工したんですね。

中村　装幀家の鈴木成一さんが濃淡を加工して、全然違うように仕上げちゃったんです。

米倉　それはご希望だったというか。

中村　いや、全然。鈴木さんにお願いするときはお任せしちゃうので。ぼくのこれまでの本の中で一番装幀、難しいとおっしゃっていたんですけど。出来上がってきたものを見たら、ウワーッと思って。

鈴木　すごくいい。

米倉　最初この装幀をネットで見たときに、ミステリーかな、サスペンスかなと思って。

中村　そしたらもうジャンルもよくわからない本だったということになっちゃいましたね。

米倉　そうです(笑)。いい意味で、裏切られたんですけど。

鈴木　タイトル、文字が浮かび上がっているでしょ。高いんですよ、これ。

中村　そうなんです。高いです。

米倉　どういう意味ですか。二倍ぐらいするんですか。

鈴木　部数によるけれど、一冊につき五十円ぐらいかかるんですよ。

米倉　えっ、そんなに。

鈴木　ぼく、出版社にいたからよくわかる。

米倉　普通っていくらなんですか。

中村　本の値段って、大体、初版部数とページ数で決まるんですね。部数が少ない本はどうしても高くなってしまう。これを書いているタイミングだったら、ある程度の部数で出せるので、このページでも安くできる、二千円を切ることができると思って。普通はこの厚さだと、たぶん二五〇〇円ぐらいするんです。

米倉　それが定価一八〇〇円。

川上　ぼく、この前高校のパンフレットを作ったんですが、文字が浮き出すのをやったら、一冊プラス百円ぐらいしましたね。

鈴木　部数が少ないと、上がり幅が大きくなる。二万部ぐらい刷ると五十円程度になってくるんですよ(笑)。箔押しとか、いろいろあるんです。ぼくも好きだったから、よく使ったんで。

中村　この本、テレビで紹介されたときに一回、書店さんから消えたことがあったんです。集英社さんが大急ぎで増刷するときに、この浮き出しで二日余分にかかっちゃうというのがあって。間に合わないというのは、出版社からすればすごく損なんですけどね。

鈴木　これ、逆にやるのもおもしろいんですよ。絵のほうを浮き出させるんです。それで文字を普通の印刷でやるとかね。ぼく、そういうの好きだったんだ(笑)。

中村　それ、ものすごく高くなるのでは……？

鈴木　でも、版を作ればできるから(笑)。

中村　そういうものですか。

川上　型押しっていうんですよね。

鈴木　そう。『あしたのジョー』の本で。ジョーの顔のアップの線画だけをそれにしてみたんです。そしたらむちゃくちゃおもしろいんです。

中村　おもしろいですね。

鈴木　逆の発想でね。そしたらちばてつやさんがすごく喜んでくれて。

米倉　この本、背表紙も。

中村　浮き出していますね。

鈴木　普通、こうなると金赤でやりたがりますよね。タイトルなんかもね。でもそれをあえて黒にしてあるのは正解ですよね。

中村　最初は白と赤と銀も試して。いろいろなバージョンがありました(笑)。

川上　それにしても分厚くて、一八〇〇円、安いですよね。

中村　紙も実はすごく軽いのを使っているんです。

鈴木　だからこれ、厚さの割に軽いんですよね。あとね、本当は重さにこだわるとおもしろいですよ。

中村　重くするということですか。

鈴木　ぼく、二千円以上の本は、必ず一キロにしたんですよ。

中村　なんでですか(笑)。

鈴木　そうすると、二千円払う気になるんですよ。

米倉　なるほど。大事にしますよね。

鈴木　そう。

米倉　捨てられない、なんか、全然。

中村　重いから？

鈴木　その効果ってあるんですよ。斤量《きんりょう》というんですけどね。わざと紙の重いやつを使うんです。それでいろいろな束見本を作ってみて、値段によって重さを決めていたんです。だから、たとえばぼくらだと、『ジ・アート・オブ・ナウシカ』なんて、二千円以上するわけですよ。そうしたら重くしないといけないから、目方、本当に量って、一キロって。

米倉　紙が重いんですか。

鈴木　そう、分厚くなるの。

中村　永久保存版感を出すという感じですね。

鈴木　そうそう。だから一度、冗談でやってみたくてしょうがなかったのは、表紙が重いとかね(笑)。

川上　最初、開くのが重い。

鈴木　すると、なんかね、大事なものになるでしょ。そういうことってあるという気がしているんです。だからこの本見たときに、表紙がすごくいいと思ったけど、若干の不満は軽さなんですよ。それからこれはね、川上さんに言いたいんだけど、デジタルで読むものじゃないですよ(笑)。

iPhoneでの読書

川上　ぼく、iPhoneで読んだんです。
米倉　えっ、嘘。
川上　だから全然読み終わらない。ページ数も何万ページとかになってるんですけど(笑)。
米倉　ちょっとそれ見たとき、うんざりしますね。
中村　そうか。ぼくはこれ、電子で読んだことないですから。
川上　そう。全然終わらなくて。でも携帯で読んでいるから時間がかかっているだけだと、信じていたんですよね。
米倉　実際、どうでした?
川上　三分の二ぐらい読んで気づきました。これは長い本なんだと(笑)。
米倉　私もさすがにこの本持って、電車に乗らなかったですね。
中村　鞄が埋まりますもんね。
米倉　そうなんです。女子としてはちょっと(笑)。荷物増えるなあ、みたいな。
鈴木　でも、上下にしなくて一冊でよかったね。
米倉　あっ、もちろんです。
中村　やっぱり上下にすると値段が上がるので。少しでも安く皆さんに読んでもらうには。
米倉　だからこそ家でじっくり読みました。移動時間で刻み刻み読むのではなくて、夜十時から朝四時ぐらいまで缶詰で読むというのができたので、すごく集中したし、移動中に読んではいけない内容だなと思って。
中村　一気に読んだという方、けっこう多いですね。二日、三日で読んだという意見はよく聞きます。
川上　正確に言うと、iPhoneだと六四六五ページあります(笑)。

米倉　うわー。それなんか、始める気が失せません？　最初にページ数見ちゃうと(笑)。

川上　ｉＰｈｏｎｅで小説を読んだのは、これが初めてだったんですよ。だから感覚がわからなくて。

鈴木　この間、温泉に川上さんと二人で入ったんだけど、ｉＰｈｏｎｅを持って入っているんですよ。

米倉　温泉に？

鈴木　うん、何やっているのかと思ったら、小説読んでいるんです(笑)。

川上　そう。『教団Ｘ』を読んでいたんです。

中村　水って、大丈夫なんですか。

川上　これね、アップルは言ってないんだけど、けっこういけますね。防水とかって謳っていませんが、普通に濡れたぐらいだったら全然大丈夫ですよ。

米倉　でも隙間からプロセッサとかやられません？　中のＣＰＵとか。

川上　と、思うでしょ。いや、意外と大丈夫なんです。

中村　すでにやられている可能性はないですか。

米倉　いつ電源入らなくなるかわからないですよ。

川上　実はｉＰｈｏｎｅの６ｓをすでに買っているんですよね。壊れたら差し替えようという(笑)。

鈴木　何考えてるの？(笑)。

川上　ぼく、発売時期が近づくと、お風呂の中で読み始めるんです。

鈴木　あっ、そうなんだ。

中村　じゃ、やっぱり不安は感じているわけですね(笑)。

川上　買ったばかりは、やっぱりやらないんですよ。そろそろ買い換えたいから。

中村　じゃあ、防水って信じないほうがいい(笑)。危ないですよね。

川上　新機種が出るたびに買い換えたいんだけど、心の中にもったいないという気持ちがあるんですよ。だからもし壊れてくれたら、気持ちよく買い換えられるじゃないですか。

中村　言い訳ですよね。なるほどね。

米倉　さすが。

――おもしろいですけど、これラジオでは使えないですね(笑)。

中村　あっ、そうか。他の企業のことが入っている。

鈴木　使っちゃいけないですか。

――この番組のスポンサーにauが入っていますし、第一、リスナーの皆さんが川上さんの真似して、故障しちゃったら大変じゃないですか。

中村　そうか。みんなお風呂で読んじゃうね。

川上　買い換える直前にやる分には大丈夫です。

米倉　今のすごくいい情報でしたよね(笑)。

中村　壊れてもいいならね。

鈴木　最後に注意事項を入れればいいんじゃないですか。真似はしないでくださいって(笑)。

中村　ラジオでそれ、難しいですよね。

鈴木　ダメかな(笑)。

映画化とドストエフスキー

鈴木　映画化の話は来ないんですか。

中村　この小説に限って来ていないですね。映画にするにはけっこう勇気がいると思いますよ。

鈴木　ぼく、職業病でね。やっぱり考えちゃうんですよ。どうしても。

川上　めっちゃ長くならないですか、これ(笑)。

米倉　かなり過激な描写もある。

中村　そうですね。チャレンジですね。

鈴木　映画にするときに、やはりDVDの部分、そのままやるべきだと思ったんですよね。でも普通の映画人がやると、どうしてもそこをドラマのほうに持っていっちゃう。そうじゃなくて、DVDはちゃんとそのまま、本みたいなつくりの映画を作る。そしたらおもしろいんじゃないかなという気がしたんですよね。

中村　映画館で見る人なんか、もうワグナーのオペラを見るみたいな。途中休憩があって、何時間みたいな話になっちゃうかもしれない(笑)。

米倉　これ、映画になったら、何時間ぐらいで収まるんですかね。

鈴木　やる人によって全然変わる。

米倉　へえ。二時間でできますか。

鈴木　やる人は二時間でやっちゃう。九十分ぐらいでもやっちゃう。

中村　教義とか、抜いちゃえば。

米倉　教義、抜いたら絶対ダメですよ。

鈴木　それこそ『カラマーゾフの兄弟』だって、たしか映画があるんだけど、ものすごい短いよ。『薔薇の名前』なんかも、なんでこんな映画になっちゃうんだろうなと。

中村　たしかに、そんな長い映画じゃないですもんね、あれも。

鈴木　中村さんは、なんでドストエフスキーがお好きなんですか。

中村　描写はちょっと長いんですよね。たとえば女性一人出てくると、その女性がどんな服着ていたとか、一ページぐらい使うので、もうその情報いらないと思うんですけど(笑)。でも書いているテーマや内容は、やっぱりすごく深いので。だから野心として、ぼくなりのそういうものを書いてみたかったというのがあったんです。

鈴木　なるほど。中村さんにとっての『カラマーゾフの兄弟』なんですね。

中村　というふうに、あんまり大きい声で言うと批判を受けるので、ぼくのホームページのあるページに小さくチョロッとは書いていますけどね。

鈴木　なんで批判を受けるんですか。

中村　いや、なんかおこがましいとか、いろいろ言われちゃうので。自分のホームページだったら読者さんしか来ないので、それだったらまあ。

鈴木　人が勝手に言うのはいいですよね。

中村　ええ、もちろん。

鈴木　ぼくらの世代だと、あれは必読書だったんですよね。

中村　やっぱりそうですか。

鈴木　うん。『罪と罰』もあるけれど、とにかく若者に焦点を当てたということですよね。それは、それまでの小説にはなかったんです。だからある人が言っていたんだけれど、ドストエフスキーとマルクス。二つ合わせると若者が世界を変える。確かにそうでしたね。

中村　やはり影響はすごく大きいですよね。

鈴木　だからぼくの知り合いでね、亡くなっちゃったんだけど、日本テレビの氏家齊一郎という人ですが、最後に読んでいたのは『カラマーゾフ』ですよ。「敏ちゃん、おまえ、読んでいるんだろ」って言われてね。ぼくなんか、ほとんどうろ覚えだったんだけれど、一人で延々しゃべっていたんですよ。腐っていく死体を目の前にしながら、本当に人間じゃなくなる。そうなったときにこれが「神だ」と言って、叫ぶあのシーン。小説の神髄はここだよなって。そんなことを言いながら死んでいっちゃったんですよ。

中村　奇跡が起こると思って、みんな待っていたら、普通に腐ってしまうという。

鈴木　そうです。

中村　あそこで奇跡が起こったら台無しですからね、すべてが。

鈴木　でも、それを言い切る。

中村　しかも当時。

鈴木　そう。カフカなんかも影響があるんですか。

中村　大きいですね。海外文学の古典は大好きで。

鈴木　あまりいないですよね。その年代で。

中村　ぼく、デビューしたのが二十五歳だったんですけど、二十五でそういうのが好きと言って出て来たというのがかなり異質だったみたいですね。なんじゃこいつ、みたいな。

鈴木　絶対そうですよね。

中村　バックグラウンドがちょっと変わっていたというのがデビューできた理由なのかもしれないなというのは、今になって思いますけどね。やはり個性って大事ですよね。どんな業界においてもね。

小説家になる人とは

鈴木　そうだ。訊きたいことがあったんだよね、米倉さん。小説家という人に。

米倉　はい。私もすごく本が好きで、水と空気と一緒ぐらい、本がないと生きていけないんですけど。中村さん、本はもともとお好きなんですか。

中村　高校生ぐらいからですね。暗かったんです、ものすごく。すごく暗くて、ずっと演技して生きていたんですよ。高一のときにそれが耐えられなくなってしまいまして。教室行ったら、みんなが椅子に座って黒板を見ているのが気持ち悪いと思って。やばいですね(笑)。急に学校へ行けなくなってしまって。でも不登校ってことで目立つのいやじゃないですか。だから一応腰が悪いと嘘をついて、学校へ行けないし、座れないということで、ひと月休んで。で、また高校行ったら腰が痛いですって手を挙げて、保健室に行くというのを繰り返していたんですけど。

そのときに太宰治の『人間失格』という本をみつけて。あれはタイトル勝ちですよね。こんなぼくは人間失格だから、読むしかないと。そして太宰を読んだ典型的な反応で、主人公を自分だと思ってしまって。そこからですね。小説をひたすら読むようになったのは。

鈴木　「ワザ」とか言われるんでしたっけ(笑)。

中村　あのへんがもう、ぼくだとか思って。

鈴木　鉄棒からわざと落ちて、ワザ、ワザとか言われるんですよね。

中村　そうなんですよ。

鈴木　あそこ、すごいですよね。

中村　そこから、より深くて、暗いのはいったい何だみたいなことになってきて、で、ドストエフスキーとか、カミュとか、サルトルとか、カフカとか、昔の本にひたすら潜って。日本は何だとなったら、三島由紀夫とか、大江健三郎さんとか、安部公房とか、とにかくそういうものばかり読んで。

鈴木　聞いていると、ぼくらの世代ですよね。

中村　ほんとそうですよね。

鈴木　ぼく、六十七歳なんですけどね。だってたしか本に出てきたような気がするけど、『嘔吐』とか。いろいろ読んでいらっしゃるでしょ。サルトルの。

中村　はい、そうですね。デビューした当時の雑誌編集長に言われたのはまさにそうですね。だいぶ前の世代の読書体験だよ、それはと。でも、ぼく、だからといって、そういうものばかりではなく、マンガとか、流行の小説とかもいろいろ読んでいたんですよ。映画も新しいと言われるものは見ていたし。それで、デビューするには現代文学っぽいことをやったほうがいいのかなとか考えて、そういうものも書いてみたんですけど、全然ダメだった。やっぱり古典文学がいちばんかっこよく感じていたので。じゃあデビューとかもうどうでもいいから、自分の好きなもの書けばいいじゃないかと。で、二十一世紀のシーンが新しい文学を探しているときに、拳銃を拾った青年の話という、非常にオーソドックスな本を書いて(笑)、応募したら、逆に新しいみたいな感じになって、デビューできたんです。

そこから昔のものに影響を受けつつ、新しいことを加えていくということをずっとやって、現在に至る感じです。

米倉　本が好きで、小説を含めなんですけど、ずっと読み手だったわけじゃないですか。それが書き手になろうって、どういうときに思ったんですか。

中村　それはですね、なんかものすごく憂鬱になったときがありまして、もう生きていけないぐらいだったんですね。でもまあ、自分の悩みを一回把握してみようと文章を書いたんです。ずっと書いていったら、だんだん気持ちが落ち着いてきて。ポエムみたいなものを書いてみたり。今、読んだら、たぶんものすごく恥ずかしいと思うんですけど(笑)。だんだん短編小説っぽいのをやってみたりとか。で、卒業論文を書くときにワープロを初めて持って。ワープロあるし、これだけ小説好きだから、一回、長編小説というものを書いてみようかなと思って、やったら、すごくしっくり来て。ああ、人生一回しかないから、これでやってみようという感じですね。

実は当時、バンドとかもやっていたんですよ。髪とか赤くして、タンクトップで鎖を首から巻いたりして、ハードロックをやっていた。タトゥーにもあこがれましたが、彫る勇気なくて(笑)。で、シール貼って。

鈴木　シール貼ったんか(笑)。受けますよね。

中村　ライブも終わりに近づくと、汗でだんだんタトゥーの十字架が取れてくる(笑)。
米倉　もしロッカーになっていたら、ここにタトゥーが。
中村　そうですね。あったかもしれないですね。十字架とか、ドクロとか。シールだけど(笑)。
米倉　やっぱり読む人から書く人って、アプローチも熱量も全部が違うわけじゃないですか。けっこう私、小説家の方って、その一歩の勇気なんだろうなと思うんですよね。
中村　書くということですか。
米倉　そうです。私自身がすごい本好きですけど、書こうとはまったく思えないので。ものを書く人ってすごいなと純粋に思うんですけど。
中村　いろいろじゃないですかね。映画はぼく、見るのは大好きですけど、映画撮ろうとかは全然思わないですから。インターネットも見ますけど、発信側にはなろうとは思わないですし。そういうことなのかもしれないですけどね。
鈴木　なるほど。満足？
米倉　満足です(笑)。

今、海外で評価されるもの

米倉　海外の人にも読んでほしいとか思いますか。
中村　はい。『教団X』は最初から「世界に向けて書いたる」というのがあったので。
鈴木　翻訳されたのは『掏摸』が初めてなんですか。
中村　アジア圏は、ほかに前もあったんですけど、英語圏は『掏摸』からです。
鈴木　どうすると海外で出るんですか。出版社の人の努力ですか。
中村　ぼくの場合は、大江健三郎賞というのをいただいて。それをもらうと、英語か、ドイツ語か、フランス語か、どれかになるというのがあるのですが、幸いにして読者の多い英語になったんです。英語になればいろんな国の編集者が読めるので、ドイツ語やフランス語にもなりやすい。それに『掏摸』の主人公って、あるようでなかったので、珍しかったみたいで、広がってくれているようです。『悪と仮面のルール』という本のときは、アメリカの軍需産業の悪口をいっぱい書いたので、それが英訳されると聞いて、やばいなと思ったんですけど、出ちゃうものはしょうがないから、じゃあお願いしますと。向こうでサイン会があったのですが、いかにも共和党大好きみたいな、筋肉ムキムキの南部の方が来て、本読んだけど、おまえは勇気があって気に入ったと言われて(笑)。英語でしたが、日本語にすると、たぶんそんなニュアンスだと思います。それでサンキューソーマッチ、ジャパニーズ・カンジとか言いながら、サインを書いて渡しましたけどね(笑)。

でも、日本の作家という認識はあまりないみたいですね。

鈴木　おもしろいものはおもしろいのかな。

中村　あまり国で読まないですかね。アメリカの人って。

鈴木　もともといろいろな国の人が集まっているんだから。

中村　そうですね。英語でものを書いている人口が多すぎるので。だから個性がないと埋没してしまいますね。

鈴木　この間、池澤夏樹さんの本を読んでいたら、今、世界で評価されるのは、これだけ人の流入が激しくなった時代なので、移民だとか難民で、別の国へ行った人、それでそこの言葉がしゃべれなくて、苦労して、なおかつその言語を獲得した人。そういう人が現地の言葉で書いたものがおもしろいみたいなことが書いてあって、あっ、なるほどなあと思ったんですよね。ゆえに世界文学全集が、昔みたいな基準では成り立たない。

中村　ほんと、そういうところはやっぱりありまして。たとえば日本の小説といっても、とくに珍しくないんですよね。アメリカにも日系人の作家がいて、その人たちが英語で日本文化のことを書いたりもしていますから。だからもう国の個性というよりは、本人の個性でやっていかないと埋没します。たとえば台湾や韓国とかですと、まだ日本文学とか日本の作家ということで盛り上げてくれたりすることがあるんですけど、アメリカでは、そんな下地はないので。これはもうゼロからやるんだなと思いました。

それにしても、日本の忍者とか、大好きですよね。アメリカの人って。

鈴木 大好きですよ。すぐ映画にするしね。

中村 あれ、何なんでしょうね。アメリカでトークイベントをしたときに、隣にいた人が日本のことを書いている外国人で、彼の本の内容を聞いたら、侍と忍者が戦う話らしい。そんな忍者や侍はいないんですけどね。一緒に並んでいるのがぼく、日本人なので、向こうもしゃべりづらいんですよ。嘘って言われちゃうといけないから。でも、まあ、そういうのもあると思うと、一応サービスで言ったんですけどね。

鈴木 ぼく、ひょんなきっかけでスピルバーグのプロデューサーと親しくなったんですよ。そしたらある日、スピルバーグが日本を舞台に映画を作りたいからとシナリオが送られてきて。びっくりですよね。純粋に日本が舞台で、時代が室町の日本映画ですよ。こんなもの作るのかなと思ってて(笑)。もうね、たぶん時効だからしゃべっちゃってかまわないと思うんですけどね。それで簡単に言うと、おかしいところを指摘しろと。そんなことありましたけどね。だからそういうことで言うと、みんな国は関係ないですよね。

中村 海外に映像配信するときとかは、海外向けの戦略があったりするんですか。

川上 いや、海外市場は、基本、ぼくはあんまり信じてないので。ウェブ業界では海外でやらなきゃいけないと言っている人が多いみたいですけど、難しいですよね。だって文化って、その国のものだと思うんですよね。コンテンツ単体であれば、他の国でも珍しがられる忍者みたいなものが、海外でも通用することはあるでしょうけど。ウェブって、やっぱりプラットフォームは、海外に本当は進出できないものだと思っているんですよね。

中村 ああ、逆にそういうことですか。

川上 最近仲のいい、2ちゃんねるを作ったひろゆきが、アメリカの4chanというサービスを買ったんですよね。これが日本の2ちゃんねるそっくりなんです。だいたい名前が4chanというのが怪しいんですけど(笑)。

中村　たしかに。

川上　でも、これがアメリカで何なのかというと、『電車男』が登場しなかった2ちゃんねるなんですよ。日本では2ちゃんねるって、なんだかんだ言っても『電車男』のせいで社会的に受け入れられたんです。だけど4chanはそれもない、とてもドロドロした場所。

中村　見る人だけ見るみたいな。社会からは隔絶された。

川上　見ているなんて絶体他人に言わないみたいな。そういう感じの、いかがわしいサイトなんですよね。ただ、そこにアクセスしている人と、日本のネット文化がメチャメチャ近いんですよ。みんな現実に友達がいなくて、ネットにしか居場所がない。それで働かずに、二十四時間ネットにアクセスしているという。そういう人たちは日本のアニメが大好きだし、日本のマンガとかも読んでいる人がすごく多いんですよね。

中村　そうですか。すごそうだな。

川上　で、たぶん海外で4chanみたいなものが流行っているというのは、そういう社会的な弱者に対する文学というのが海外にないんだと思うんですよね。現実社会で引きこもって、ネットにいるような人たちに向けた文学というのが、アニメとか、マンガのような形で唯一存在しているのが、たぶん日本なんですよ。だから日本のものが海外で受ける。

中村　そうか。啓蒙する方向ではなくて、楽しませることに特化しているようなものが日本に多いということですかね。もっとこうしろよと言わないというか。

川上　そうじゃないですか。肯定ですよね。啓蒙的な部分がないというのはその通りだと思うんです。

中村　なるほどね。肯定か。たしかにそれは、海外はわからないけど、日本はいろいろありますね。

川上　非常にたくさんあるんですよね。

鈴木　日本がねえ。たしかに、アニメとマンガは一時、アメリカの西海岸、それからイギリス、ヨーロッパ、いろいろなところへ行ったけど。で、そこに集まる人たちって、本当にまるで日本人みたい。すごく似ていますよね。それまでの外国人と全然違うタイプ。

川上　顔つきが違うんですよね。

鈴木　なんか、ほうけているんですよね。

中村　ジブリだと、日本アニメとかいう受け取られ方じゃないですよね。もっと普遍的な。

鈴木　そこは区分けしてくれます。

中村　ですよね。救われますよね。

川上　ジブリは別として、日本のアニメって一般の外国人には通用しないと思われています。でも、女の子にもてないとか、そういう人たちに刺さる要素というのはたぶんあるんですよね。外国だと、そういう人たちに向けては、おそらくコンテンツを作ってないと思うんです。だから、日本のコンテンツが通用する余地がある。

米倉　たしかにそうですね。

川上　だから海外にないものが存在するんだったら競争力を持つと思うんですけど、海外が自分の国で同じようなものを作り始めたら、やはりローカルなものが勝っちゃうんじゃないかなと、ぼくは思っているんですけど。

すべての多様性を愛そう

鈴木　でも、何と言ったらいいかな。この『教団X』がまさにそうだけど、主たる四人の主人公たちというのか、みんな、それこそ心に闇を持っているわけでしょ。

中村　そうですね。

鈴木　そういうことで言うと、それは今、世界共通じゃないですかね。

中村　はい。やっぱりテロリズムの話とか、今の世界を意識して書いてはあるんです。

鈴木　映画で言うと、ぼくなんか、皆さんよりちょっと長く生きているから、すごく感じていたのは、世界問わず、アクションであろうが、恋愛ものだろうが、何だろうが、ある時代まですべて作品のテーマは、貧乏の克服だった。そうすると黒澤明なんていうのは、どんな映画作ろうと、実は根底にそれがあった。

ところが、日本がそうだったように、高度経済成長その他によって豊かになったとき、次は心の問題になったんですよね。それをどうやっていくんだみたいなね。そうすると、この小説を読んだときにも、これはそういうものがある先をちょっと示してくれているのかな、なんていう気もしたんですけどね。

川上　だから宗教なんですよ。現代の宗教ですよね、これは。

中村　そうですね。神とかのない、教義とか、宗教ですよね、やっぱり。すごい、なんかちょっと感動しますね。

鈴木　エッ？

中村　いや、なんかもうすげえうれしいです。書いて良かったなって思います(笑)。

米倉　私、本当に救われたんですよ。

中村　えっ、どういうことですか。

米倉　すべての多様性を愛そうというのがすごくいっぱいちりばめられているじゃないですか。寛容であって、許容しよう。許そうと書いてあって。私はいろいろな国の人と働いていると、たまに迷子になってしまうんですよ。このボーダーレスの時代で生きていて、地球が狭くなってしまっていて、いろいろな国の人と接していると、自分がすごく空っぽになるときがあるんですね。うまく言えないんですけど。

鈴木　気持ちはわかるな。

米倉　なんか悲しくなったり。それこそ具体的に言うと、私、ハイスペックな携帯のシステムとかを発展途上国向けに売ったりしているんですけど、その土地のインフラを整えるんですよね。なんかそれって、その国の文化を邪魔したりとか。

鈴木　この中にも出てくるね。

米倉　そう。営利目的のことをしているとか、その国の文化とか、いいものをお金と引き換えに失わせているのかなとか、私ごときの人間が大きなことを考えたりとかして。

鈴木　でも現実には、それこそアフリカでの携帯の普及率八〇%ですよね。

中村　そんなになりますか、もう。

米倉　そういうのを考えると、すごく悲しくもなるし、逆に彼らの文化といやでも対峙して働かなければいけなくなるので、あり得ないことがいっぱい起こるんです。おもしろくもあるんですけど(笑)。それに自分が対応していかないと、このグローバルな社会で生きていけないという恐怖もあるんですよ。相手のことをわかってあげなければいけない。私が基準ではないんだと。私の常識は、彼らの非常識だというのと一緒で。そういうことをやっていると、すごく疲れちゃうときがあるんです。

でも、この本を読むと、認めるということ、許すということ、多様性でいいじゃないということが書いてあるので、私みたいな状況に置かれている人は、たぶんすごく救われるなと思ったんですよね。

中村　そうですか。……とってもうれしいです。

米倉　なんか、すみません。私みたいな。

中村　いやいや、すごくうれしいです。世界も場所によっては、日本とは本当に違いますからね。感覚とか、発想とかも。だから悪を描くとしても、じゃあアフリカの悪は何だろうと思って調べていくと、やはり日本とは全然違うんですよね。もっと無造作というか、乱暴というか。貧困のレベルもまた違うんです。何かで読んだエピソードなんですけど。日本で売春しているフィリピンの女性がいて、彼女は仕事のしすぎで体を壊して死んじゃうんです。稼いだお金は家族に送っていた。で、彼女のことを書いていたライターさんが、家族は何にそのお金を使ったんだろうと気になって、フィリピンに行くんです。そしたらすごいボロボロの家にお母さんが一人住んでいらっしゃって。あのお金、どうしたんですかと聞いたら、全部宝くじを買ったと言うんですよ。もう何ていうんですかね、貧困で、お金の使い方もわからなくなってしまうんですよね。もっと儲かると言われると、じゃあそれやってみようみたいな。今回ダメだったけど、来月はいけるかもしれないとかなってくる。本当に発想や感覚が違うんですよね。

川上　ぼくも、そもそもアフリカはなんで貧困なのか、東南アジアはなんで経済発展しているかということを人から聞いたんですが、日本の人なので、ひょっとしたらバイアスがかかっているかもしれないんだけれども。

基本、ODAとかという経済援助というのは、発展させないためにやる。その国をどんどん腐敗させて、独り立ちができないようにするために援助するらしいんです。ところが日本だけ、そういうことがあまりわかっていなくて、空気を読まないで、その国の経済発展のためを考えて、経済援助したらしいんですよね。

日本のODAの特徴って、円借款が多いというので、よく批判されるんですけど、あげるのではなくて、貸すんですよ。貸すことを前提にしているので、ちゃんとした投資になるからやっているらしいんですよね。タダであげてしまうと、だいたい腐敗が始まっていて。

米倉　ボランティアじゃないですよね。

川上　じゃない、じゃない。

米倉　そこは対等な関係ですよね。ビジネスとしては。

川上　なので、東南アジアとか、日本が応援しているところというのは、その後経済が発展する可能性が高くて、そのことですごくヨーロッパとか、アメリカから攻撃されている。

鈴木　この間、麻生大臣がそのことをしきりに訴えていましたよね。返してもらうんだからと言って。なかなか理解されなかったと思う。

川上　そう。それが重要なんですね。

鈴木　あれ、説明が下手だったんですよ。

川上　そうですね。

鈴木　だけど大きな視点で見ちゃうと、それこそ先進諸国というのは、日本を含めて、この大衆消費社会が、終わりかけている。でも東南アジアはこれからでしょう。ワーッと広がりますよね。恐らく。だからその過程でさっきみたいな話。稼いで来たお金を宝くじに使っちゃうというのも、その流れの中の一つかなんて気がしたんですけどね。

中村　格差はすごいですからね。あっちのほうは。

鈴木　ぼくの知り合いの学者で、東南アジアについてばかり書いている人がいて。そこらへんのこと、よく勉強しているんですよね。ぼくなんかも、その人の本で初めて知ったんだけど、老いていくアジア、消費するアジア。実はもうとっくに少子化が始まっているんですよね。子どもが二人以上生まれる国なんてない。そうすると、五年、十年で日本に追いついちゃいますよ。それがアジアの現実。

中村　環境問題とかもいろいろ出てくるでしょうし、ね。中国とかだと、もう出てきていますしね。

鈴木　何がどうなるんだか。すごい規模でいろいろなことが起きそうで。その中でどういう映画を作るのかというのがあるんだよね(笑)。

米倉　そして、どういう本をまた書かれるのかですよね。

中村　そうですね(笑)。

(構成：丹羽圭子。ラジオ番組「鈴木敏夫のジブリ汗まみれ」二〇一五年十二月放送分より。
——はFM東京の勝島康一氏)

対談

暗い小説が読まれる時代が再び来る

――『夜を乗り越える』をめぐって

又吉直樹…またよし・なおき
芸人、小説家。一九八〇年生まれ。よしもとクリエイティブ・エージェンシー所属。綾部祐二とのコンビ「ピース」で「キングオブコント二〇一〇」準優勝。二〇一五年、『火花』で第一五三回芥川賞を受賞。『夜を乗り越える』は二〇一六年、小学館より刊行。

「小説」を読み直したくなる本

鈴木 本が本当にお好きなんですねえ。

又吉 好きですね。

鈴木 びっくりしちゃった。敵わない。

又吉 いえいえ。

鈴木 この本(『夜を乗り越える』)、中身が濃いから。

又吉 (笑)そんなことないです。

鈴木 これ、お書きになったんですよね。

又吉 最初、語り下ろしだったんですけど、それをもう一回、話し言葉で書き直して。

鈴木 情報量が多いですね。ぼくが読んだ本もいくつかありましたけど。又吉さんの世代の本もありますが、それこそ近代文学、ずいぶん昔の小説も多い。

又吉 もともと教科書にあったものから読み始めたんですけど、引っかかるのはわりとそれぐらいの時代のものが多かったですね。

鈴木 太宰治とかね。ぼくもそんな熱心な読者じゃないけれど、『人間失格』、あれは残りますよね。

又吉 そうですね。

鈴木 それがある年齢を経ると、また読み方が変わってくるという。

又吉 読む時代によって違いますよね。作品自体は変化しないいんですけど、自分が変わっていくから、また違うところが響いたりして、おもしろいですよね。

鈴木　『人間失格』は毎年読まれるとか。年の初めに。

又吉　はい。最初はおもしろいので読んでいたんですけど、今はちょっと研究みたいになってきましたね。

鈴木　愕然としましたね。だってそんな深いところで『人間失格』読んだことないもん。ちゃんと読まなきゃと思って(笑)。太宰では、あと『女生徒』をもう一回読み直そうかなと。引っかかっていることが、あるんですよ。

　ぼくは今、六十七歳なんですけど、ぼくらの世代が読んでいた作品を全部読んでいらっしゃるというのが、又吉さんの大きな特徴だという気がします。

又吉　そうですね。同世代で、あまり近代文学に固執しているような人はあんまりいなかったですね。

鈴木　思い出したのが、『ワンピース』を書いている尾田栄一郎さん。あの人も、ぼくらの世代が見ていた映画を山のように見ているんですよね。

又吉　へえ、そうなんですか。

鈴木　こんなことあまり言うと怒られちゃうけど、『ワンピース』って、あの時代のあの映画ですよね」って喋ったら、尾田さんに「人前で言わないでください」って(笑)。だから、そういうことってあるのかなと。要するに、みんなが読んでいるちょっと前のやつを見たり、読んだり。

又吉　それはあると思いますね。ぼくたちのすぐ上の世代の方がやっていること、新しいとされていることがあって、じゃあ、それに対して、次にやりたいと思ったことが、実はもう一個上の世代がやっていたことだったり。そもそも上の世代がやってきたことに対するカウンターとして一個下の世代がやって、それを見てさらに下の世代がまたやるという。螺旋で登っていけばいいんですけど、もしかしたら繰り返しになってしまうときがあるかもしれないですよね。

鈴木　ぼくの友人で、庵野秀明というアニメーション映画監督がいて、「ぼくらはコピーのコピーの世代です」という言い方をしていました(笑)。あと、私小説がお好きですよね。

鈴木　そうですね。

又吉　びっくりだな(笑)。だってまだ三十五歳ぐらいですよね。

鈴木　はい。今年、三十六になります。

又吉　もう流行らないですよね、私小説って。

鈴木　今は流行ってないですね。絶滅寸前みたいな感じです。

又吉　それも、こういうものを書くきっかけなんですか。

鈴木　太宰をはじめ近代文学だと、わりと自分のことを書いたりするじゃないですか。その影響はやっぱりありますね。インパクトが強くておもしろかったので、いまだにそういうものを探して読んでいます。

又吉　びっくりですね。すごい。

――(山崎)上京して住んでいらっしゃったところが、偶然、太宰の住んでいたところだとか。

鈴木　そうですね。

又吉　偶然じゃないでしょ。それは意図的にそういうところに住むわけですよね。

鈴木　あっ、違います。渋谷の不動産屋に行って、その日のうちに家を決めないといけなかったんですけど。養成所が赤坂にあったので、丸ノ内線で一本で行けるから「荻窪でいい部屋ありませんか」みたいな感じで聞いたら、「荻窪はないけど、三鷹まで行ったらありますよ」って言われて、もう時間がないので、そこを見に行って。ちょっと古かったんですけども、ここでいいと。

又吉　頭に太宰のことは。

鈴木　なんとなく、三鷹って太宰がおったとこかぐらいはありましたね。

又吉　だって半端なファンじゃないもんね(笑)。

――(山崎)太宰が住んでいた跡地にアパートが。

鈴木　跡地なんだ。

又吉　たまたまなんですけど。昔の住所の表記って今と違うじゃないですか。何丁目とかじゃなくて、千何番みたいな表記。

鈴木　数が多いですよね。

又吉　太宰の家、だいぶ近かったんやろうなと思って、近所を散歩したりして探していたんですけど、全然見つからなくて、図書館へ行って地図で調べたら、「現」って書かれている住所が、そのときぼくが住んでいた家だったんです。家の下にちゃんと再現できるように土台を残しているらしくて。

今は「ピース」っていうコンビですけど、その前は「線香花火」というコンビを組んでました。そのときよく井の頭公園でネタ合わせをしていたんです。いつも使っていた場所が急に工事中になって、「ここ、何かできるのかな」と言ってたら、屋上にロボット兵が出てきたんで、「おい、見ろ」みたいな。ジブリの何かができるのかって。まさにあの辺で、ずっとやっていたんですよ。

鈴木　『火花』の中には、たくさん吉祥寺が出てきましたね。先輩の住んでるところまで歩いて行く場面なんて、「あそこら辺かな」とかね、つい関心がそっちへ行っちゃって(笑)。

吉祥寺が舞台の小説って、ぼくはあんまり知らなかったから。スタジオジブリってもともと吉祥寺だったんですよ。

又吉　あっ、そうですか。

鈴木　東急デパートの裏で。

又吉　へええ。

鈴木　武蔵野文庫っていう喫茶店がいまだにあるんですけど。

又吉　あります、あります。

鈴木　その上だったんです。

又吉　あっ、そうなんですか。

鈴木　そこがスタートなんですよ。

又吉　へえ。武蔵野文庫はぼく、よく行ってましたね。

鈴木　そうなんですか(笑)。

又吉　カレーとコーヒーね。

鈴木　そうそう。あの親爺、まだ元気にしていますよね。

又吉　下連雀に住んでたんですけど、そう言えばあの辺散歩するときに、これもたぶんジブリのなんかやな、という建物をけっこう見かけて。

鈴木　あの辺りで、展示物をつくったりしているんです。

又吉　ああ、やっぱりそうなんですか。外観の感じで、たぶんそうやろなと思って。

鈴木　だいたい所沢から多摩のあたりで映画つくってきたんです。『耳をすませば』や『平成狸合戦ぽんぽこ』もあの辺ですしね。

又吉　ニュータウン。

鈴木　そうですね。

又吉　聖蹟桜ヶ丘まで見に行ったことありますよ。『耳をすませば』の舞台になった。

鈴木　ありがとうございます(笑)。だいたいあそこら辺と、あとは屋久島なんですけどね。『もののけ姫』とか、『ナウシカ』とか。

いやや、とにかく読み終えたばかりなんですけれど、ぼくはこの本に感動しちゃって。

又吉　ありがとうございます。

鈴木　正直に告白すれば、ずいぶん長い間、小説を読んでなかったんですよね。本は好きだったんですけど、いわゆる小説からは離れちゃってて。

あるとき、『文學界』の編集長から雑誌をいただいて、彼から薦められて『火花』を読んだんですが、正直言って、びっくりした(笑)。というのは、ぼく、言葉が乱暴なので、うまく言えないけれど、「なんていう古典的な小説を書く人がこの世にいるんだ」という。それに驚いたんですよね。

又吉　はい、はい。

鈴木　あの冒頭の熱海のシーン。漫才をやっているんだけど、でもみんな、花火を見ているわけでね。さあっていうときにバーンと花火が上がる。あれなんか、映画が商売なんで、つい、「これ、どうやって撮るんだろう」とか、考えちゃいましたよね。これで主人公の立ち位置がものすごくよく分かる。強烈な印象でしたよね。ああ、今もこういうことを書く人がいるんだなと思って。

又吉　古いとされるので、誰もやらないと思うんですけど。ぼくが個人的に近代文学を読んでから現代文学を読んできたので、現代文学の新しい方向、みんながどんどん前衛的なことにチャレンジしているこの流れみたいなものが、なんとなくぼくの中では古く感じちゃっているんですね。

鈴木　ぼくはその後、これも話題の中村文則さんの『教団X』を読んだんですよ。そうすると両極端で(笑)。

又吉　そうですね。

鈴木　聞くところによると、お二人は親しいそうですね。

又吉　はい。

鈴木　だから、世の中ってどうなっているんだろうなあと思って。でも、とにかくこの『火花』が火をつけて、それこそ、みんなを小説に向かせましたよね。

又吉　そうだったら嬉しいんですけどね。創作のことで言うと、ぼく、小説という形ではまだ一つしか書いていないので。鈴木さんはずっと何年も作品を、プロデューサーの立場でつくり続けているじゃないですか。

鈴木　ぼくは会社を維持しなきゃいけなかったから(笑)。

又吉　いや、でもそれが普通できないことですよね。その段階、段階で超えないといけないものがあるじゃないですか。最初はもうちょっとシンプルやったと思うんですけど、だんだん周りの「絶対やってくれるやろう」という期待値とか、プレッシャーみたいなものが出てきますよね。

鈴木　『風の谷のナウシカ』が一番幸せでしたね。ぼくは『アニメージュ』という雑誌の編集長をやっていたんですけど、その中で宮崎駿に漫画を描いてもらいまして。人のつくった作品を追いかけるのがだんだん面倒くさくなってきて、連載したら『ナウシカ』が人気出てきたから、これで映画つくっちゃおうと。そうしたら、これをネタに本をつくればいいとかって、最初はそんな感じで映画を始めたので、とにかくつくることが楽しくて。だから二本目の『天空の城ラピュタ』になると、正直言って、楽しい気持ちは少し薄れましたよね。つくらなきゃいけないからつくるという。

又吉　しかも、期待値もかなり高いということですよね。

鈴木　当時は、まだそんなに高くなかったですけどね。でも、やっぱり仕事の要素が入ってきた。それが辛かったです。もっと純粋につくりたかったというか。仕事は雑誌の編集でもう十分やっているから、映画をつくるときぐらいそういうものから解放されたかったんですけどね。

監督とプロデューサーの関係

又吉　作品をつくるためにご自身でいろいろな人に会ったり、話を持っていったりするんですか。

鈴木　最初のうちはとくにそうですよね。ぼくの役割だったから。まあ、途中からそういうことはあまりしなくなりましたが。今だから話すと、宮崎駿が『カリオストロの城』をつくったときは、前代未聞にお客さんが来なくて。

又吉　そうでしたっけ。

鈴木　大赤字なんですよ。そうすると映画の世界って厳しいんですよね。評判のよさは関係ないですよ。お客が来たかどうかだから。彼は当時、ある会社に属していたんですけど、このまま行ったら二度と映画をつくるチャンスはないというときに、ちょうどぼくと出会っているんです。ぼくは『カリオストロ』がすごくおもしろいと思ったんですよね。この人は才能があるな、と。でも、彼はもう会社を辞めて、アニメーションから足を洗おうと考えていたんです。

又吉　あっ、そうなんですか。

鈴木　「そんなこと言わないで、もう少し何かやりましょうよ」と。彼が売れるものをつくってくれるかどうかなんてなんの保証もなかったけれど、一緒にやっていったら楽しいかなと。なんとなく気が合ったんですね。だから、人の出会いというのは不思議ですよね。

又吉　それはでも、理想的な始まり方ですよね。

鈴木　ぼくは雑誌をやっていたので、じゃあ、漫画でもやりますかと言って、それで始めたのが『ナウシカ』でした。彼はアニメーションの会社を辞めたので、その連載で一家を支えなきゃいけない。だから「原稿料はいくらもらえるの？」とかね(笑)。

又吉　リアルな部分ですよね。

鈴木　そうですよ。だって彼、本当は絵本を描きたいけど、絵本じゃ食えないし、なんで食っていこうかって、ほんと悩んでいたときだから。今振り返ると、あそこが一番彼にとっての転換期だった。

又吉　『ナウシカ』はもちろんむちゃくちゃおもしろいですけど、あそこまでみんなに衝撃的な作品として迎えられたのは何なんですかね。

鈴木　どうなんですかねえ。ぼくはそばにいただけなんでね。ただ『タッチ』をはじめラブコメが受ける、そういう時代だったんですよね。『少年マガジン』から『サンデー』から『ジャンプ』から、日常の話ばっかりやっていたんですよ。それで、最初にどういうのをやろうかという打ち合わせで、ぼく、「壮大なやつがいい」と言ったんですよ。要するにみんながやらない、逆のもの。

又吉　やっぱりそうなんですねえ。

鈴木　それだけは言いましたね。アニメーション雑誌だから、その漫画によって人気を得ようとか、ぼくは何も思わないわけです。だから気が楽なんですよね。何か好きなやつないですかと言って。そしたら彼が恐る恐る「ナウシカ」っていうのがあるって言うから、「なんですか、それ？」って聞いたら、「ギリシア神話にこういう娘がいるんだ」ということだったんですよ。それで漫画が始まるんですけどね。

又吉　で、『ナウシカ』を映画にして、『ラピュタ』はつくる必要に迫られて、その後『となりのトトロ』『火垂るの墓』になりますよね。そのあたりから、この先も運営し続けていくというビジョンみたいなものが、だんだんできてきたんですか。

鈴木　なんにもないですよね。

又吉　まだなかったんですか。

鈴木　ないです。もう最後までないですよ。今もないけど。

又吉　今もないんですか。

鈴木　だって一本勝負だもん。

又吉　あっ、そうか。

鈴木　ジブリは一本やって、こけたら終わりですよ。だって劇場用の映画ですから。その作品ができたら、明日はないわけです。そういう状況も、できたら楽しみたいなあ、と。

又吉　それ、スタッフさんとか、みんな共通認識として持っているんですか。

鈴木　どこまで自覚していたかはともかく、「ダメだったら明日はないよね」という感覚はどこかでみんな持っていましたよね。でも、そういうときってみんな、明るくなるんですよ。

又吉　(笑)なんとなくわかる気もしますけど。

鈴木　本当に明るいんだもん。だって『ナウシカ』は別に成功させようと思ったんじゃなくて、偶然成功したわけですよ。『ラピュタ』のときもね、つくるほうは大変だったけれど、成功すると思っていた(笑)。で、『トトロ』と『火垂る』。これもなんとなく行くかなと思っていたら、後で聞いてみると、どうもそうじゃない。

それで、決定的だったのは『魔女の宅急便』だったんですよ。これ、実を言うと持ち込み企画でね、ヤマト運輸さんがぜひつくりたいけど、どうですかって。それでぼく、何も深く考えないで、それもいいかもしれないなと思ってね。結局、宮さんと一緒にやることになるんですけれど。

映画をつくり始めて、一方で興行の話があるじゃないですか。そしたら、配給の東映さんがこんなことを言いだしたんですよ。「ヤマト運輸、全国にすごくたくさん営業所あるのに、前売り券は買ってくれないんだって?」。で、ぼくね、「何のことですか、それ?」って言ったら、要するにいっぱい営業所があって、一ヶ所十枚でも売れれば、俺ら、商売になると思って配給を引き受けたんだと。なのに、その約束は反故にするのかと。で、「約束なんかしてないですよ」と言ったら、「鈴木さん、『ナウシカ』『ラピュタ』『トトロ』とやってきて、だんだん落ちているんだよ」と言われたんです。それがどうしたと思っていたら、「宮崎さんも、これ最後だよ」って。

ぼくね、気がつかなかったんです。映画をつくってるのが幸せだったんですね。能天気というのか。それでね、大慌てですよ。忘れもしない。それを言ったのは原田さんという人物で、後で感謝することになるんですけどね。ぼく、その足で日本テレビに走りました。「宣伝しよう」って。初めてですよ。これでつくれなくなったら困るなと思って。

又吉　そうですよね。

鈴木　それで日本テレビに「今つくっている映画に途中から出資しませんか」って、言いに行ったんです。もうむちゃくちゃですよね。そしたらなんと、担当の横山さんという人が乗ってくれて。それでトントン拍子に、『魔女』は当時の史上最大のヒットになっちゃうんですけど。だからほんとに運がいいというのか……。運の強さだけですよね(笑)。

又吉　今のお話だけ聞いていると、鈴木さん、ほんとにすごい能天気な感じしますもんね。

鈴木　これ、わざとでも、おもしろがらせようと思って言っているわけでもなくてね。『魔女の宅急便』のときも、まだ雑誌の編集長で、二足のわらじだったんですよ。そうすると、どこかで映画に対して片手間の意識があったのね。本業は雑誌で、こちらはまじめにやっていたんです、儲けるということを。でも映画は、「最悪ダメでもしょうがないかな」というのが、どこかにあったんですよね。

それで真剣になったのが、ジブリ専従になる『おもひでぽろぽろ』から。でもやっぱりどこかで能天気でしたね。それは何でかと言われても、よくわからない。何かうまくいくと思っちゃう性格なんです。だからそういう星の下に生まれているんだって、自分で決めてあるんですよ。

又吉　『魔女の宅急便』以前の、そこまで深刻になっていなかったときも、作品自体は全部おもしろいわけじゃないですか。片手間というのは表現として合っているかわからないですけど、楽しみながらつくっているからこそできるという部分もあったんですかね。

鈴木　宮崎駿という人が、ものすごい頑張り屋なんですよ。それが大きかったですね。初めて出会ったのは、さっきも話しましたが『カリオストロ』をつくっているときで、取材に行ったら「あなたはアニメーションをネタに、子どもたちをだます本をつくっているんだろ」と言われたんですよ。「そんな雑誌に協力なんかできるか」と(笑)。確かにそのとおりだなと思ったんだけど、そのまま立ち去るのは悔しいじゃないですか。

それでね、近くの腰掛けを持ってきて、仕事をしている彼の隣へ座ったんですよ。それで、別に話しかけるわけでもなく。たぶん午後だったと思うんですけど、彼、それからずっと仕事しているんですよ。ひと言も口きかない。ぼくも隣で自分の仕事をやっていたりしてたんですが、気がついたら、午前四時。いきなり立ち上がったんですよ。忘れもしないですけどね。「明日は九時ですよ」って言われた。夜かと思ったら、朝の九時だったんです(笑)。

又吉　すごい！

鈴木　それで次の日も九時に行ってみたんですよ。するとまた一日、ずっと何もしゃべらずに、午前四時まで働いて。

又吉　えっ、鈴木さん、取材に行ったんですよね。で、答えることないって言われたんですよね。それで横にいたんですか。

鈴木　はい。いや、悔しかったんですよ。「この野郎」と思ったんです。

又吉　普通やったら帰りますよね。

鈴木　でもなんかね、口をきかせたらぼくの勝ちだと思っていたんです。それが、二日目も、午前四時になったでしょ。今度は何も言わないわけですよ。その次の日に、また九時に行ってみたら、やっぱり来るわけですよ。それで、お昼ぐらいでしたかね。いきなり、絵コンテを見ながら「これ、なんて言うんですか」って宮さんに聞かれたんです。ちょうどカーチェイスのシーンで、これが第一声だったんですよ。そのときもう一人編集部員を連れてきていて、そいつが競輪得意だったんですよね。で、「まくりって言うんです」と答えた。そしたら「まくり？　それ、聞いたことない」って言いだして。「そういうテクニカルタームがあるんですよ」と。だから『カリオストロの城』を見ると、出てくるでしょ。「まくれ！」って。

そこからですよ。ずっとしゃべり出した。初めて会ったのは三日前でしょ。九月ぐらいだったと思うんですが、その年、十二月三十一日まで全部つき合ったんですよね。午前四時まではやめましたけど。でも彼はとにかく午前四時までやって、朝九時に来るというのを続けた。しかも土日なし。もういやになりましたね。この男はいったい何なんだと思いました。

又吉　そこまでやるんですね。

鈴木　『ナウシカ』のときもね。彼、元気なんです。『カリオストロ』が三十八歳で、『ナウシカ』のときが四十二歳。それで朝の九時に来て、翌日の午前三時、四時まで。やっぱりやるんですよね。『ナウシカ』だけは、しょうがないから全部つき合ったんですよ。自分が関わっているし。ぼくは別に絵を描いているわけじゃないから、近くにいればいいんで、まだ楽ですけどね。

又吉　でも、けっこう大変ですよね。

鈴木　休んだのは一月一日だけでしたね。ほんとに働き者だったんですよ。この世にこんなに働く奴っているんだなと思って。

又吉　いや、何かすごいですね。

鈴木　あるとき、訊いたことがあるんです。「なんでこんなに働くんですか」って。そしたら「時間がもったいない」。もったいないから、少しでもやりたい。それでいて、公開に間に合わないかもしれないという事件が起きて、絵コンテを途中で描き直したんです。本当は巨神兵と王蟲《オーム》の戦いがあったんですよ。それをボツにするんですよね。間に合わせるために。ぼくは腹の中で、公開なんか延びたらいいと(笑)。

又吉　すごいですね。

鈴木　彼が「日曜日休もう」と言い出したのが『魔女』のときですかね。それまではずっと同じ働きぶりでした。

又吉　朝からもちゃんと働けているわけですよね。

鈴木　そうです。

又吉　体力がまずあるんですね。

鈴木　あります。

又吉　いや、ぼくも時間もったいないなと思うんですよ。だからぼくも、四時までは起きてるって決めてるんですけど。

鈴木　あっ、そうなんですか(笑)。

又吉　はい。四時まで寝ないようにしているんです。でも、もう三時頃から使い物にならないんですよ、全然。一応起きているみたいな。机の前で。

鈴木　書くために。

又吉　はい。

鈴木　でもやっぱり他人がいないとダメじゃないですか。

又吉　周りにですか。ぼくの場合はいないんですよね。ずっと一人で。

鈴木　いたら頑張れますよ、たぶん。何かそんな気がする。

又吉　誰か、いてもらったらいいですかね(笑)。

鈴木　だって、みんなが働いていたら、嘘でもやりますよね。

又吉　すごいですね。それだけつくるのに時間を使うほど、ジブリの作品自体が非常に細かいところにこだわっているじゃないですか。それを完成させるための集団をどうやって構成されているのかにすごい興味あるんですよ。宮崎さん、高畑さんという方がいて、鈴木さんがいてるじゃないですか。みんなはどう思っているんですかね。どうやって作品に向かうモチベーションみたいなのを維持しているんですか?

鈴木　変な言い方ですけど、宮崎駿という人は、自分のつくりたいものはつくったことがない。いつもお客さんのことを考えている。徹底していますよね。

又吉　それ、すごいですね。

鈴木　たとえ自分があるものをつくりたくても、あきらめますよね。

又吉　これはお客さんが望んでいるものじゃないということですね。

鈴木　そう。「今だったらこういうものをつくるべきだ」という考え方。たとえば『トトロ』の続編をつくらなかった理由は、「2」をつくったら商売だよと。そういうときにスタッフがついて来れますかって。ここなんですよね。なるほど、そのとおりですよね。だから彼、若いときはよく言っていました。「とにかく作品をつくるときって、鈴木さん、三つだよね」と。一に、とにかくおもしろくなければダメだよ。理屈は関係ないよと。二番目に、多少は言いたいことを言おうって。三つ目、お金も儲けようって。でないと次がつくれないと。

又吉　それ、大事ですよね。

鈴木　もっとさっぱりしてるなと思ったのは、さっきの『魔女の宅急便』のときですよね。途中で二人きりになったとき、宮さん、こう言い出しました。「鈴木さん、やめよう」と。「エッ？　何をですか？」と言ったら、「いや、『魔女』はつくる。ジブリはやめる」って。「最初に言ったじゃない。同じスタッフで三本つくったら、人間関係グチャグチャになる。整理するためには全員辞めさせて、もう一回つくればいいんだから」。ぼく、大反対したんです。せっかくおもしろくなってきたのに、なんでやめなきゃいけないんですかと。そこからなんですけどね。社員化だとか、みんなの給料を高くするとか、いろいろな手を打ったのは。

だから『もののけ』のとき、宮崎駿が六十歳ぐらいなんですけど、ぼくが逆に提案したんですよ。「宮さん、もうこれでやめませんか、ジブリを。もうさんざんっぱらつくったんで」と。そうしたら、彼に似つかわしくないセリフを言うんですよ。社会的責任だとか、そういうことを(笑)。そんなこと、あんた、思う人じゃないでしょって、ぼくは言いたかったんだけれど。

又吉　すごい、なんか、いい関係ですね。

鈴木　出会っちゃったんですね、たぶん。

又吉　宮崎さんと鈴木さん、お二人の仕事の役割を、もし一人がやったら、集団ってうまくいくと思います？

鈴木　うまくいかないと思う。

又吉　なぜですかね。

鈴木　そういうときにね、申し訳ないけど、こういうことを考えちゃうんですよ。たとえば映画監督で、伊丹十三さん。あの方はプロデューサー監督でしょ。大変才能があったのに、残念ながら亡くなっちゃったじゃないですか。その理由って、そこにあったと思うんですよ。だって監督はいいものをつくればいいわけでしょ。売るかどうかはプロデューサーですよ。それを一人でやったらよくないと、ぼくは思っているんですけどね。あなたはつくってください。ぼくは売りますからって。こういう関係ですよね。

又吉　そうですよね。ぼくもライブをもっと大きいところでやるというときは、自分と気の合うプロデューサーを探さないといけないということですね、きっと。

鈴木　という気がするんですけどね。

又吉　自分が創作に向かうときは、それに集中すべきということですよね。

鈴木　そうそう。宮崎駿なんかすごいですよ。ポスター一枚描いてくれないです。宣伝に何の興味もない。だから毎回のポスター、ぼく、自分でやってたんですよ。ロゴだって、全部自分で書いてきたんです。だって彼が、「俺、関係ないからやってよ」って。

又吉　それでもつくる側からしたらすごいありがたいですよね。

鈴木　おっしゃるとおりなんですよ。彼がぼくのことを本気になって怒ったのは、『もののけ』をつくっている途中なんですけどね。いろいろな映画宣伝の取材が入るじゃないですか。それまで宮さんに取材を受けてもらっていたんですが、気がついたみたいなんです。なんで俺が全部やらなきゃいけないって。俺はつくっているだけで精一杯だ。なんでインタビューにも答えなきゃいけないんだ。それはプロデューサーの仕事だろうと。すごい勢いで怒ってきたんですよ。で、ぼく、その日からなんですよ。表へ出始めたのは。

又吉　そうなんですか。

鈴木　彼は純粋につくる環境の中にいたい人。だからいわゆる宣伝にほとんど協力しないんですよね。みごとですよ。ポスター一枚、ラフも、アイデアもくれない。ぼくが勝手につくって、こんな感じでと言ったら、わかったと答えて、スタッフに回して、それで手直しして、終わりです。

又吉　ぼくも毎月、一人でライブやっているんです。一時間のライブなんですけど。コントつくるじゃないですか。それ以外の部分について、どうしますって訊かれると、すごい気がそがれるんですよ。今、何かもう一個アイデアが思いつきそうな雰囲気あったときに、一回中断されるっていうのは。

鈴木　わかりますよ。そんなの勝手に考えさせればいいんです。ああいうとき、ほんと、宮崎駿はすごいですよね。

又吉　そこではっきり言えるのが、やっぱりすばらしいですね。

鈴木　「俺、関係ないもん」って言うんです。

又吉　関係ないもんって言うんですか(笑)。

鈴木　そう。だからぼくがどういう宣伝をしようが、何しようが、彼はなんの関心も示さない。だけど一度だけ、これは忘れもしないんですけど、彼が尋ねてきたのは『千と千尋の神隠し』のとき。ぼくがカオナシと千尋で宣伝をやり始めていたんです。それを新聞かなにかで見たらしくて、「鈴木さんさあ。何でこれ、千尋とカオナシで宣伝してるの？」って。「いや、そういう映画ですよ」と答えたら、「エッ？　ハクと千尋じゃないの？」って。「なに言ってんですか。違いますよ」って言ったら怪訝な顔して帰っていったんですよ。その後、全部の場面をつないで試写するオールラッシュというのがあって、それを見た日に、静かにぼくの部屋へ入ってきて、「鈴木さん、わかったよ。カオナシの映画なんだ、これ」って(笑)。つくっている人って、そういうことあるんですよ。自分ではまったく気がついてないんだもん。

ぼくは客観的に映画を見ていて、千尋、ハク、湯婆婆、それからカオナシ。細かい話ですけど、出演シーンの秒数を足していったんですよ。そしたら、もちろん一位は千尋ですよね。二位がカオナシだったんです。

又吉　あっ、そうですか。

鈴木　そうすると、これは宮崎駿の潜在意識だと思ったんです。だから宣伝するとしたら、この人でやるしかない。そういうのはぼく、計算でやるんです。あんまり感情入れないで。あれはおもしろかったですね。でもあのときは真剣でした。

三十八まではサボらず書く

――(山崎)又吉さんにお伺いしたいのですが、芥川賞を取られて、お笑いの現場での会場のリアクションは変わりましたか?

又吉　最初はもちろん祝福ムードというか、「おめでとうございます」みたいな感じでした。ぼくらはコンビでやっているので、コンビの関係性とかで、またそれまでとは違うパターンというか、やりとりは生まれましたけどね。

――(山崎)見る目が違うなと感じることは?

又吉　多少は変わったなという気はしますね。今までは別にぼくが何を言おうが「ワケわからん、気持ち悪い、また変なこと言ってる」でいけてたのが、何を言おうとしているのかと、みんなが耳を傾けてくれるようになった分、ごまかしはきかなくなったというか。つまり、保険がきいた感覚で仕事ができていたのが、ちゃんとそこが人前にさらされるようになったので、「あれ、あんまウケへんな」とかね。それは、芥川賞を取ったからウケないんじゃなくて、ぼくが自分の意思で言っている言葉そのものに、ちゃんと伝わるものと伝わらないものがあるということを、初めて世の中に出してもらったんだと思います。

鈴木　言葉を大事にしていますね。この本の中にも書いてあったけど、長い文を書いて、それを短い言葉に直していく。あれは感心したなあ。『行人』って漱石?

又吉　そうですね。

鈴木　あれについては書いてなかったけど、あんまり好きじゃないですか?

又吉　いや、漱石は一通り全部読んだんですけど、とくに印象に残っているものから順番に書いたので。

鈴木　ぼくは『行人』が好きなんですよね。おにいちゃんが神経衰弱で、太陽のような明るい奥さんをもらう。でも結婚した途端に、それが腹立たしくなってくる。それを弟が見ている。あれは、すごい印象に残った。それと、織田作之助の『夫婦善哉』。一番好きな小説なんですよね。

又吉　ほんとですか。ぼくも好きですね。

鈴木　織田作っていう人は、ほんと好きなんです。

又吉　おもしろいですよね。何の説明もしてないんですけど、二人が一緒におるということを言葉じゃなくて、風景で感じ取らせてくれるというのがすごくグッとくる。

鈴木　映像的に書くということは意識されるんですか。

又吉　コントは衣装を着て、自分がその役になりきってやるし、漫才は、自分の言った言葉でお客さんの頭の中に再現される風景というのを考えながらしゃべっているので、その癖はついていると思うんです。文章を書くときでも、映像的にというところまで踏み込んで考えてはなかったんですけど、読者の頭の中でどういうふうになるのかというのは、なんとなく。

鈴木　でも丁寧に書いていらっしゃいますよね、具体的に。一方で中村文則さん。あの人、書かないじゃないですか。

又吉　ああ。

鈴木　ぼく、ひょんなことであの人と知り合って、たまにめしなぞ食ってるんですけど。そうするとね、「あまり細かい描写というのは、読みたくないでしょ、現代は」とかおっしゃるんでね(笑)。「いや、まあそうだけれど、ぼくら古典派としてはすごく読みたいんですよ」と言って。彼はおもしろいですね。

又吉　おもしろいですね、中村さんは。

——(山崎)執筆は何時ぐらいから、と決めていらっしゃいますか？

又吉　自分の仕事が終わってからやりますね。九時に終わったらそれ以降ですし。二時に終わったらあきらめるときもありますけど、一時に終わったらやります。

鈴木　毎日、必ず書いていらっしゃるんですか。

又吉　何かしら書いてますね。

鈴木　すごいな。

――(島田)たとえば太宰治もそうですけど、過去の作家たちがまとっていた破滅志向みたいなものに対する憧れというのは、おありですか?

又吉　そうですねえ……。破滅するスタイルに対する憧れじゃないんですよ。長生きすることとか、家族の無事と繁栄をむちゃくちゃ具体的に、リアルに思いながら生活すると決めている人がいたとしたら、なかなか書くものが太宰とか芥川みたいな作品にはなりにくくて、でもどっちかというと、そっち側に憧れているのかもしれないです。

ただ不安なんですよね。恋人も今いないんですけど、もし彼女ができて、結婚したら、今なんとなく漠然と頭の中に浮かんでいるものが、全部使えなくなるんじゃないか、人間そのものが変わってしまうんじゃないか、と……。でも、それは破滅に憧れてるわけではなくて。今、考えているものができて、次の段階に恋人ができるとか、家族ができるとかいうことになったら、そのときにまたもっとおもしろいものが書けるんじゃないかとも思うんですけれど。

――(島田)もう一つ、先ほど鈴木さんに、作品をずっとつくり続けることについて尋ねていらっしゃいましたが、今、第二作を生み出しているなかで、お気持ちのうえで一作目のときとは違いがあるのでしょうか。

又吉　そうですね。それを鈴木さんに訊いて、安心したかったというのがあるんですけれど。そしたら『ナウシカ』のときは楽しかったということで、やっぱそうなんやなと(笑)。ぼくも『火花』のときは、正直、ノープレッシャーだったので。周りの先輩に、「いや、おまえ、そんだけ本好きやと言ってたら、他の芸人が書くのとはわけ違うから、プレッシャーなるよなあ」と言われていたんです。「いやいや、正直、誰もぼくが書くものなんか期待もしてないし、そんな明るい話でもないし、派手なものでもないので、話題にならないですよ。でも、自分の好きなジャンルで表現してみたいんです」という話をしていたので、ほんと、プレッシャーってなかったんですよ。で、楽しんで書いていて、そしたらすごい話題になったので、それでちょっとビビッてる感があるんですけどね(笑)。

鈴木 でも、又吉さんの小説って、たぶんこれからですよね。世の中がそうなりつつあるから。だって、これ読んでてね、暗いんだもん(笑)。

又吉 そうですね。

鈴木 すごいんですよね。その暗さが(笑)。でも、それが武器だから。

又吉 はい。

鈴木 そういうものをみんなが読むようになるのはこれからでしょ、たぶん。まだ今はその端境期にあるから。ぼく、これを改めて読んでて、ほんと、そう思ったんですよ。だからこれからですよ、破滅型の人が出てくるのは。

さっきぼくが言った、あの熱海のシーン。あれなんか、作家の目としては、ちょっとヒンヤリするものもあるぐらい。そこがスタートとしてほんとによかったし。

又吉 ありがとうございます。

鈴木 これからどういうものを書かれるのか、すごい楽しみ。でも、そのときに、もう一つ職業があるというのは大きいですよね。

又吉 そうですね。

鈴木 だって作家だけで食っている人がいる国って日本だけでしょ。世界を見ると、みんな、いろいろな職業をやりつつ書くじゃないですか。学校の先生だったり、お医者さんだったり、弁護士だったり。だからもう一つ職業を持ちながら書かれるというのは、そりゃあ今の職業作家とちょっと違うので、期待値が高いですよね。ひと世代前のものを熱心に読んでいらっしゃるから、それがどういう形になっていくのかというのはものすごい楽しみですよ。

――(山崎)今、書きたいことはたくさんおありなんですか。

又吉 もういっぱいありますね。あるんですけど、鈴木さんがおっしゃるとおり持続していく難しさみたいなものがあるじゃないですか。小説に関しては制作費みたいなものがほとんどかからないので、書き続けることはできるんです。でも、出版してもらえない。ネットとかなんかで、表現は勝手に永遠にできるんですけど、もうちょっとプレッシャーみたいなものを感じながらやっていきたいというのもあるので。そういう意味で言うと、一回一回が勝負になりますよね。

――（山崎）今、書いていて「楽しい」という思いは？

又吉　書いてたら楽しいんですけど、それ以外のことを考え始めると憂鬱になりますね。

――（山崎）『火花』の売上が約二四〇万部。非常に多くの方に読まれています。

又吉　そうですね。

鈴木　実は『火花』って、手に取った人が最初のほうを読んで、結局そのままになっちゃってることが多いんじゃないかと思うんですよ。で、もう一回手に取る日が近づいている、なんていう気がぼくはしているんですけどね。出版社の人なんかにも、いろいろ訊いてみたけれど、けっこう途中でやめちゃってる人が多いと。何でかというと、面倒くさいのよ。

――（山崎）最初だけで読んだ気になってしまう？

鈴木　違う、違う。要するに描写がちゃんとしているから、それを一個一個追いかけるのに、ものすごく時間がかかる。だからその人たちも、もう少しゆっくりできるところへ行って読んだらって、ぼくなんか、そう言ってるんだけど。

又吉　ぼくが好きな作家って、やっぱり読みにくい作家なんですよね。速いスピードで読んでいけない作家がすごい好きなので。ぼくは『火花』に関しては読みやすいように書いたつもりやったんですけどね。

鈴木　いや、やっぱり言葉が厳密だもん（笑）。それですよね。だって古井由吉さんの『杳子』まで読んでいらっしゃる。まいったなあと思って。

――（山崎）『火花』では、お笑いに対する誇りというものを強く感じました。お笑い芸人というのが、まずありきという。

又吉　ぼく自身は、やっぱりおもしろいことが好きなので。ジャンル問わず、なんでも好きは好きなんですけどね。

鈴木　生きていることと本を読むことが一緒になっちゃってるんじゃない。本を読まなきゃ生きていけないんだもん。

又吉　日常にはなってますね。

——（山崎）そこがなかなか理解できない。

鈴木　（笑）たぶん、そういうことだと思いますね。

——（島田）今後、諧謔をテーマにしたユーモア小説など、小説でもお笑いをやるという展望はありでしょうか。

又吉　そうですね、いつかやろうとは思ってます。わりとでも、漱石とかもそうですけど、なんとなく笑える小説って多くて、そういう小説のほうが、今のところ玄人には褒められている印象があるんですよね。ぼく、暗いものもおもしろいものも好きなんで、「これすごいおもしろかった」と言われて読むんですけど、笑えるかどうかについては、ぼく自身の満足度と、そういう文芸評論家の人とか作家同士の評価は必ずしも……ぼくが芸人やから、お笑いにそこまで驚かへんだけなのかもしれないですけど。だから逆に暗いものを書きたいというのもあるんですよね。

鈴木　ぼくは暗いものを書いてほしいですね。それと私小説風。だって絶えて久しいんだもん。そういうものを書いていた最後の作家って野坂昭如さんかなって。あの人も大きく言えば、やっぱり私小説ですよね。

又吉　そうですね。

鈴木　『火垂るの墓』の原作権をもらいにお宅まで伺ったとき、午前中を指定されたので朝行ったんですけど、もうビール飲んでる。でもそういう姿を見ながら、あっ、この人、本物だなという。

又吉　お会いしたかったですね。一度でいいから。

鈴木　まあねえ、むちゃくちゃですよ。新潮社の人と行ったんですけどね。映画の原作料はどのくらいで考えていらっしゃるんですかって、その人に訊いたんですよ。そしたら、「そんなものありませんよ」って言うんですよ。えっ、何で？って。そうやっているうちに野坂さんの家が見えたんです。そしたら「あれ、全部新潮社がつくったんですよ」って。何枚原稿書いてもらっても全然足りゃしないって言われた(笑)。そういう時代ですよね。要するに野坂さんは家が欲しいって言ったんでしょ。

又吉　出版社が支えていたというか。

鈴木　そういう時代があったんですよね。それは何だったんですかねえ。

——(島田)それだけすごい書き手で、世の中も豊かだったんじゃないですか。

鈴木　豊かなのかな。もっと本の価値が高かった?

——(島田)懐が深い時代だったというか。

鈴木　世の中が悪くなっていると言うけれど、もう一回、そういう時代が忍び寄ってきているかなという気もしているんですよ。もしそうなったらいいじゃないですか。だいたい健全な人が小説を書きすぎてる(笑)。

——(山崎)又吉さんは、健全ではない(笑)?

鈴木　いや、だって世の中のほとんどの人は健全なんで、その隅っこのほうにちょっとおかしな人がいるわけでしょ。この人たちがみんなから外れて、奇妙な体験して、それを書いて、健全な人たちがそれを読むというのがもともとの構図ですよね。

——(島田)走ったり、身体を鍛えて、すごく健康のことに気を遣う作家もいらっしゃいますが、それについてはどう思われますか。

又吉　どうなんですかね。身体鍛えた人、みんな同じ文体になるとも思わないですけど。もしかしたら身体を鍛えることによって、自分と一緒に年齢も上がってきている主人公に、何か爽やかさとか、力強さみたいなものを残したいというのは、あるかもしれませんね。年相応の主人公で、もう、ちょっと疲れてて、とかにしたくないんじゃないですか。

鈴木　三島由紀夫は、「太宰もちゃんと朝起きて、冷水摩擦やってれば、あんなもの書かなかった」って言ったけれど、『仮面の告白』なんて、あれは太宰そのものですよね。だって文体だってそうだもん。そうすると、あの人は無理矢理明るいものを書こうとしたわけでしょ。だから『潮騒』って無理がある、とぼくは思うんですけどね。

又吉　太宰と三島は、ぼくはすごい根本が似ていると思うんですよね。

鈴木　まったく同じですよ、あれ。

又吉　身体弱いですとか、何でも文句言うてくださいみたいなのを、太宰は武器にしましたし、三島はそれを、身体鍛えて、撥ね返そうとしたという。何かそういう両者のしんどさみたいなものを感じますけどね。

鈴木　裏表ですよね、まさに。三島由紀夫は、お腹まで切っちゃったもんなあ。

又吉　そうですね。

――(山崎)又吉さん、自分の寿命は四十歳と設定していると、伺いましたが。

又吉　いや、もともと小学校のときに、ノストラダムスの大予言があって、一九九九年に世界は終わると聞いていたので、マジで十九で死ぬんかというので、それでもう勉強とか、全部やめて、好きなことだけやるって決めたんですよ。歯医者も行かなかったんです。どうせ死ぬのに、虫歯なんかで歯医者行くだけ損やと。

――(山崎)それは本気で?

又吉　本気で思ってたんですよ。そしたら一九九九年超えちゃって。今度は二〇〇二年に日本でサッカーのワールドカップがあると。じゃあ、二十二までは世界があると。それまでは頑張ろうみたいな。癖がついたので、その都度なんとなく、設定し直して。今は三十八を目標にしてます。

鈴木　あと二年ですね(笑)。

又吉　そのほうが楽なんです。三十八までサボらずやるという。

――(山崎)おもしろいですね。初めて聞きました。

又吉　ほんまにいつ死ぬかわからないですもんね。だから作品つくったりするの好きなんで、途中で終わりたくないというか(笑)。

作家と編集者の関係

鈴木　ある時代の考え方で、文学は弱者のためにあるというのがありますが、それについてはどう思われますか。

又吉　そうですね。弱者のためにあると言った瞬間、弱者の正義みたいなものができてしまうので、逆に、学歴ある人、お金持ってる人が弾かれるような気もするんですよね。そういう人たちの弱さが。

鈴木　けど、野坂さんの『火垂るの墓』なんか、あれは実際の話にフィクションが入っているけれど、要するに妹と二人で生きようとして、妹は死んじゃう。それで生き残ったこんなぼく、許してくださいという話でしょ。むちゃくちゃですよね。

又吉　そうですね。

鈴木　冷静に考えると(笑)。

又吉　逆に言えば、殺してますよね、自分自身を。

鈴木　ぼくは『火垂るの墓』が好きで、映画にしようと思ったんですけれど、当時、高畑監督と一番話し合ったのは、自己憐憫について。自分で自分を慰める、そこだったんですよね。でも、できあがった映画はその部分が排除されていた。高畑さんとぼくとは、そこ、対立してたんですよ。ぼくは自己憐憫があるから読む人もいるはずだろうと言ったんですが。でも高畑さんは強い人だったので、いやだったんですよね。

又吉　そう言ってもらえると、すごく読書が楽になるんです。自分と同じような弱い人間が出てくる小説がやっぱり好きなんですよね。だから、なんでそんな暗い小説や、人の死ぬやつばっかり読むねんって言われるのは、すごいその気持ちわかるんですけど、むちゃくちゃ明るい、むちゃくちゃ強い主人公のものを見ると、突き放されている感じもするんです。ジブリの作品はなんとなく併走してくれるのが多いですね。併走してくれて、希望のほうに行くから、ついていけて、明日から頑張ろうとか思える。

鈴木　あれ、子ども物だからですよ。要するに、そういう暗さを与えちゃいけないというのが防波堤になっているんですね。だから希望へ行ける。そういうことで言えば、宮崎駿という人はもっと根暗ですよね、見ていると(笑)。

又吉　暗い人の明るさって、ほとんどやさしさやから大丈夫なんですよ。でも根っからの明るい人って、人間的にはすごい好きなんですけど、一緒にいるのはしんどいときありますよね。それも人それぞれだし、向こうからしたら、「いや、おまえのほうがしんどいわ」と言われると思うんですけど(笑)。だから明るい作品ももちろんあっていいと思うんですけど、かといって暗い作品を排除しようとはしてほしくないんですよね、ぼくとしては。

鈴木　なるほどねえ。たとえば『千と千尋の神隠し』では、あの不思議な町へ入っていく。で、お父さんとお母さんが豚になっちゃう。それで千尋が走り回る。そのカメラの目線、絵コンテの段階で、これエッチですよねって宮崎駿に言ったんです。だってあれ、江戸川乱歩みたいですよね。

又吉　はい、はい。

鈴木　そうすると、こんなものを子どもに見せていいんだろうかって、そこにおいては、すごく健全なぼくが出てくるんですよね。実は宮さんの作品って常にエッチがあるんですよ。『耳をすませば』なんか、びっくりしましたね。だって作者は、雫の好きな聖司君をイタリアへ追いやって、その後彼女に迫ったの、あのじじいでしょ。「君は原石だ」と言うシーンがあるんですが、ぼく絵コンテの段階で、そこ、どうなんですかと宮さんに詰め寄ったんですよ。そしたら「鈴木さん、原石、いっぱいあるんだよ」って(笑)。ぼくは絶句。その後、二人で鍋焼きうどん。あそこが映画の中で最大のラブシーンなんです。こういうものを子どもに見せていいんだろうかと、ぼくの健全な精神が言うんですよね。まあいいかなって、結局思うんですけど(笑)。

又吉　ぼく、『耳をすませば』は子どもの頃に見ました。中学とかで、ネタを書いたりしてたんですけど、書いたネタを人に見せるの、すっごい怖いんですよ。映画の中で主人公が、自分が書いたものを、すごく意見を持っている大人の人に見せた後、待ってる時間があって。

鈴木　耐えがたい間ですよね(笑)。

又吉　それで、「荒削りなところもあるけど」みたいな言葉をもらったときにワッと泣くじゃないですか。あれはすごい分かるんですよね。子どもからしたら、たぶんそういうラブシーンは気づいていないと思います(笑)。自分が大人の階段を上っていく。創作で大人の世界にちょっと入りかけることができたというところで、当時ぼくは見て、ウワッてなりましたね。今言われてみて、もう一回見たら、また感じが違うかもしれませんけど。

鈴木　(笑)だけど、映画にしろ、文学にしろ、そういうものが入ってなかったら、みんな見てくれないですよね。

又吉　そうですね。

鈴木　だって『紅の豚』ですら、ジーナという女性とフィオという女の子がいて、両手に花なわけでしょ。いい加減にしろと思ってね(笑)。おもしろい話をしちゃうと、ラスト、こうしたらってぼくは言ったんですよ。豚はアジトへ帰るんですが、夜中にこっそり出ていく。すると、そこに自宅があって、中から女房が出てくる。でね、「あんた、またゴミ片付けてないの！」って、そんなふうにしたらどうですかと。だって、これがリアルだもん。でもこれには宮さん、真剣に怒ってました(笑)。

又吉　おもしろいですね。

鈴木　だってそれが本当でしょ。そういう要素がなきゃ、おもしろくないですよね。

——(島田)鈴木さん、又吉さんの作品や人柄に接せられて、プロデューサー魂みたいなものが出てきますか。

鈴木　そんな簡単にはわからないですけれど、大変そうですよね。原稿をもらうのが。ぼくも出版社にいたので、そう思いますよ。なかなか書きゃしないと。

又吉　いやいや。ぼくは鈴木さんみたいな人を探さなあかんなと思いますけどね、自分で。

——(山崎)今、周りにはいらっしゃらないんですか？

又吉　一緒にライブをつくっている仲間とかいるんですけど、どっちかと言ったら後輩が多いので、結局自分で全部やっちゃいます。

鈴木　分かりますね。でもね、文藝春秋から雑誌で出たんですけどね、松本清張が亡くなる寸前、全作、誰とつくったかという告白があるんですよ。それ、相手は全部編集者だった。その一人ひとりの特徴を松本清張が語るんです。『昭和史発掘』なんていうのは、プロジェクトチームをつくったんだろうとか、いろいろ言われたけど、それは全部嘘だって。私がこれを書いたのは、この出版社のこの人のお陰だって。それを一人ひとり書いていったんです。その直後に亡くなったんですよね。あれはおもしろい本でした。やっぱりなかなか一人じゃできない。ぼくはそう思いますけどね。

――(山崎)やっぱり組む編集者によって変わってくるんでしょうか。

又吉　変わってくると思いますよ。

鈴木　本当にひょんなひと言で、化学反応って起きるんですよ、たぶん。ぼくなんか普通のことしか言えないけど、宮さんという人とつき合ってきて、いつも思わぬ反応だもん。それの連続だったからね。必ず深読みしてくれたし。

又吉　『火花』のとき、原稿、書けたところから渡していったんですけど、今、渡したら、ここに書いていることはおもしろくないとして受け取られるやろなとか、ここまで書いたら、ここが無駄じゃないこと分かってもらえるとか、読んでもらう前に全然関係ないフリして、むっちゃ関係ある話をしてみたり、渡すほうもいろいろと。

鈴木　作戦が必要ですね。わざとつまんなそうにしたりね(笑)。

又吉　それもありますね(笑)。

鈴木　いや、作家というのはおもしろいですよね。吉行淳之介さんなんて。

又吉　ああ、吉行さん。

鈴木　ぼくが入社したばかりの頃、彼の『砂の上の植物群』を雑誌でイラストにするっていうんで、ある人に描いてもらったんですよ。吉行さんもすぐに了解をくれたので、「じゃあ、この人でいきます」って言ったんですけど、しばらく経ってから、吉行さんからいきなり電話かかってきて、

「ああ、鈴木君さあ、あれ、誰が描いたんだっけ」って。ぼくがイラストレーターの名前を言ったら、「ああ、あいつか。じゃあ、いいよ」って。実に恬淡とした、おもしろい人でした。いろいろな作家がいますが、その中でも気持ちのいい人でしたね。

——(山崎)暗い方だったんですか。

鈴木 暗いというのか、あの人は彼女との愛に生きた人だから。

又吉 男前でね。

鈴木 そうそう。お父さんもなかなかの人だったけれど。

又吉 野坂昭如さんをすごく早くから見出しましたね。

鈴木 そうですね。野坂さんの文体はどうですか。

又吉 ぼくは好きですね。笑えるし、何かグッと夢中にさせるし、リズムもあって、すごく好きです。

鈴木 そうですか。とにかくこの『夜を乗り越える』を読んで、本当にぼく、勉強になった。

又吉 いえいえ。

鈴木 ちょっともう一回、本をいろいろ読みます。遠藤周作の『沈黙』がお好きというのにも驚きましたよ。あれもぼくの学生の頃だもん。ついでに言いますと、ぼくは二十歳ぐらいのとき、あだ名がキリストだったんですよ。ヒゲ伸ばして、髪も長かったし。

又吉 ぼくもキリストって呼ばれていました。ぼくは高校のときですね。

——(山崎)何か、すごい共通項が。

鈴木 いやいや、それだけだよ。読んでいると、忘れていたことをいろいろ思い出させてくれる本だったので、ほんとにおもしろかったです。

又吉 ありがとうございます。

鈴木 『火花』というタイトルをどこから取ったかも書かれてるんだけど、それもおもしろかったなあ。じゃあ、今日は本当にありがとうございました。

(構成：丹羽圭子。ラジオ番組「鈴木敏夫のジブリ汗まみれ」二〇一六年七月放送分より。
対談の初出は『中日新聞』二〇一六年七月十四日。
——は中日新聞社の山崎美穂氏、島田佳幸氏）

座談

「映画全体が非常に静かで、抑制がきいていて、気持ちがいい」

──『レッドタートル　ある島の物語』をめぐって

セリフのない映画だから、絵本では島が語り手に

鈴木　今日は、映画『レッドタートル　ある島の物語』についての話なのですが、まず、監督のマイケルさんをご紹介したいと思います。彼のフルネームは非常に難しいんですよ。ぼくはうまく言えないんです。マイケル・ドゥドゥ・ビ・ビックさん(笑)。じゃあ、マイケルさん、自己紹介をしてください。

マイケル　私はオランダ人のアニメーション作家です。ジブリさんから長編をつくりませんかという依頼のお手紙をいただくまでは、主にCMや短編をつくっておりました。

鈴木　今日はもう一人、特別ゲストがいます。作

マイケル・デュドク・ドゥ・ヴィット…Michael Dudok de Wit
アニメーション作家。一九五三年生まれ。『お坊さんと魚』(一九九四年)でアカデミー賞短編アニメーション賞ノミネート、『父と娘』(二〇〇〇年)で同賞を受賞。二〇一六年九月公開の本作『レッドタートル　ある島の物語』では第六九回カンヌ国際映画祭ある視点部門特別賞、第四四回アニー賞長編インディペンデント作品賞を受賞、第八九回アカデミー賞長編アニメーション賞にノミネートされた。

池澤夏樹…いけざわ・なつき
作家。一九四五年生まれ。一九八四年、『夏の朝の成層圏』で長編小説デビュー。八七年、『スティル・ライフ』で第九八回芥川賞を受賞。その他の著書に、『母なる自然のおっぱい』『マシアス・ギリの失脚』(ともに新潮社)など多数。二〇〇七年から『池澤夏樹=個人編集　世界文学全集』全三十巻、『池澤夏樹=個人編集　日本文学全集』全三十巻(ともに河出書房新社)などの仕事もスタートさせた。

家の池澤夏樹さんです。ぼくは、実は池澤さんの本の大ファンで、池澤さんに『レッドタートル』の解説を書いていただけないかと目論みました。それで見ていただいたら、気に入ってくださいまして。

そのときにいろいろ打ち合わせをやっていたんですが、マイケルの絵は非常にすばらしいので、これ、もしかしたら絵本をつくれるんじゃないか。池澤さんだったらその絵本の構成および文章を書いていただけるんじゃないか。そんなふうに考えました。池澤さんにも、若干の自己紹介をお願いします。

池澤　はい。何でぼくなのかなと思ったんですけど。ともかく映画が気に入ったのは間違いなくて、何らかの形でお手伝いできるといいなと。見て、すぐキャッキャッとわかるような簡単な映画ではない。難しいわけではないんだけど、なかなか味があって、どうやって見るのがいいかなとぼくなりに考えたことをちょっと書いただけなんです。

そしたらその後で絵本もつくろうという話になって。テクストの文はぼくが書かなきゃいけない。そんなことで映画の公開がもうすぐで、絵本ももうすぐできるという今夜であります。

鈴木　今日は本当に来ていただいて、ありがとうございます。じっくりお二人で話し合っていただきたいです。マイケルには、池澤さんに文章を書いてもらって絵本をつくるということをカンヌで提案しました。池澤さんがおっしゃるには、『レッドタートル』という映画の一つの大きな特徴としてセリフがないので、島が語り手となる構成案はどうかと。それを聞いたときに、ぼくはなるほどなあと思いましてね。そういうことで言うと、もうそこで成功を確信しました。

で、何を言いたいかというと、ちょうど昨日、マイケルにもこの絵本の見本を見てもらったんですよ。文章を英訳したものも一緒にお渡ししたので。昨日読んでいただいたかどうか、ちょっとわからないんですけれど。

マイケル　Oui, oui. Yes.

鈴木　ああ、そうですか。じゃあ、その構成およ

『レッドタートル　ある島の物語』（岩波書店，2016年）
原作　マイケル・デュドク・ドゥ・ヴィット
構成・文　池澤夏樹

び文章についての感想をマイケルのほうからしてもらおうかなと思います。

マイケル　とても好きです。島が話しかける。そういった視点というのはとてもオリジナリティがあると思いました。その選択肢というのは、ある意味、私は納得がいったんですね。というのは、自然は人間の向こう側に存在しているのではなくて、自然は私たちと同じように生きている。だから自然が語るというのも、実は自然なりゆきだったんじゃないかというふうに思いました。

あと、ストーリーの中にいろいろなエレメントが出てきますけれども、それをとても直観的に捉えているなという印象を持ちました。饒舌に語りすぎているのではなくて、限られた言葉で語られているという意味で、とてもおもしろいなと思いました。

鈴木　原作者として違和感のあったところはないですか。

マイケル　実は昨日、初めて本を見せていただくまで、ちょっとナーバスだったんですね。というのも、自分自身この作品と長い間関わってきて、この作品に言葉を乗せるのが自分自身難しかった。だからどういったものができるんだろうというので、期待もありましたけれども、ナーバスでもあったんです。

鈴木　不安もあったと。

池澤　ぼくも今日、その感想を聞くまで、大変不安でナーバスでした。でもまあ気に入っていただいたようで安心しました。ぼくがやったのは何かといいますと、映画から絵本をつくるというので、まずスティルというか、セル画というか、画面をプリントしたものを百枚ぐらいもらって、そこから選びながらストーリーをつくっていくと。ストーリーの流れは決まっているから、映画に沿って。それからどことどこを抜き出して。で、あんまり絵の数を増やして、説明にはしたくない。つまり映画の絵解きにはしたくない。それだったら映画を見ればいいわけだから。だから選んだ上で、なるべくさっくり、エレガントな絵本にしたいと。

一番肝心の、なぜ島に語らせたかというと、せっかくセリフがないいんですよ。その静かな感じがすごくいいんです。そこで彼らにセリフをしゃべらせてしまったら何にもならない。

鈴木　ぶち壊し。

池澤　壊してしまう。だけど誰かがしゃべらなければいけない。その誰かはまったくニュートラルなナレーターなのか。でも、それもつまんないなと。そこで彼らを受け入れて、生活をさせて、子どもが生まれてというのを一部始終見ていたのは誰か。島だと気がついて。それが、『レッドタートル』の映画のほうでも、「ある島の物語」というサブタイトルを付けましょうよと言った理由でもある。そこまでやると、あとはもう楽しくどんどん進みました。

それも全部やっぱりもとの映画が本当にいいからというところで、映画そのものの話に行きましょう。

鈴木　ちょっとだけ。この「レッドタートル　ある島の物語」というタイトルなんですけれどね。実は池澤さんに解説をお願いしたときの雑談の中で、『レッドタートル』と言うと、日本でそれを公開するとき、タイトルとしてどうなんだろうと。要するに亀のイメージというと、日本ではどうしても「浦島太郎」になってしまう。だから、何か付け加えたほうがいいというなかで、サブタイトルを付けたらどうかということを池澤さんに提案していただけて。それでその場で「ある島の物語」と。ぼくとしてはすごくピンと来たんですよね。とてもうれしかったです。

さて、映画の内容ですが。

池澤　どこまで話していいか、わからないんだけれど。でも、ある無人島があって、そこに男が一人漂着して、なんとか暮らしていく。その先で不思議な出会いがあって、その結果、彼は不思議な妻を得ることになって、島で暮らしていくうちに男の子が生まれて、その子が育って、やがて男の子は島を出て、残る二人を置いていくと。簡単に言ってしまえばそれだけなんですよね。その不思議な妻の正体については、一応ここでは言わないでおきます。

　ぼくのところにこの話が来た理由の一つは、これまでずいぶん島の話を書いてきて、たぶん日本で一番の島作家だと思うから(笑)。そういう意味ではぴったりだったし、ぼく自身、漂着の話を書いていますしね。とてもわかりやすい。それから南の島、好きで、ずいぶん行ったから、水の透明感なんていうのもよくわかるし。それやこれや含めて、気に入ったわけですよ。

　一番大事なのは、これ、大変に静かな話だということ。控え目であって、抑制がきいていて、押しつけがましいところがまるでない。事は淡々と流れていって、驚くところも、どんでん返しもあるかもしれないけど、それを押しつけはしない。表情にしても、決して派手な表情は出てこない。もちろん言葉もない。それでいて、ある一つの抒情感を保ちながら話は進んでいく。見ている人たちは、どう考えたってこの二人、あるいは三人に共感して、共鳴して、一緒にいたいとか、ずっと見ていたいとか、つまり一種の愛を感じる。その背景にその島の自然があって、海というのは、時には荒々しいですけど。でも彼らは、言ってみれば、養ってもらうわけで。それら含めて、実にふわっとうまくまとまったいい話だなと思ったんですよね。

マイケル　まずは池澤さんにこの『レッドタートル』の文章を書いていただいたことを大変光栄に思っています。恥ずかしながら、私自身、まだ池澤さんの本を読んでいないんですけれども、これから機会があると思うので、ぜひ読みたいと思います。

　先ほどちょっと池澤さんの書かれた小説『夏の朝の成層圏』、島にたどり着いた男の話ですけれども、その解説を聞いて、すごく作品に興味を持ちました。

池澤　明後日、一冊、さしあげます。英訳があるから。ただし、それは『夏の朝の成層圏』ではないんですけどね。

マイケル　Merci.

池澤　じゃあ、ぼくからうかがいたいんだけど。一番最初にこの話を思いつかれたきっかけというか、動機は何だったんですか。

マイケル　そうですね。もちろん子どもの頃に『ロビンソン・クルーソー』を読んだという経験は大きいと思うんですけれども、自分自身、『ロビンソン・クルーソー』の話というのは、今の時代とあまりリンクしていないと思うんです。というのも、『ロビンソン・クルーソー』の中では、人間が島をコントロールしようとしている。人間が自分の文化を島に強制しようとしている。そういった一方的な力というのには、私はあまり共鳴できなかったというのはあります。

まずは、人間と自然の関係というのは、もちろん複雑ではあるんですけれども、そもそも人間は自然の一部であるというのが、私の根底にあります。それを映画の中で大きなメッセージとして打ち出したかったわけではないんですけれども、見ているお客さんが、人間は結局自然の一部であり、自然と切り離すことはできないんだよということを素直に受け取ってくれれば、自分としてはうれしい。そういうふうな見方をしてもらえれば、というのはありました。

あとは一人の人間が、自分と向き合う、孤独と向き合うというところにすごく興味があったんですね。自分がもし漂流した男の立場であったら、どんなことをするだろうか。どんなことを考えるだろうかということは常に頭の中で考えていました。

あと、もう一つは彼の立場に立ってみたかったというのもあります。一人で孤島に流されて、竹林、水平線。そういった美しい自然を眺めながら、どういうことを考えるんだろうかということを想像するのがおもしろかったですね。

池澤　実におもしろいんですけど、ぼくは最初に小説というものを書こうと思ったときに、自分の話を書きたくなかった。そういうものは書きたくない。でも書き方がわからないから、入れ物というか、フレームがほしいと思った。何かを使って自分のものを書こうと思った。それがぼくの場合は『ロビンソン・クルーソー』だったんですよ。

というのは、昔からたくさんの作家が『ロビンソン・クルーソー』という枠を使って、それぞれ小説を書いてきている。いちいち挙げませんけど。だからぼくにもできるだろうと思った。入れ物の中にどういう思想を入れるか。それが大事なんだけど、ぼくの場合、やはり経済ばかりでみんなが走り回っている、あの頃の日本に対する反発から、島に行ったって、そんなバタバタ働かないで、暮らしていけるじゃないか、一人だってけっこういいじゃないかというふうな無人島の満足感の話を書いた。もちろんその後、出会いがあって、彼は友人を得ます。妻は得ないけど、友人を得る。その二人の会話がおもしろいというふうな形で、ようやくぼくは最初の小説を書き上げた。そんなわけで、今、マイケルさんの話を聞いていて、似たような経路を辿ったんだなと思いました。

マイケル　よくわかります(笑)。私自身、登場人物の男性に自己投影というものをすごくしたんです。もちろん彼と同じようなことを自分が孤島でしたとは思いませんけれども、彼にものすごく自分を投影したんですね。でも実は女性の人物にも投影したところもありますし、たとえば空なり、島なりも自分を投影したというふうな感覚があります。そのような、何かを投影していくというプロセスを踏んで、作品を書くことというのはどうでしょうか。

池澤　どうしてもあると思います。ぼくの場合でも、小説の主人公の若い男ですけど、彼の考えているのは、実はぼくの考えだし、島へ行ったときの感動は、ぼくが南の島々へ行ったときに感じたこと。——ああ、いい気持ちだ。きれいだ。これでいいんだという肯定的な姿勢で周りを見る。そのあたりは全部一緒ですから、ほとんど主人公はぼくと重なっていると思います。

もうちょっと踏み込んで言いますと、ぼくは若いとき、なかなか日本で暮らしているのが楽しくなくて、どうも居心地が悪いと思っていた。そのとき二十七歳だったかな。そして初めての海外旅行で行った先が太平洋の小さな島だったんですよ。そこでなんか本当に楽で、楽しくて、これでいいじゃないかって思った。つまりそこの人たちはあんまりたくさん働いていないんだけども、いいじゃないかという気がして。それで生きていくのがずいぶん楽になったのね。だからそれ以来ずいぶん島に通ったんですよ。そのことがあるから、最初の小説でもその感じをなるべく出したいと思って。

マイケル　すばらしいですね。

沈黙の美しさを動きで表現する

池澤　ちょっと話題を変えていいですか。ぼくのほうでうかがいたい。さっきぼくが、この映画全体が非常に静かで、抑制がきいていて、気持ちがいいと言った。それはつまりマイケルさんの趣味の問題というか、性格の問題なんだろうけど、やはりこの静けさ、押しつけがましくないところがお気持ちに沿うものなのですかしら。

マイケル　実は私自身、この作品をつくるに当たって、たとえば沈黙の美しさ、そういったものを表現したかったんですね。けれども沈黙の美しさというものを映画の中で表現するときというのは、どうしてもお客さんにとっては退屈な時間になってしまうかもしれない。そういった危険が潜んでいる。お客さんはどうしてもアクションがあったり、話にいろいろな展開があることを無意識のうちに求めていると思うんです。なので、どうしたらお客さんが退屈せずに、静寂の美しさというものを少しでも味わっていただくことができるのかというところを模索しました。

池澤　鈴木さんの説では、この映画のトーンはずいぶん東洋的だと言うんですけど、そういうお気持ちはありますか。

マイケル　ちょっと難しい質問ですけれども、私自身、禅文化や日本の死生観というものに共鳴する部分というのはあるんですね。あと、日本に来ると、それは自然な気持ちなんですけれども、とても心地がいい。ここにいるととてもうれしい。それは自然に自分が感じることなので、理由が何かと言われたら、ちょっと説明できないというところはあります。けど、自分の関わっている分野に関しては、やはり日本の伝統的な絵画なんかを見ると、余白、空白、沈黙。そういったものが絵に表現されていますよね。そういうものを大事にする文化が土壌にあるのではないかというふうに感じますので、もしかしたらそういうことが今の質問への答えなのかなと思います。

池澤　先ほどの、観客が退屈しない程度の静けさとおっしゃいましたけど、ぼくがやっぱり感心したのは、実際に絵づくりで、たとえば風を表現するために竹林がある。そのためにあそこに生えていてくれたのかと思うぐらい、風がとてもいい。それから潮ですよね。遠浅の海で潮が引いていくとか、ちょっと波が立つとか、そういう動きがそれ自体見入ってしまうほど綺麗にできている。あのあたりが、たぶんアニメーター、アニメ作家としてのマイケルさんの一番の力量なんだろうと思うんですけれども。

マイケル　今、おっしゃられた言葉、とても心に響くんですけれども、私自身、自然の情景を描くために、実際に竹林の中に入ったり、外で寝てみたり、ただ単にイマジネーションではなくて、実際に自分の身体で体験して、その体験したものを絵に落としていったということがあると思いますね。

池澤　非常に観察なさったのがわかりますよ。水の動きなんて、たいてい既成の感じで描いてしまって、要は記号化して済ませてしまっているけど、そうではなくて、本当にぼくの知っている熱帯の海の水の波の感じが出ていて、それはたぶんよくよくご覧になってのことなんだろうと思いました。

マイケル　あとはすばらしいスタッフに囲まれたということもあると思います。私だけではなくて、本当にすばらしいアーティストが周りにいたので、彼らからいろいろなアイデアを受け取ったというのもあります。

水の動きというのは、やはり難しい描写の一つだったんですね。というのも、先ほどおっしゃられたように、水の描写というのはステレオタイプ化されたものが、いろいろな映画で同じように使い回されているんですけれども、自分がやはりそういった使い回しの表現では納得できなかったというのがあります。だからといって、自分に明確な表現方法があったかというとそうではなくて、周りのアニメーターの人とかにいろいろな助言をもらいながら、少しずつ、少しずつ表現の到達点というものを見つけられたというふうに解釈しています。

池澤　ぼくが感心したのは、たとえばカニが三匹出てきて、ツツツッと動く。それが一匹ちょっと遅れたりするというか、もっとたくさん生き物が出てくるところでも、まとめないで、それぞれの動きをちゃんと一匹ずつ追ってつくっているから、非常に自然にたくさんのカニがいるとか、魚がいるということが伝わる。あれは実際にダイビングで水に潜ったときの、魚を見ているのに非常に似ている。あのリアリティはなかなかすごいと思う。

マイケル　実際にシュノーケリングで海に潜って、二回、ウミガメに出会うチャンスがありました。それはもちろん大事な機会だったんですけれども、自分自身、この作品をつくるに当たって、温度というものをとても大事にしたんですね。何かに触れたときの温度、感じる温度。そういったものをどうやって表現できるんだろうかということをとてもよく考えました。

鈴木　今、ぼく、うっとりしながらお二人の会話を聞いていて、このままずっと時間が過ぎるといいなと思っていたんですけれど、ＬＩＮＥのユーザーの方からマイケルに質問が来ているようです。映画に出てくる自然や人種は、西洋なのか、東洋なのか、ということですが。

マイケル　どちらかと言えば西洋人だと思うんですね。というのも、スタジオにいる日本人のスタッフさんなんかに聞いたときに、こういった仕草は日本人はしない、だから西洋人だろうというようなことをおっしゃっていただいたことがあるので、西洋人だと思うんですけれども、その中でも、それがギリシア人なのか、フランス人なのか、何人なのかというのは、ちょっと言いたくない。

もともと国籍をあまり与えたくなかったんですよね。この登場人物に。けど、やはり西洋的な登場人物ということは言えるんじゃないかなと思います。

池澤　でも島は東洋でも西洋でもなくて、南洋だから。

マイケル　そうですね。熱帯に位置しますよね。

鈴木　どこかモデルになった島ってあるんですか。

マイケル　実際に厳密なモデルというわけではないんですけれども、セイシェル諸島の中にある一つの小さな島で、数百名の村民しかいない、ほんとに小さな島なんですが、そこに一人で。

鈴木　ちょっと待ってください。セイシェル諸島ってどこにあるんですか。

池澤　インド洋。

鈴木　インド洋ですね。はい。

マイケル　そこに一人で行った。島の温度とか、島の空気というものを身体で感じたかったんです。ホテルもないので、現地の人のお家に泊めてもらって、何日か過ごしたんですけれども。映画の中では、登場人物が病気になって、それで夢を見たりしますよね。そういった同じ体験をそこでしました。

鈴木　池澤さんも世界中をいろいろ行かれているんですけれど。

池澤　セイシェルへ行ったことあります。

鈴木　そうだと思ったんですよ(笑)。

池澤　町から散歩に出たら、大きなプランテーションのお屋敷があって、その中を通らないとその先の湾に行けないんですよ。ポリスベイ、警察湾という、そういう不思議な名前の湾があって、綺麗だったので、そこへ行こうと思って。そしたらそのお屋敷の中を通り抜けるときに、犬がたくさん出てきて吠えかかるのね。とても狂暴そうな。これは吠えているだけで、別に攻撃するんじゃないなと思ったから、ジリジリと間を縫って向こう側へ出ましたけど、ちょっと怖かった。でもそこは本当に綺麗な湾でした。

鈴木　世界を歩いていらっしゃるんですよ。最初、まずギリシアに、かなり長くいらっしゃいましたよね。

池澤　うん。三年ぐらいいました。

さっきの話の続きで、海の中でタートルに会われたとおっしゃいましたね。ぼくは海の中ではないけど、島のラグーンで船の上から見たことはなんべんかありました。もうちょっと自慢してよければ、水の中で出会って、目と目が合って、本当に驚いたのはザトウクジラ。それはカリブ海でジャック・マイヨールと一緒に行った旅で、彼はクジラやイルカを追って沖まで行くわけです。ぼくはそのときたまたま船で待っていて。そしたら目の前に何かスーッと黒いものが来た。あわててマスクを顔に当てて、シュノーケルくわえるまでもなくそのままで飛び込んで。そしたらね、こちらからやって来て、こういうふうに去っていくんです。その途中でちょっとクジラと目が合うのね。なんか、あんなにうれしいことはなかった。

マイケル　Super.

鈴木　それを本にしていらっしゃるんですよ。写真と一緒にジャック・マイヨールが、まだ元気な頃ですね。自殺されちゃったから。

池澤　とても、とてもわがままな人でしたね。人間よりイルカのほうがたぶん好きだったんでしょう。

マイケル　Ah, oui.

池澤　なんか話がどんどんずれちゃう。

鈴木　ずれちゃうけれど、そういうほうがおもしろいんじゃないかな(笑)。

刺激を与えられて、宮崎監督が顔色を変えた

池澤　そもそも長編をマイケルさんにつくってもらおうと思われたのは鈴木さんでしょ。

鈴木　そうですよね。

池澤　そのきっかけは何だったんですか。

鈴木　じゃあ、きっかけだけ。せっかく楽しい話なんですけれど、ちゃんとLINE LIVEや

らなきゃいけないので（笑）。

二十一世紀になる前後にマイケルのつくった八分間の作品を見て、本当に感動し、それを何度も繰り返し見るようになる。そうこうするうち、マイケルがジブリに来てくれたりして、それで親交を深めるんですよね。で、ふと思いついたんです。彼が長編映画をつくったらどうなるんだろうって。そしたら彼から、自分は、本来短編以外つくろうとは思っていなかったので、まさか、そういう話が来るとは思わなかった。それに驚くと同時に、その意図はとか、いろいろなことを質問されるんですよね。で、実際にお目にかかって、ジブリの協力が得られるならということになったので、ぼくらは高畑監督を改めて紹介して、作品づくりに入るということになった。

だからそのスタートということで言うと、実は二〇〇六年のこと。今からもう十年前なんですよね。その後、ジブリへ来てもらって、一ヶ月間、密に話し合って、それでシナリオおよびストーリーボードをつくってもらうということがありましたね。マイケル、高畑監督とはどんな話をされましたか。

マイケル　高畑監督とはいろいろなレベルの話をしたんですけれども、まずはテクニカルな問題というのを話し合いました。色について、表象、シンボルについて、話の中のエモーションの起き方、または服装についての話し合いもしました。ジブリさんはやっぱりアニメーションの中のディテールが大事だということをよくご存じのスタジオだと思いますので、そのことに関しての意見の交換というのはありました。

あとは、ジブリさんは、監督、作家を必ず尊重する。そういったスタンスで今まで仕事をしてきたというのは感じていたので、必ず話し合いをしながら話を進めて、答えを見つけていく。そういったやり方が、そもそも私はすごく好きなので、それがジブリさんとのコラボレーションでうまくいった点なのではないかと思います。

鈴木　ありがとうございます。じゃあ、ネクスト・クエスチョン(笑)。ヨーロッパと日本、西洋と日本のアニメーションの違いを教えてください。

マイケル　まずテクニカルな面を話すと、アニメーターのやり方が全然日本と欧米とは違うと思うんです。もし欧米のアニメーターが日本に行った場合は、まったく新しいスタイルで仕事をしないといけないんじゃないかというふうに私は思います。たとえば日本では一秒の中に使用するコマ数が少ないんですね。コマ数が少ない分、一枚の絵の表現が強いというふうに思いました。

あとは日本のアニメーションを見ていて、自然のディテールというものを美しく描き込んでいるというのがとても印象的です。たとえば雨の雫が落ちる。それが落ちたときの波紋がどういうふうになるかとか、そういったディテールを欧米だとちょっと見過ごしてしまう傾向があるんですけれども、日本は小さな自然の描写というものを大事にしているなというふうに感じます。

やっぱり自然に対する感性というものが、日本と欧米とはまったく違うんですね。季節感というのもまた違うと思うんです。日本人は、季節をとても感じている。一方ヨーロッパでは自然が物理的に存在している。まったくアプローチが違うように思います。私のようにクリエイティブな仕事をしている者にとっては、このような自然へのアプローチというのは日本独特のものであって、それがすごく興味深いし、私だけではなくて、たぶん世界中のアニメーターなり、クリエイターがその特性をすばらしいと思っているでしょう。

それに日本には、そもそも豊かなイマジネーションが存在すると思うんです。日本でつくられているものを見ると、イマジネーションの深さに口をポカンと開けてしまう。本当にすばらしいです。

鈴木　視聴者からの次の質問は、宮崎駿監督は『レッドタートル』を見たのでしょうか、というものです。答えは、見ました(笑)。実はあるスタッフが作業のためにモニターを見ていたんですよ。気がついたらその後ろに宮崎駿が立っていて、ダーッと全部見ちゃった。誰もまだ見ろと言っていたわけじゃないんですけどね。

それで、昨日、改めてマイケルにも会ってもらって、ご挨拶をさせていただいたんですけれど、宮崎駿は四つのことを、確か言ったような気がします。非常にチャレンジングな作品。これがまず第一。第二に、十年の歳月をかけて、あきらめないで最後までやり遂げたことにぼくは感心する。それから三つ目には、彼がものすごく感じたことなんですが、日本のアニメの影響を一切受けていない。これは見事であると。

最近、いろいろな西洋の人がアニメーションをつくって、見せてくれるんですけれど、残念ながら、日本の悪い影響を受けているというケースがけっこうあったりするんですよ。それがもう皆無だったんですよね。

それと四つ目には、こんなことを言いました。ぼくらは、どうしてもお客さんのことを意識するから、サービス精神で、ある部分をつい入れてしまうと。ところがマイケルはそれを一切やらないって。それにはね、彼は感心していました。

ここまでは、マイケルと会ったときの話なんですけど(笑)。彼が見た直後の話も明かしちゃうと、とにかく見ろと言ったわけじゃないのに、勝手に見ちゃってね。それで顔色が変わるんですよね。顔色が変わるというのはどういうことかといったら、現在彼は美術館のための短編アニメーションというのをつくっている。これは十二分なんですけれどね。現在、日本では残念ながら、マイケルがやったように、ほとんどすべてを手で描くというアニメーションが、スタッフの問題でつくりにくくなっているんですよね。それで、彼もそれを肯定的に捉えて、CGの力も借りようと。それでその十二分の短編をつくっていたんですけれどね。

マイケルの『レッドタートル』を見た後、彼は二つのことをやりました。一つ、彼がOKを出したいろいろなカットがあったんですけれど、全部やり直し。リテイクだって(笑)。やっぱり顔色が変わったんですよ。だから非常にぼくにとってはありがたかった。要するにこのまま行くのかと思っていたものが、マイケルによって大きな刺激を与えられて、それでそれをやり直そうとしている。

しかもCGをやめて、もう一回手描きに戻すとか、そういうことをやり始めたんですよ。

それから二つ目。これはさりげなくぼくに聞いてきたんですけれど、『レッドタートル』のスタッフってどこにいるのって(笑)。上手なの、いっぱいいるじゃないと。ああいう人たちがいるんなら、俺だってまだできるよねって(笑)。ぼくは説明しました。あれはフランスでつくったんだけれど、フランスの人だけでつくったわけじゃない。ヨーロッパ中からいろいろなアニメーターが集まって、それでやっとスタッフが構成できて、つくったということ。それから彼らの描いた絵に統一感を出すため、修正を入れ、頑張ったのはマイケルだって説明しました。月曜日から金曜日までスタッフが描いた絵を、彼は土日かけて、週末の二日間で、全部直している。ぼくはメイキングを見たから知っているんですけれど。そういうことをやったんですよと言ったら、「そんなのわかってるよ、俺だって」って。そんなことを言っていました(笑)。

池澤　確かにたくさんのスタッフがいなければできないんでしょうけれども、最初から最後まで一人の人の意志がずっと貫かれているというのも、見ていてわかりますね。オーサーシップというのか、性格がはっきり出ている。だからあっちでこのパートをつくり、こっちでこのパートをつくって合わせたという感じがまったくない。

マイケル　Merci.

池澤　そうすると、宮崎さんをねたましい思いに駆り立てたわけね。

鈴木　はい。彼は非常に若返りました(笑)。

西洋と東洋の自然観

鈴木　ぼくが今度、質問しますね。この映画って、八十分ですが、八十分の映画を一人のアニメーターが全部描いたような印象を与える。それはどうやって実現したんですかね。線の問題ですよね。

マイケル　実はアニメーターとアシスタントのスタッフの数というのはそんなに多くなくて、三十人から四十人ぐらいで作業をしました。今回、ヨーロッパのいろいろなところからアニメーターを集めてチームをつくったということで、一人ひとり、やっぱり個性が強かったんですよね。なので、ちょっとパラドックスになるんですけれども、一人ひとりの個性が強い分、一人ひとり何がやりたいのかということを聞く努力をしました。

やはり彼らの意見を聞いたことによって、自分もこの作品の統一感というものをつくりあげることができたと思うんです。あとは時間があったというのも大きいと思います(笑)。時間があったので、いろいろな人の意見を……。

鈴木　とくにあったわけじゃないんですよ。あったんじゃなくて、つくったんです(笑)。いや、あのね、線という問題があるでしょ。キャラクターを描くときの線。たとえば高畑監督がやった『となりの山田くん』という映画は、実はいろいろなアニメーターがそのアニメーションを描いたんですけれど、クリーンアップして、最後の画面に出る線は一人の人間が全部やったんですよ。そういう手法を使ったんです。

マイケル　それは、ちょっと同じような手法でやりました。一人、スーパーバイザーがいて、スタイルの統一感をキープしていましたね。

鈴木　マイケルがやったんじゃないですよね(笑)。

マイケル　ぼくは何もしていない。

鈴木　ぼくがこの作品で一番心配だったのは、マイケルは短編のときは、簡単に言ってしまえば、全部自分でやってしまう。そうすると長編においても、それをやり始めたら際限がないわけですよ。だからもう本当に何年かかるか心配だったんですけど。ある期間で終わったので本当によかったです。

マイケル　Oui(笑).

池澤　短編で、さっき鈴木さんも言っていたけど、『Father and Daughter』、あれはいいですね。不思議なことが起こって、その後、歳月の変化がずっと追われていて、最後にまた非常にファンタスティックな形で終わる。

鈴木　そうです。再会。

池澤　八分ですか。

鈴木　はい、八分なんです。本当に名作だと思う。自転車の車輪の大きさが変わっていくんですよね。

マイケル　Merci beaucoup.

池澤　あれも皆さんが見られる機会が作れるといいですね。

鈴木　あのね、これ、しゃべっちゃうとまずいかな。現在、ジブリで権利を取得すべく、一生懸命努力しているんですよ(笑)。もう一回、いろいろな人に見てもらいたい。そんなふうに思っています。たぶんぼくは百回ぐらい見ていますよ(笑)。本当に。

池澤　『お坊さんと魚』の話もいいじゃない。ほんとにユーモラスで。

マイケル　Merci. 池澤さん、世界のいろいろなところを旅されたというふうにうかがいましたけれども、自然に対する感性というものは、日本人と他の国と、やはり違いがあると思いますか。それともそうではないと思いますか。

池澤　感性というのは、人間みんな、たぶんそんなに違わないんでしょうけれども。ただ、西洋式の考え方だと、自然というのは神様が創ったものだから。たぶんどこかでそれを今でも皆さん意識していると思うんですよ。一方、日本とか、南の国では、自然というのは生まれるんですよね、勝手に。だからなんて言うんだろうな、生えてくるとか、ほっといたらそうなるとか、そういうものとして受け止めているから、神様を介在しない。一対一で、ああ、きれいだなと思ったら、それはそれでもういいわけでしょ。

ヨーロッパ式だと、たとえばベートーヴェンだったっけ、自然における神の栄光みたいなこと、つまり自然がすばらしいときは、それは神様の力だというふうなことが、やはりどこかにあるような気がする。

でも、ぼくはやっぱり日本人だから、どこへ行ってもポカンとして、きれいだなと思ったから。あるいは激しい場所だったら怖いなと思って、それでおしまいですけどね。

鈴木　フランスにも五年間、住んでいらっしゃったことがあるんですよ。

池澤　うん。でも全然フランス語、覚えなかった（笑）。

鈴木　場所は？

池澤　フォンテーヌブロー。でも若いときのギリシアのほうが楽しかったですね。若かったから、何でも見るもの聞くもの珍しくて。

鈴木　沖縄にも長く。八年でしたっけ。

池澤　沖縄は十年です。Nomad（遊牧民の意）、Vagabond（放浪者の意）。

マイケル　Oui.

池澤　マイケルさん、お生まれはオランダなんですか。

マイケル　生まれ育ったのはオランダなんですけれども、その後いろいろな国で生活をする機会がありました。

鈴木　お父さんがオランダ人でしたっけ。

マイケル　母がフランス系のスイス人です。

鈴木　ですよね。スイスにいたことは？

マイケル　スイスは一年しか住んだことがないです。両親はスイスで出会いましたが。

鈴木　そうなんですね。アニメーターになるのはスペインでしたよね。

マイケル　最初、アニメーターの学校はイギリスで行って。アニメの専門学校に行っていて、その後、国の雰囲気をちょっと変えたくて、バルセロナに行きました。一九七九年当時バルセロナには小さなアニメーションスタジオがいくつかあって、そのときは若くて、お金もなくて、苦労したんですけれども、バルセロナの街の雰囲気がすごく気に入っていて、いろいろなものを吸収しました。

鈴木　ぼく、カンヌで、いったいいくつの言語を話すんですかってマイケルに質問したんですよ。

マイケル　フランス語とオランダ語と、少しドイツ語とスペイン語と英語ですよね。自分はもともとビジュアル派というか、ビジュアルで作品を表現する、ビジュアルの作家だと思います。やはり文章で自分の表現を見つけるということがなかなか難しくて。『レッドタートル』は、時間をかけてつくった作品なんですけれども、いまだにこの作品に言葉を当てはめるのが難しいんですね。なので、自分はビジュアル、視覚の作家であるというふうに考えています。

鈴木　言語ということで、ぼくはある人に、今年に入ってからのことなんですけど、外国の方にこんな言い方をされたんですよ。日本人がうらやましいって。要するに日本語だけで生きていける。ところが今、ヨーロッパの人は、いろいろな言語を覚えないと、実は生きていけない。これ、相当衝撃を受けたんです。そんなこと思いもしなかった。要するに、マイケルみたいにいろいろな言葉ができてうらやましいとしか思わなかったんだけれど、向こうから見ると逆。

池澤　そうですね。世界中で一番外国語を覚えないのはアメリカ人だという説もある。どこへ行っても英語で済んでしまうと思っているから。

鈴木　それに外国へ出ないし。

池澤　そう。

鈴木　ぼくは二十五年来つき合っているイタリア人がいるんです。彼はベネチアで生まれ、育ったんですが、彼のおじいちゃんは、生涯、ドイツ語しかしゃべらなかった。なぜか。そこは昔、オーストリア・ハンガリー帝国だった。でもそのオーストリア・ハンガリー帝国はなくなって、ベネチア共和国みたいなのができたので、そうすると今度はベネチア語。その後、イタリアが統一されると、フィレンツェだけ文字があったので、フィレンツェの言葉がイタリア語になった。それで彼のお父さんは今のドイツ語とベネチア語と、イタリア語をしゃべるようになる。そこで育った彼は、ベネチアの大学へ行って、日本語学科へ入るんですよ。そうしたらなんと先生がフランス人。すると、フランス語も覚えなきゃいけなかった。そういうのを聞いていたら、まあ、歴史の変遷によって、いろいろなことがあるんだなと。それがすごく印象に残ったんですけどね。

その彼が、学生時代になんと日本へ来ちゃうんですよ。彼が日本語を本格的に学んだ女性がいたんですが、彼女に教えてもらって、彼はほとんどネイティブに近い日本語もしゃべることができるようになるんですけれど。あるとき、その彼女と恋愛関係になるのですが、なんと彼女は日本人ではなくて、台湾の人だったことがわかる(笑)。そのことによって中国語もしゃべるようになった。現在、彼はバンコクに住んでいるんです。タイ語を勉強しているんですけどね。世界ってどうなっていくのかなって思って(笑)。

はい、視聴者の方から二つ質問が来ました。マイケル監督、好きなジブリ作品を教えてください。

マイケル　そうですね。ジブリ作品の中で一本だけを選ぶというのはとても難しい。それは兄弟の中で誰が一番好きかと聞かれているのと同じような質問だと思うんですけれども。敢えて言えば、宮崎さんの作品の中で一番好きなのが、子どもが自然の中で何かを発見したり、ワクワクする好奇心みたいなものを表現する、宮崎さんの「ハッ」という好奇心を表す表現方法がすごく好きです。あと高畑さんに関しては、『となりの山田くん』の中で俳句をアニメーションの中に取り入れたというのは、本当に日本人にしかできないことだと思いますし、間とか、静寂、そしてそのすばらしい感性。そういったものがすべて映画の中に入っているというのは、やっぱり高畑さんのすばらしいところだなというふうに思います。

鈴木　映画を理論化したエイゼンシュテインという人が、いわゆるモンタージュ理論というのをつくるとき、実はその元にあったのが芭蕉。古池や蛙飛び込む水の音。これを映像にするとモンタージュですよね。

池澤　なるほど。

鈴木　次の質問です。カンヌ国際映画祭に『レッドタートル　ある島の物語』は出品をしたんですけれど、「ある視点」という部門で、実は特別賞をいただいた。いろいろな反応があったと思うんですけれど、その感想を。カンヌでの反応はいかがでしたか。

マイケル　カンヌの「ある視点」という部門は、作家性の強い映画を大事にするというセレクションをしてますけれども、その中に自分の映画が選ばれたということは、それだけで本当に大変光栄なことでした。実際に上映をしたときというのは、実は自分の作品を見る集中力もまったくなく、向こうで咳をしているおじさんがいるとか、こちらにいるおばさんが動いたとか、そういった、観客の動向が気になってしまって、全然自分の映画を見ることができなかったんです。もちろん次の作品を見たくて席を立って出ていった人もいますけれども、皆さんからスタンディングオベーション、大変長い間拍手をいただいたので、本当にすばらしい経験でした。

鈴木　そろそろ終わりなんですね。本当に今日はいろいろな話をうかがいました。

実はぼく、先日、インドネシアに行ってきました。ジャカルタからバリのほうまで行ったんですけれど、聞けば、インドネシアは一万七千の島からなっている。これはちょっと覗いてみたくなったんですよ。行く前にちょうど岩波ホールで、『鏡は嘘をつかない』というインドネシアの映画を見たのですが、すごく綺麗な自然を撮影した映画だったんです。それで事前にその話をしておいたら、向こうでその監督さんが会いに来てくれて。女性だったんですけどね。彼女に会えたこともすごくすばらしかった。だから横道に逸れた島の話をずっと聞いていたかったなというのが、今日のぼくの感想です(笑)。池澤さん、本日のＬＩＮＥ ＬＩＶＥ、いかがでしたか。

池澤　ともかくこれがいい映画、本当にすごいということを大声で言えたので、大変満足しました。

鈴木　ありがとうございます(笑)。監督、最後に、こういう番組はいかがでしたか。

マイケル　今日は池澤さんのお隣に座ることができて、本当に光栄でした。池澤さんが書かれた文章を読むと、頭でっかちではなくて、本当に純粋な言葉が紡がれている。そこにすごく感銘を受けました。ありがとうございました。

(通訳：平岡恵実、構成：丹羽圭子。『熱風』二〇一六年十月号。ＬＩＮＥ ＬＩＶＥの収録は、二〇一六年八月三十日、東京・恵比寿れんが屋にて)

どうにもならんことは
どうにもならん
どうにかなることは
どうにかなる

第四章

「今」「ここ」を重ねて

——日々の随想

還暦祝い

毎朝、出がけに五分間、八十五歳になるお袋と話す。それが日課になっている。かれこれ、五年近くも続いているだろうか。この夏の終わりかけた、ある朝の出来事だ。いつものようにお袋の部屋を訪ねると、お袋が、ぼくにある〝束〟を手渡した。何気なく受け取って、驚いた。札束だった。しかも、分厚い。間髪を入れず、お袋がこう言った。

「お前が還暦を迎えたお祝いだよ」

虚を突かれた。しかし、ためらうわけには行かない。本能でそう思った。この人は死ぬまで、俺のことを子どもだと思っている。動揺を隠して平静を装い、ぼくは、声を絞り出した。しかも、特別に大きな声で。

「ありがとう！」

この夏、ぼくは、六十歳になった。いろんな人が祝ってくれた。しかし、まさか、お袋が、ぼくを祝ってくれるなど、一度として考えたこともなかった。

お袋の真意は何か。会社へ行く途中、ずっと考え続けた。

親父が死んで三年、ぼくは、お袋の面倒を見ている。そのことと関係があるのか。お袋は、ぼくが棲む同じマンションの一部屋で、ひとりで生活をしている。メシを食うのも、洗濯物を洗うのも、風呂へ入るのも、どこかへ出かけるのも、自分の意思でひとりで決めてひとりでやっている。そういえば、上京して、風邪ひとつ引いたことがない。健康だし、また、注意もしている。得意技は、すれ違いざまに人と話す能力に長けていること。休日は、一緒に散歩をするのだが、バスに乗れば、すぐに隣の人に話しかけている。楽しみは、月に一度の歌舞伎見物。その日が来ると、朝からそわそわしている。口癖は、嬉しそうに「早く死にたい！」を繰り返すこと。口の悪いぼくは、いつもこう返す。「〝いい人〟になれば、早く死ねるよ」。そのたびに、満面の笑みを浮かべて、お袋は大喜びする。

金額は二百万だった。親父が残した遺産があるとはいえ、彼女にとって、けっして小さな額ではない。言ってみれば、なけなしの金だ。彼女が一番、考えたのが、その額じゃないか、ふとそう思った。

自分が出せるギリギリの額。それを何日も考え続けたに違いない。そして、自分ひとりの考えで、銀行へ行って、現金をおろしてきたのだろう。この人の血が、ぼくの身体の中に流れている。そう思ったら、身震いがした。

ちなみに、今回、みなさんにお配りした茶碗は、そのお金を元に作った。

二〇〇八年九月吉日

鈴木敏夫

（著者還暦パーティー参加者への御礼状より）

夢の十字路《スマロ》

最近、こんな話を宮崎駿とよくする。

信号が変わっても、すぐに動き出さない車が増えた。それに、ウィンカーを出さない車も増えている。回りかけて、慌ててウィンカーを出している車も増えた。ふたりとも車通勤なので、そういう変化に敏感だ。みんな、車の中で何をやっているのか。宮崎駿が嘆く。

ぼくの通勤経路の途中に、山手通りと甲州街道がぶつかる大きな交差点がある。この交差点を左折して、スタジオへ向かうのだが、以前と比較すると余計に時間が掛かるようになった。それまで、その左折は、どんなに渋滞でも二回信号待ちをすれば、回ることができた。それが、いつのまにやら、倍の時間が掛かるようになっている。つまり、四、五回待たないと左折できない。

車の数が増えたわけじゃない。気になって、観察を始めるとすぐにわかった。信号が青に変わっても、車は動き出さない。横断歩道をひっきりなしに人が歩いてくる。歩道の脇を数多くの自転車が走ってくる。車が動き出すのは、人の動きが停まり、自転車が歩道を渡り切るころになる。そのとき、信号は黄色になっている。

日本人は、いったい、いつからこんなに、反応が鈍い民族になってしまったのか。

三十年くらい前のことだろうか。上海を訪ねたときの話だ。まだ、街には高層ビルは無かった。団体行動を離れ、ひとり街を散策したとき、ある大きな交差点で、ぼくは立ち往生した。信号機があるのに、人も車もだれも信号を遵守しない。現地の人々は、ものすごいスピードで交差点に突入する車をかき分けかき分け、横断歩道を上手に渡っていた。

どうしたらいいのか、ぼくは、本当に困り果てた。何度も信号待ちをしたあげく、ぼくは、ある老婦の後ろに立った。このおばあちゃんについて行けば、なんとかなる。しかし、なんともならなかった。このおばあちゃんも、信号を渡り始めた途端、若者たちと同じく、車をかき分けかき分け、力強く交差点を渡り切ったのだ。ぼくは、ただ立ち尽くしていた。

ここで、ぼくは、ある告白をしないといけない。じつは、ぼく自身、回りかけて慌ててウィンカーを出すときがある。最初のうちは、ウィンカーを出さない車に対して、腹を立てていたはず。それがいつのまにやら伝染して、自分がそうなってしまっていたという、恐ろしい現実。

人間のアタマが身体を支配し始めている。現に、自分自身がそうなっている。自戒を込めて言う。あらためて思い出さないといけない。人間が元来、動物であることを。

(『潮』二〇〇九年七月号)

金田くんの絵

小学六年生の夏休み前、父の仕事の都合で引っ越しをして、二学期から名古屋城そばの金城小学校に転校した。それまでのぼくといえば、勉強はできないが、絵はクラスでずっと一番だった。ところが転校してみると、ぼくより絵のうまいヤツがいた。それが金田くんだった。

金田くんの描いた富士山

勉強はさっぱりだが、ケンカはめっぽう強い。そんな彼が卒業間際に「おれは将来、ヤクザになるからもう絵は描かん。これをお前にやる」と手渡してくれたのがこの絵だ。ゴッホを思わせる画風で、今見てもうまい。絵を習ったわけでもないのに、描く技術を彼は身につけていた。

左上に「Y・K」とサインがあるが、金田くんの下の名前は覚えていない。なぜ彼はぼくにこの絵をくれたのか、理由はよく分からない。ただ彼は自分の方がぼくより絵がうまい、と気づいていたと思う。小学校時代のものはほとんど手元に残っていないのに、なぜかこの絵だけは木箱に入れて今日まで保管してきた。

もう一つ、この時代の思い出といえば、さえなかった学校の成績がめきめきと向上したことだ。それまでは五段階評価で3か2か1ばかり。オール5の妹と比較され、「逆だったらよかったのにね」と言われる始末。心配した母がいろいろな家庭教師をつけてくれたが、うまくいかなかった。

ところが引っ越し先の隣家に大学生のお姉さんがいて、夏休みに勉強をみてもらったら突然、成績が上がりはじめた。二学期の終わりには体育や音楽を含めてオール5になった。

大学生のお姉さんは厳しく、問題が解けるまで家に帰してくれなかった。夏休みが明けると転校生として学校に通わなければいけない、という緊張感がぼくにもあったのかもしれない。頑張って勉強した。ぼくが大学生のころ、このお姉さんと再会し、「あの時の敏ちゃんは怖かった。ものすごい集中力で勉強していた」と言われた。厳しいと思っていたお姉さんからの意外な言葉だった。

絵をくれた金田くんとは小学校卒業以来、会ったことがない。ぼくは私立中学に進学し、再びクラスで一番絵のうまい生徒に復活した。長じて、再びぼくより絵のうまい人に出会った。それが宮崎駿監督、宮さんだった。これまでのぼくの人生で自分より絵のうまい人に二度、出会った。それが金田くんと宮さんだ。

（「こころの玉手箱」『日本経済新聞』夕刊、二〇一一年九月十二日）

筆ペンで書いた字

人と話しているときに、手近の紙に落書きするクセがある。宮さんも同じクセを持っているが、ぼくは絵のうまい彼の前では絵を描かない。でもつい何かを描きたくなる。そして字を書き始めた。

宮さんとは毎日のように話をするから、字を書いてもう三十三年になる。正式に習ったわけではないが、書き続けていたらそれなりにうまくなってきた。

スタジオジブリの映画のロゴはほとんどぼくが書いている。今上映している『コクリコ坂から』のタイトルや、キャッチコピーの「上を向いて歩こう。」も手がけた。

二〇〇一年公開の『千と千尋の神隠し』で専門家が書いたロゴを宮さんが気に入らず、「それならぼくが書いてしまおう」となったのがきっかけだ。『ハウルの動く城』は宮さんから「ロゴを書いてよ」と言われ、彼の目の前でさっと一分で仕上げた。また映画の最後に出てくる「おわり」もぼくが毎回のように書いている。

あまり深く考えず、なんとなく書けてしまう。同じ字を書くにしても日によって違ってくるから面白い。ぼくにとっては書道というよりも、デザインをする感覚に近い。

『ジブリの哲学――変わるものと変わらないもの』(岩波書店, 2011年)

この十年ほどはもっぱら筆ペン、なかでも太字の筆ペンを愛用している。筆との違いをよく尋ねられるが、ぼくには筆だろうと筆ペンだろうとあまり書き味は変わらない。気軽に使えることもあって筆ペンが手放せなくなった。

先日、出版する本について打ち合わせをしているとき、いつものように落書きをしていると「鈴木さん、それを書いてください」と編集者に言われた。ロゴとイラストを筆ペンで書いた『ジブリの哲学』の表紙はこうして生まれた。余談だが、字にも書きやすいものと書きにくいものがある。「ジブリ」という字は普通に書いてしまうと面白みがなく、意外と難しい。どうやって書くかいつも悩む字だ。

思い返せば、親父が墨の濃淡を使って松などをさらさらと筆で描いていた。息子のぼくからみてもうまかった。ぼくの腕前はその域には達していないが、年をとったら筆で絵を描いてみたいとひそかに思っている。

(「こころの玉手箱」『日本経済新聞』夕刊、二〇一一年九月十三日)

鳥獣戯画の湯飲み茶わん

ぼくは名古屋にある東海学園という浄土宗系の中学・高校に通っていた。浄土宗といえば法然、法然といえば京都の知恩院。だから遠足といえば必ず京都だった。大学時代もたびたび京都に足を向け、スタジオジブリの社員旅行も最初は京都と奈良に行った。京都は何度も訪れた好きな場所だ。

有名なお寺はすでに行き尽くした感があるが、右京区にある高山寺はなぜか飽きず、京都へ行くたびに立ち寄る。中心部からバスに揺られて一時間弱、山の中腹にこの古刹はある。境内の一番奥にある金堂のあたりまでゆっくり歩いて行き、ボケーッと周りを見渡していると、いつの間にかいい気持ちになってくる。いつも二時間ぐらいのんびりと過ごす。

高山寺といえば国宝の絵巻物、鳥獣戯画で知られる。ウサギやカエル、サルといった動物を擬人化し、躍動感あふれる筆致で描いた宝物だ。理論派として知られた映画評論家・今村太平氏はウォルト・ディズニーのミッキーマウスの源流を日本の鳥獣戯画と考察したが、まさに現代のアニメーションや漫画の先駆けといえる。

四年前、東京・六本木の美術館で鳥獣戯画の展覧会があり、本物を初めて目にした。印刷で拡

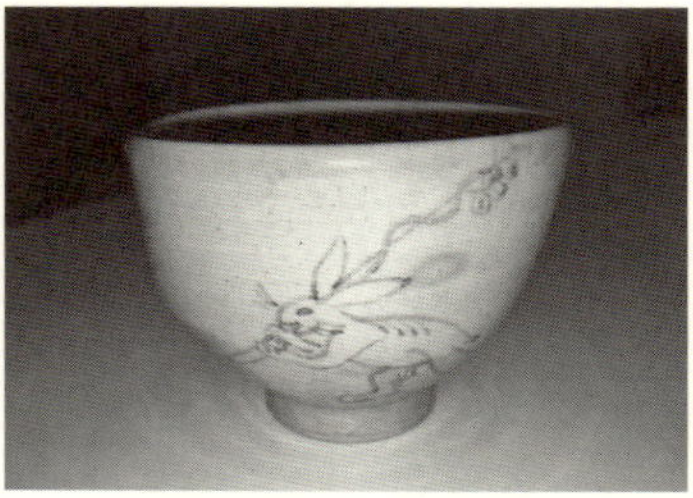

徳間社長の意外な愛用品

大して大きく見やすくしたものを見ることもできたが、やはり自分の目でじかに見るのが一番。見事な筆さばきにひたすら圧倒された。

スタジオジブリの高畑勲監督はこの鳥獣戯画が大好きで、アニメーションの映画監督らしく、鳥獣戯画をアニメーションにして動かしてみたいという。当然ながら、ただ動けばいいのではない。平家物語を鳥獣戯画のキャラクターでアニメーションにできないかと考えているという。なかなか実現できないのが残念だ。

鳥獣戯画の有名な場面を描いたこの湯飲み茶わんは、ぼくの個人事務所で使っている。徳間書店の社長だった徳間康快《やすよし》の遺品。彼が会社で愛用していた遺品は故あってぼくの手元にある。その中に五組一セットで交じっていた。豪傑だが毀誉褒貶相半ばした、あの徳間康快が高山寺を好きだったとは……。何ともいえない感慨にふけった。

（「こころの玉手箱」『日本経済新聞』夕刊、二〇一一年九月十四日）

雪駄

大学を卒業し、徳間書店に入社した。ジャケットを着るようなしゃれた人間はおらず、ジャンパーをはおり、会社で靴からサンダルに履き替えるのが当たり前だった。当時、徳間康快社長は会社で雪駄を履いていた。畳に足を触れているような感触が気持ちよく、ぼくも二十代から雪駄を履き始めた。

徳間康快という人はぼくにとって大きな存在だった。彼は『風の谷のナウシカ』の映画化を決断し、スタジオジブリの設立を決め、初代社長も務めた。現場にすべてを任せ、ここぞというときには顔を出す。『となりのトトロ』『火垂るの墓』の二本立ての配給が決まらず、困っていると社長自ら配給会社に売り込んで話をまとめてきた。

晩年の三年間、ぼくは徳間社長と朝一番に会い、一週間に二回は夕食を共にした。朝、自宅のある恵比寿を出て新橋の徳間書店に出社、ジブリのある東小金井に向かい、徳間社長と夕食を食べるために新橋に戻り、再び小金井で残務をこなし、恵比寿に帰る、という慌ただしい生活をしていた。

徳間社長にはいろいろなことを教えてもらった。「お金は紙きれだ。これをみんなで金だと信じることで世の中、回っているんだよな」。大借金を抱えていた人だけに重みがあった。「人は見てくれが大事だ。中身じゃないぞ」。この言葉も忘れられない。

社長の最期を看取った後、衣装部屋を見るとスーツがずらりと並んでいた。形見分けしたらどうかと夫人に話したところ、「ダメなのよ、鈴木さん」と返ってきた。

よく見るとどこか変だ。形を整えるパッドが両肩から胸まで覆っている。ボタンを閉めると恰幅よく見える。徳間社長は立派な体軀の持ち主だったが、がんの進行で実際にはかなりやせていた。「人は見てくれ」という言葉を実践していたのだ。思えば彼は「人間とは何者であるか」ということに興味があった人だったと思う。

この雪駄は『ハウルの動く城』の時、女優の倍賞千恵子さんからいただいた。気に入って大切にしている。これからもぼくは雪駄を履き続けるだろう。

（「こころの玉手箱」『日本経済新聞』夕刊、二〇一一年九月十五日）

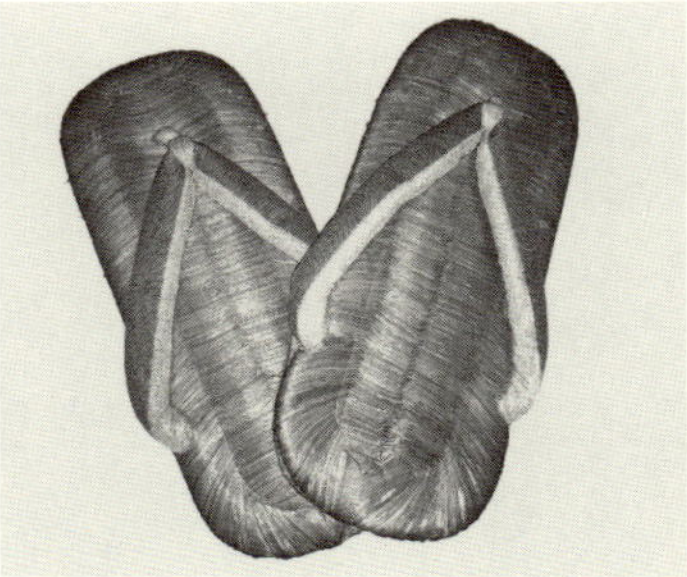
倍賞千恵子さんからの贈り物

ヘイリー・ミルズさんからの返事

両親が映画好きで、物心ついたころには毎週、映画館に通っていた。親父は日本映画、おふくろは洋画ファンだったから、ぼくはジャンルにとらわれず、ありとあらゆる映画に浸った。

エーリヒ・ケストナーの児童文学『ふたりのロッテ』を原作にしたディズニー映画『罠にかかったパパとママ』を見たのは中学生のときだった。ぼくは子役として出演していた英国出身のへイリー・ミルズさんに夢中になった。辞書を引きながら、習いたての英語でファンレターを出した。当然といえば当然だが、返事は来なかった。それでも『ポリアンナ』『汚れなき瞳』など、日本で公開された彼女の出演作はすべて見た。

今から十五年ほど前、ぼくはスタジオジブリと提携している米国のディズニー社を訪れた。ここでスタッフの取材を受け、「ディズニーのアニメーションでは何が一番好きですか?」と尋ねられた。「アニメーションではなく、実写映画ですが、『罠にかかったパパとママ』ですね」と答えたものの、通訳の人もぼくも英語の題名が分からない。

~レッツ　ゲット　トゥギャザー　イェイ　イェイ　イェイ……。とっさに映画の主題歌を歌うと、その場にいたディズニーの人たちが目の色を変え、大合唱になった。

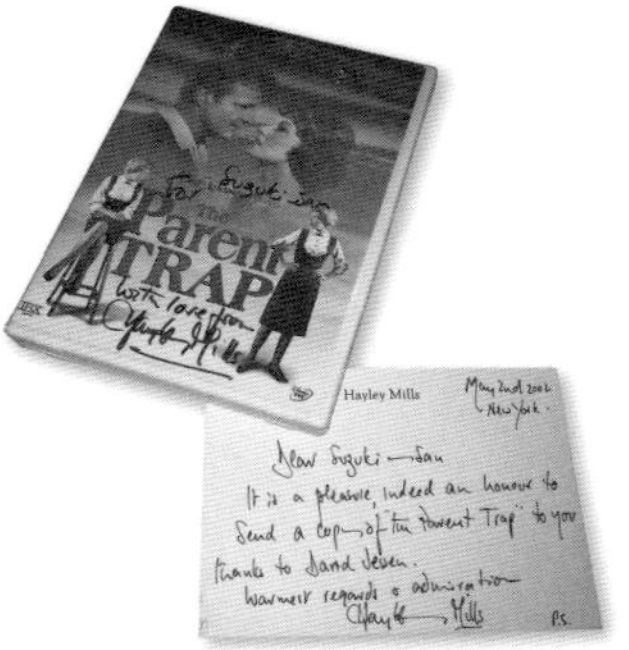

ヘイリー・ミルズさんから直筆のお返事

「ヘイリーさんが好きでファンレターを出したことがあったんだ」とデニス・マグワイヤーというディズニーのビデオ部門の責任者に話したら、後日、彼から小包が届いた。開けると『罠にかかったパパとママ』のDVDが入っていて、「鈴木さんへ　愛をこめて　ヘイリー・ミルズ」と直筆のサインがあった。ケースの中には彼女からのメッセージカードも添えられていた。ファンレターの返事が三十数年ぶりに返ってきたようで、ぼくは有頂天になった。

この映画でぼくは洋画に目覚めた。ケストナーの作品を全部読み、児童文学に目を向けるようにもなった。それはぼくの今日の仕事にも結びついている。ぼくの人生の転機になった一作だ。

（「こころの玉手箱」『日本経済新聞』夕刊、二〇一一年九月十六日）

追悼・山﨑文雄さん

二〇〇一年の三月に、ぼくは初めて、山﨑さんに会った。

「十四歳で映画『明日に向って撃て！』に出会い、ぼくは勉強をやめました」

いきなり、メモを取り出し、自分の歴史について、メモを読みながら、全身を使って一所懸命に話す。その姿は、ぼくに強烈な印象を残した。

覗き込むと、そのメモには、ぼくに話すべき〝シナリオ〟が、少し漫画っぽい、しかし、几帳面な文字でギッシリと書かれていた。

当時、山﨑さんはＬＡＷＳＯＮに勤務していて、ジブリとのタイアップを目論見、話を持ちかけて来たのだ。

それまでのぼくは、コンビニに対し、ある種の偏見を抱いていた。ジブリスタッフの多くが、コンビニで弁当を調達し、毎日、食べている。ともすると、昼も夜も。それがいやでいやで仕方がなかった。

ぼくが山﨑さんに、正直に「コンビニは嫌いです」と打ち明けると、彼は「知っています」と大きな声で返してきた。しかし、熱弁をふるう山﨑さんと話しているうちに、ぼくの心に大きな変化が生まれていた。

「よし、この人と一緒に仕事をしよう！」

矛盾はあとで解決すればいい。そう考えた。

『千と千尋の神隠し』の公開が、数ヶ月後に迫っていた時期のことだった。

ぼくは、その後、山﨑さんからコンビニについて、さまざまなことを教わることになる。

中でも、一番、驚いたのは、コンビニが若者たちにとって、情報発信基地になっていたことだった。店内に掲示されているポスターや無料の雑誌などなど、コンビニを勉強すべく、店に足を踏み入れるようになったぼくは、そのことを実感した。若者たちにとって、新聞・テレビ・雑誌は、もはや情報源じゃない。若者たちの新しい生態を、コンビニで発見することになった。

その夏、『千と千尋』は、二三四〇万人のお客さんを集めて大ヒットを記録する。

『千と千尋』と時を同じくして、ジブリは十月に美術館を開館すべく、準備に忙しかった。中でもアタマを痛めていたのが、入場者の整理をどうするかだった。

始まってしまえばなんとかなる。しかし、問題は開館のとき。開館人気で、お客さんが一度に八千人押しかけたらどうしたらいいのか？

三千人までは受け入れることが出来るんじゃないか、などなど、館長を中心としたスタッフの間で議論が百出《ひゃくしゅつ》した。

そんなとき、ぼくのアタマに山﨑さんの姿が過《よぎ》った。彼なら何とかしてくれる。そう思ったとき、ぼくは迷わず、提案した。

「予約制にして人数を制限するのはどうか?」

その場には宮崎駿もいた。宮さんは、鈴木さんの勘が正しいと述べた。その場で、ぼくは山﨑さんに電話を入れた。チケットをLAWSONで扱ってもらえないだろうか。

「分かりました。すぐに手配します」

山﨑さんは二つ返事だったが、あとで、それがどれだけ大変なことだったのか、ぼくは、知ることになる。なにしろ、この件を山﨑さんに相談した日は、開館の日から逆算すると、残り三ヶ月しかない。後日、専門家に話を聞くと、そのシステムを作るには、通常、一年間の準備が必要だと聞かされた。それを三ヶ月間でやる。山﨑さんが、LAWSONの内部で、どういう苦労をされたのか、ぼくは知る由も無かったが、尋常ではない努力をされたんだと思う。

開館の日、そのことを彼に尋ねると、山﨑さんは何も説明してくれなかった。それが彼のプライドだった。

翌二〇〇二年、LAWSONで『千と千尋』のDVDキャンペーンが実施され、大成功を収めるが、これも、山﨑さんが中心だった。

こうして、『千と千尋』は、日本で公開されたあらゆる映画の興行成績を塗り替え、DVDの販売枚数も不滅の大記録を達成するが、その最大の功労者は山﨑さんだったとぼくは思っている。

山﨑さんは、仕事人間だった。

そんな山﨑さんが、仕事についてこんなことを語ったことがある。

三十年間、サラリーマンをやってきたが、いいことはほとんど無かった。二十四時間三百六十五日、一日として休まる日は無かった。携帯電話が誕生して、いつでもどこでも連絡が取れるようになって、さらに辛くなった。ズボンのバンドに携帯を取り付けておいて、お腹が鳴った音も、携帯の音かと勘違いした日もあった。でも、素敵なこと、素晴らしいことも少しはあったし、ぼくには、そんな辛さを吹き飛ばしてくれる映画があった。いい映画を見ると、「よし、明日もがんばろう！」、そういう気持ちになった。ぼくを支えてくれた映画をひとりでも多くの人に見てもらいたい。

このことばを、ぼくは真正面から受け止めたい。

これからもジブリは映画を作り続けます。山﨑さん、あの世とやらで待っていてください。そのうち、ぼくも行きますので。

ジブリ美術館で働いていただいた三年間も本当にお世話になりました。

最後に、最近、覚えたばかりの歌を披露させていただきます。

若きとて末を永きと思うなよ　無常の風は時をきらわぬ

（『熱風』二〇一一年十一月号）

ああ見えて

藤巻直哉は、〝面白い人〟である。

彼と付き合う人すべてが、そう口を揃える。他人を笑わせ、他人に笑われる。それが藤巻さんの特徴だが、なにしろ、あの宮崎駿とか久石譲とか秋元康をして、そう思わせるのだから只者じゃない。

しかし、そう呼ばれるために、藤巻さんが六十年掛けて払った意地と見栄の努力については、これまで、誰にも語られて来なかったし、また、本人も口にしない。それが彼の矜持だし、かっこ悪いからだろう。

何故、彼はそういう生き方を選んだのか？

なにしろ、仕事はいつだって適当だし、歌を歌うといっても、下手であることはこの上ない。ギターの腕など、素人のぼくよりも下手っぴいなのだ。しかし、適当であること、下手であることこそが、彼にとっては大事なことなのだ。

目的を持って、それに到達すべく努力する姿を人に見られるくらいなら、死んだ方がマシ、人生で一番大事なのは洒落だ！　彼はそう考えて六十年間生きてきた。

戯れ事に命をかけるその破滅的な快楽主義は、そうは見えないが、じつはよく考えると壮絶ゆえに痛快でもある。しかし、その根底には藤巻さん自身の社会に対する深い虚無感と人間不信が透けて見える。

かつて、井上ひさしが『手鎖心中』という小説を書いたことがある。小説を書くために、女に心中を持ちかけ、あげくは自分が死んでしまったという悲しい話だ。ぼくの中で、その主人公と藤巻さんがダブるときがある。

最近、本人から聞いた話だが、毎夜、寝る前に志ん朝さんの落語を一席聞いてから床に就くそうだ。

東京生まれの東京育ち。八十歳まで働くという藤巻さん、これからも、〝江戸っ子〟として、末永く生きて下さい！

二〇一二年八月二十日

（藤巻直哉さん還暦パーティーにて配られた印刷物「60歳からのハローワーク」より）

ぼくのラジオ体験

ぼくらの時代、ラジオはひとりで聴くものだった。

学校は、級友たちと遊びながら、世間について学ぶ場所だったし、家に帰ると、夕ご飯を食べながら、その日、一日に起きた出来事について家族で話し合う。それが家族団欒の時間だった。そして、家族四人で一緒にテレビを見た。すべてから解放されて、自分の部屋に戻ると、そこから〝自分だけの時間〟が始まる。友は、ラジオから語りかけるおじさんやお姉さんだった。

FRESH IN TOSHIBA, YOUNG YOUNG YOUNG

夜の十時三十分だった。名古屋では、そうだったと記憶している。

前田武彦と高杉祐三子のふたりが交わす、たわいのないおしゃべりと音楽。

月～金、毎夜二十分のこの番組に、ぼくは夢中になった。

ぼくは、級友たちよりも、そして、家族よりも、このふたりに親しみを感じていた。

なぜか。分からない。思春期にありがちだが、そういうものだとしか言いようがない。起きた出来事は思い出せても、どういう心境だったかは思い出せない。

スポンサーは、東芝の一社提供。

毎晩のように、ふたりが、新しく東芝から発売される小型ラジオの宣伝をしていた。「ヤングセブン」という名前のラジオを買うため、ぼくはせっせとお金を貯めた。ジェリー藤尾の歌うタイアップ曲「ヤングセブン」もヒットし、ぼくも、今は懐かしいドーナツ盤を手に入れた。

話が横道にそれるが、親父にねだって、はじめて、テープレコーダーを買ったのも、東芝製だった。ぼくは、団塊の世代を代表する平均的な中学生の一人だった。

いまも、YOUNG YOUNG YOUNG の七百七十七回放送記念のソノシートが手元にある。どうやって入手したのか？　葉書を書いて応募したに違いない。たぶん。

五十年ぶりに、ソノシートを聴いてみようと思った。現在は、便利な時代だ。その音源が、ネットに用意されていた。懐かしかった。

しかし、びっくりした。その内容たるや、新しく発売される小型ラジオ、「ヤングシックス」の宣伝に終始していた。当時のぼくは、そんなことをまるで意に介さなかったに違いない。

いま思うと、この番組が、その後、隆盛を迎えるラジオの深夜番組の走りだったのだろう。その後、ぼくは、高校大学とヤングセブンで深夜番組を聴き続けることになる。たった一年きり活躍した伝説のグループ、ザ・フォーク・クルセダーズと出会えたのも、深夜放送が無ければ、ありえなかったことだ。ぼくは、彼らが歌う「イムジン河」が大好きだった。

多くの人が指摘するように、この時代が、ラジオにとって、一番、いいときだったのかもしれない。

時代は、高度経済成長のまっただ中。大人たちは、あくせくと仕事に邁進していた。ぼくらといえば、戦後日本の受験戦争の第一世代だった。

ある人が、六〇年代の高度経済成長を「生活革命」と名付けたそうだ。明治以来変化の少なかった日本人の生活が、わずか十年あまりの間に激変したからだ。

人口学的に見れば、高度成長期以前、五〇年代までの日本は農業社会だった。農業人口は三割台、農業世帯は五割を超していた。それが高度成長期を通じて、農業人口が一割台に低下する。代わって増加したのが、第二次産業、鉄鋼、造船、自動車、セメントのような重化学工業従事者だ。日常生活の変化に絞れば、六〇年代は家庭電化の時代、冷蔵庫、洗濯機、テレビの「三種の神器」が普及した。

戦争に負けた日本が、西洋に追いつき追い越すためには、日本という国が無理をしないといけない時代だった。そのしわ寄せは、当然のように個々人に降りかかった。中学生だったぼくらにも。

その時代の光と影の中で、ぼくらには、〝自分だけの時間〟が必要になっていた。

ぼくは、森繁久彌の番組もよく聴いた。タイトルは「友よ、明日泣け!」。

ぼくらにとってラジオは、大事な、大事な友人だった——。

ここまで書いてきて、ため息が出た。いささか、感傷的になっている。仕方ない。五十年前の自分と再会しているのだから、当然、思い出は過剰に美しくなる。

そんなぼくにラジオをやってみないかと話があった。いまから、五年半前のことだ。悩んだ。もうすぐ還暦に近い年齢だった。

引き受けた動機は不純だった。これまで、新しい映画を作ると、宣伝も兼ねて地方へ旅に出ていた。多いときなど、二十八ヶ所。『もののけ姫』のときがそうだった。しかし、それが身体的に辛くなっていた。

思いついた。旅に出る代わりに、ラジオをやる。

美しい思い出もふと過《よぎ》ったが、それをかなぐり捨てて、現実主義で考えた。

熱心に勧めてくれる人たちに、条件を出した。全国ネットは可能ですか？　関係者の表情が暗くなった。いまどき、ラジオで全国ネットは無いという。あるとすれば、スポンサー。スポンサーが多ければ、それも可能だというのだ。

仕方ないので、自ら動いた。これまでタイアップでお世話になった会社に頭を下げた。

こうして陣容が整い、番組はスタートした。

熱心に勧めてくれたのは、元ディズニーの永見ちゃん、電通の高草木さん、そして、構成を担当してくれた服部准さん。

タイトルをどうするのか？　これが最初の難題だった。

最初の収録のとき、それがテーマになった。ぼくが「汗まみれ」という言葉を提案すると、あっさりとそれに決まった。

「汗まみれ」が、今回、なぜ書籍になったのか？

復刊ドットコムの森遊机さんとの因縁のおかげである。彼と知り合ったのは、いつのことだろうか？　憶えているのは、ふたつ。

ひとつは、昔、ジブリにいて現在は、日本テレビで働く高橋望の紹介だったこと。もうひとつは、彼が、ぼくの悪友押井守の作った映画『真・女立喰師列伝』のプロデューサーだったことも関係ある。ちなみに、ぼくは、この作品のナレーションを担当している。

一昨年くらいだったか、彼が、今度、復刊ドットコムに転職したと挨拶に来たことが、きっかけとなった。

彼の特徴は、公私混同。

面白いことを仕事にしたい。そういう人で、屁理屈を作って、それを仕事にしてしまうことだ。これは正しい。ぼくにしても、そういう人なので。ちなみに、今回、本の構成は、森さんがやってくれている。ポッドキャストから原稿を起こし、ぼくの発言の勘違いや間違いを指摘し、懇切丁寧にまとめてくれたのも彼である。感謝したい。

二〇一三年　春

（「あとがき　ぼくのラジオ体験」『鈴木敏夫のジブリ汗まみれ　1』復刊ドットコム、二〇一三年より）

宮崎駿の「自白」

プロデューサーの仕事とは何か。それを書く前に、宮崎駿について書く。ぼくが三十五年間、付き合ってきた映画監督は普通の人じゃなく、それゆえ、ぼくのプロデューサー業も特殊だと思うからだ。

エピソードをひとつ紹介する。宮さんという人を理解してもらうために。

今から三十年近く前の話だろうか。宮さんがC・W・ニコルさんと対談することになり、珍しく宮さんがぼくにビデオを貸してほしいと頼んできた。タイトルを聞いて驚いた。『わが谷は緑なりき』。ジョン・フォードの名作だ。

なぜ驚いたかというと、この作品については、宮さんは事あるごとに人に語ってきたので、今さらなぜもう一度見るのかという疑問が湧いたからだ。それはスタッフに対しても、著名人に対しても。

その場に、ぼくにしても同席する機会が多かったので、大きな疑問が湧いたのだ。

宮さんが言いにくそうに、小さな声で「自白」を始めた。「……いや、実は映画を見たことがない」。宮さんはあらぬ方を見ている。

真相を確かめるべく問いただすと、宮さんが見たことがあったのは、『わが谷は緑なりき』のスチール一枚のみ。その一枚から、想像を膨らませ、映画の内容についてこういう映画に違いないと、勝手に決めていたのだ。

たぶん、何度も話しているうちに、自分でも映画を見たと信じ込んでいたのだろう。で、これまでは何とかなってきたが、今回ばかりはそうはいかない。

なにしろ、C・W・ニコルさんは、『わが谷は緑なりき』の舞台になったウェールズで生まれ育った人だ。

三十五年前のもうひとつの話をする。宮さんと初めて映画を作ろうと思ったころの話だ。

宮さんの先輩で、それまで宮さんと『未来少年コナン』とか『カリオストロの城』でコンビを組んできた大塚康生さんに、助言を求めたことがあった。

「宮さんと仕事で付き合う上で、大事なことを教えてください」

大塚さんは、事もなげにこう答えてくれた。

「大人だと思えば腹が立つ。子どもだと思えば腹も立たない」

宮さんのやっていること、やってきたことは子どものそれに近い。それを念頭に置きながら仕事をする。そうすれば、素晴らしい作品ができる。大塚さんはそう言いたかったのだろう。

ぼくは、それを信じて三十五年間、彼と組んで仕事をやってきた。

最近、こんな話があった。ぼくのアシスタントの白木伸子さんから聞いた話だ。彼女が宮さんに言った。

「鈴木さんは、かわいそうです。宮崎さんと高畑(勲)さんという、お兄さんふたりがとんでもない人たちだから」

するとと、宮さんがこう話したそうだ。

「白木さん、鈴木さんは弟じゃない。ぼくらのお父さんなんだよ」

(「エンタ目」『中日新聞』二〇一三年四月十八日)

『エヴァンゲリオン』監督が主役声優に

ジブリには、世間で言うゴールデンウィークはない。七月の映画公開を考えると、この時期が追い込みの時期になる。

絵の作業がほぼ完了し、あとは音作業。現在は、アフレコの真っ最中だ。ご存じのように、主役は庵野秀明。知る人ぞ知る、『エヴァンゲリオン』の映画監督である。

どうして、こうなったのか。話は『風の谷のナウシカ』にさかのぼる。

巨神兵のシーンを誰に描いてもらうか。宮さんが思い悩んでいたときに、ひとりの青年が現れた。持参した原画の評価もさることながら、宮さんは、その風貌に関心を持った。一言で言うなら、中東のテロリストだった。そして、いきなり、「巨神兵の原画を描いてみないか」と誘った。

今となっては、宮さんの勇気に脱帽するが、それを躊躇なく引き受けた若き日の庵野にも感心する。のちに述懐した庵野はこう言う。

「素人同然のぼくに、なぜ任せてくれたのかいまだ謎です」

そして、庵野は見事に宮さんの期待に応えた。巨神兵のシーンは、後に語り草になる。以来、ふたりの師弟関係は足かけ三十年に及ぶ。そして、今回の『風立ちぬ』である。

主役の声を誰にやってもらうのか。宮さんの注文は〝昭和の青年〟の声が欲しい。それは、三つに要約できた。

第一に、喋りを速く。いまどきの若い役者の話す速度は遅すぎる。第二に、耐え難い間は不要。宮さんに言わせると、相手を気遣った演技はいらない。第三に、滑舌の良さ。引きずるようなみっともない喋りはいらない。まとめると、「凛とした声と演技」が欲しいと言うのだ。

宮さんが言い出せば、それを探すのがぼくの仕事になる。

まず隗《かい》より始めるしかない。評判になった日本映画を片っ端から見まくる。確かに、宮さんの言うことは正しい。そんな役者は存在しない。というか、そういう作品そのものがない。

いったい、どこで宮崎駿はそんなことを学んだのか。最近の映画はむろんのこと、テレビドラマだって見ていない。ため息をついていても仕方ない。スタッフと協力して、いろんな声を集めた。同時に、オーディションも繰り返した。だが、見つからない。

ある日の会議で、宮さんの苛立ちが最高潮に達したときだった。ぼくは思わず、口走っていた。

「素人の方がまだ感じが出そうですよね……庵野……」

「アンノ？　庵野ねえ。面白いけど、庵野にやらせるわけには……え、庵野がやったらどうなるんだろう。庵野！」

庵野が主役の声優に決定した瞬間だった。テストの結果、宮さんが言い出した。

「上手な芝居はいらない。存在感があればいい」

庵野の収録はその後、順調に推移している。ゴールデンウィークをはさみ残り半分残っているが、宮さんと雑談していると彼がこう言った。

「庵野がいてくれて、本当によかった」


（「エンタ目」『中日新聞』二〇一三年五月十六日）

枯れるとは何か？

音の作業が、今日、終わった。あとは、ゼロ号の完成を待つのみ。むろん、この夏公開の映画、『風立ちぬ』だ。そのさなかの『汗まみれ』第二巻のあとがきだ。最近、考えていたことを書いてみる。ぼくにとって、大事なノートにもなるので。

枯れるとは何か？　最近、よく考えている。年を取ったせいか。しかし、若い頃も早く年を取りたいと考えた時期がある。年を取って枯れれば楽になれる。枯淡の境地に達するとか、あるいは達観するとか、悟りを開くとか。いいことづくし。なにしろ、すべてを分かっているのだから、経験と知恵で楽しく生きられる。そんなふうに考えたのは、その時期、青春をもてあましていたからに違いない。たぶん。

枯れると言えば、かの黒澤明監督のことを思い出す。初期の作品はともかく、『用心棒』からは、リアルタイムで見続けて来た。そして、働き始めた頃だったろうか。『影武者』を見た。世間的には評価が低かったが、ぼくには、非常に興味深い作品だった。

これから、いざ、戦闘！のシーンだ。あろうことか、黒澤は戦いを描かなかった。そして、次のカットで描かれたのは戦いの残骸だった。なぜ、黒澤は戦いを描かなかったのか？世間は黙っていなかった。世間は、黒澤の若き日の代表作『七人の侍』のほとばしるエネルギー溢れる戦闘シーンを期待していた。

その騒ぎを横目で見ながら、ぼくは思った。答えは簡単だ。戦闘シーンが得意だった黒澤が枯れるためには、戦いを描かない。それが究極の選択肢だったのだと思う。

次の作品『乱』で黒澤は、今度は戦いを描く。しかし、カメラは俯瞰で戦闘を捉え、武満徹の音楽は、この世に生きることの虚しさを訴えた。枯れようと願った黒澤の不幸は、戦闘シーンが得意だったことに起因する。

晩年の作品で印象的だったのは『夢』に登場した笠智衆だ。だれもが、枯れた老人の代表として、そういう芝居を彼に要求して来た。しかし、『夢』に登場した笠智衆は、それまで彼が演じ続けた老人像をすべて裏切るかのように、頑固で醜くて物わかりの悪い、リアルな爺を演じた。

この映画に、黒澤の心境の変化を見たのは、ぼくだけでは無かったはずだ。だれしも、年を取ったら枯れるモノ、それが幻想や妄想に過ぎないことを悟ったが故に、黒澤は、こういう人物を描いたのだと思う。爺が爺を撮ると、こうなる。それをフィルムに残したかったのだろう。

黒澤の遺作『まあだだよ』の主人公も、そういう流れで見ると興味深い。松村達雄演じる内田百閒は、健気で一途、ひたむきで一所懸命。黒澤の描いてきた人物が年を取ったらどうなるのか？　黒澤は最後の最後になって、枯れた老人を描くことに成功した。

ちなみに、生前、一度だけ、黒澤監督を間近に見る機会を得た。立派な方だった。まるで、黒澤映画の主人公のような。そうあるべく、ご自身のことも鍛えに鍛えていらっしゃったんだと思う。


さて、宮崎駿である。御年七十二歳。枯れることを念頭に置いて映画を作っても何の不思議もない年齢だ。『風立ちぬ』の場合はどうか？　たまたま、今日のことだ。映画全編を通して見る機会に恵まれた。この作品は、まるで青年が作ったような瑞々しい作品に仕上がっていた。

思い出すのは『もののけ姫』だ。世間の人は、この作品を「宮崎駿の集大成だ」と評したが、ぼくはそうは思わなかった。それどころか、まるで新人監督が作ったような作品だと思った。とてつもなく大きなテーマに挑み、それを具体化できない苛立ちが底知れない迫力として映画に立ち込めていた。この映画が大ヒットした理由は、そこにあったのだと思う。宮さんは還暦間近の年齢だった。

今回、宮さんが一番、苦労したのはラストシーンだ。絵コンテのラストを描いたのが、この正月のこと。すぐさま、スタッフが画の作業に取り組む。ストップは掛けられない。絵コンテで描かれたラストは、映画のそれとは微妙に違っていた。画と芝居は全く同じだが、台詞を何度もいじった。そして、五月。アフレコの最中に最終の台詞が決まった。

ラスト、菜穂子が登場。二郎に向かって「生きて」と二度声を掛ける。そして、カプローニにも新たな台詞「きみは生きねばならん」が付け加えられた。

最終の絵コンテに描かれた菜穂子の台詞はこうだった。「生」がない。つまり、「きて」「きて」と二度繰り返す。映画では、これが「生きて」になっている。たった二音と三音の違い。それで、まるで意味が変わる。さらに、最初のコンテでは、二郎、カプローニ、そして、菜穂子も死んでいる。煉獄に留まっている二郎とカプローニ。菜穂子が二郎を彼岸へ誘う。

この絵コンテを描いた宮崎駿の考えていたことは一目瞭然だ。枯れたかった。それしかない。新しく追加された台詞のもとアフレコが進み、ラストシーンになったときに、二郎役の庵野秀明がマイク越しに宮さんに告げた。

「これまでのどのラストよりも素晴らしい」

それに宮さんが応えた。平身低頭だった。

「ありがとうございます」

台詞の変更の意味をだれよりも理解し、喜んでいたのは庵野だった。

二〇一三年　初夏

（「あとがき　枯れるとは何か？」『鈴木敏夫のジブリ汗まみれ　2』復刊ドットコム、二〇一三年より）

ユーミンとの縁

つくづく思う。縁は異なもの味なものである。

ご存じのように、『魔女の宅急便』で、ユーミンにお世話になった。それから二十三年。そのブルーレイが発売されることになり、宣伝の一環として、昨年十二月、ユーミンとぼくのトークショーが企画された。話を聞いた途端、心底、驚いた。

あのユーミンである。彼女はベールに包まれていてこそ、輝く女性だ。それをあろうことか、そういう場に引き出すとはどういうことなのか？　失礼にあたる、ぼくは直感でまずそう思った。しかし、企画者と話すと、ユーミン側の了解は取り付けてあるという。彼女の方も、デビュー四十周年ということで、積極的にプロモーション活動をしているという幸運が重なったと説明された。

となると、もう引っ込みはつかない。毎日のように彼女のことが頭をよぎる。何を話すべきか？　何を話せば、彼女に失礼の段をわびることができるのか？

ふと、二十四年前に考えたことを思い出した。彼女の曲を全部聴いて、どの歌が主題歌にふさわしいのか検討しているときだった。彼女はデビューして十年余、歌い方がまるで変わっていない。

「……ヘタウマを鍛え続けている」

これは、すごいことだと気がついた。天才であるがゆえに、それがファンの期待に応えることだと彼女は分かっていたのだ。凡庸な人は歌が上手になって、自己満足に陥っていく。あるとすれば、そのことをきちんと伝える。それが誠意であり、感謝の気持ちになると考えたのだ。そうだ、アルバムを聴かないといけない。

ぼくは、車の中で彼女の歌を聴き始めた。デビューから最新作まで。そして、最後の曲、「ひこうき雲」を聴いたとき、ぼくは、鳥肌が立った。この歌の歌詞と曲が、制作中だった『風立ちぬ』のラストと重なったのだ。

何回も聴き返した。翌朝、ぼくは宮さんにこの曲を聴かせた。何の説明もなく。

「これ、主題歌だよ。ぴったりだね」

そう言うと、宮さんは満面の笑みを浮かべた。この映画に主題歌は不要。ぼくと宮さんはずっとそう思っていた。

トークショーは、二日後に青山で開かれた。ぼくは、ユーミン本人に直接伝えようと機会をうかがったが、なかなか訪れない。本番になった。終わった後、帰ってしまったらどうしようか。

そんなことを考えているうちに、公開オファーになってしまった。

「いや、もうほんと、うれしいです。今年一番うれしい出来事かもしれない。私の、デビューアルバムの曲ですから。このために四十年やってきたのかなぐらいの……」

うれしかったのは、こちらの方。このトークショーが企画されなかったら、彼女がデビュー四十周年じゃなかったら。身震いがした。

そして、例の話もきちんと彼女に伝えることができた。


（「エンタ目」『中日新聞』二〇一三年六月十三日）

友人、ジョン・ラセターが来訪

アメリカ人は『風立ちぬ』をどう見るのか？

映画は、一九三〇年代の日本を描く。映画では直接描いていないが、主人公堀越二郎が作った零戦は、その後、米国の戦闘機と一戦を交える。

この映画を米国で公開するのは難しいというのが、ジブリ側の大方の見方だった。

そんなことを話し合っていた時、ピクサーのジョン・ラセターが、『風立ちぬ』を見るためにスタジオを訪ねてきた。ご存じ『トイ・ストーリー』『カーズ』で有名な監督で、ピクサーと合併したディズニーでも重要な責務を果たしている人物だ。

今回は、『風立ちぬ』と同時期に封切られる『モンスターズ・ユニバーシティ』を引っ提げての来日だ。

話は、『となりのトトロ』のころに遡る。

広島で開催された国際アニメーション大会に参加するため日本へやって来たラセターは、ぼくらが『トトロ』を作っていた時に、たった一人で中央線に乗ってスタジオに現れた。短編アニメーション『ルクソーJr.』を携えて。一九八七年のことだ。

ラセターは、かつてロサンゼルスのスタジオで宮さんと机を並べた時期があった。

なにしろ、通訳もいなかったし、英語の話せる奴は誰もいない。それを手ぶり身ぶり、さらには絵を描いて、コミュニケーションを図ろうというのだから大変だった。

ラセターが『トイ・ストーリー』で一躍、世界を唸らせるのは九五年のこと。彼との再会は『トイ・ストーリー』の公開で、来日した時だ。ぼくらは、彼の大成功を心から祝福した。

その後、太平洋を越えて、友情は、ずっと続いている。

ラセターがジブリに到着して、まず、試写室で『風立ちぬ』を見てもらった。そして、場所を会議室に移す。

ぼくらが部屋に入ると、ラセターは、いつものように力強いハグをしてきた。これが再会を喜ぶ彼のやり方だ。ぼくらも慣れたもので、それに応じる。

そして、それぞれが席に着いて話が始まった。

今回は、スピルバーグのプロデューサーとしても有名なフランク・マーシャルも同席している。『風立ちぬ』の米国配給を直接手掛けてくれると口火を切ったのも、そのフランクだった。

「素晴らしい映画をありがとう。米国では〝ラブストーリー〟として売りたい」

昼食の後は、ビジネスの話。宮さんがいなくなったことを見届けると、ラセターが静かな声で語りだした。

「一つの技術が時代を変える。二郎は知っていた。と同時に、この映画は、静かに〝反戦〟を訴えている」

大成功を収めた後のラセターは忙しすぎたのだろう。いつも疲れきっていた。それが、この映画について語った時は、本当に久しぶりに元気な姿を見せてくれた。

ぼくは友人として、そのことがこの上なく嬉しかった。

（「エンタ目」『中日新聞』二〇一三年七月十一日）

映画の企画

企画はどうやって生まれるのか？　よく受ける質問だ。むろん、机の上じゃ生まれないし、作品によっても違う。今回の企画『風立ちぬ』は、その中でも特殊なケースに入る。

話は二〇〇八年に遡る。ちょうど『崖の上のポニョ』が完成して、公開まで若干の余裕ができたころだったと思う。

ぼくと宮崎駿の親しい友人、日本テレビの奥田誠治さんが、ある日突然、左遷された。この年度、奥田さんは新部長に就任。映画部としてこれまでの最高の売り上げと利益を出していた。成績以外のことで何かあったのか？　社の内外を問わず、大騒ぎになった。

言いだしっぺは会長だった故氏家齊一郎さんで、理由については発言なし。後でその場に同席した人の話を聞くと、氏家さんのことが怖くて、だれも意見を言えなかったそうだ。

当たり前だが、奥田さんは元気をなくした。ぼくにしても、原因が分からないのだから慰めようがない。

ジブリに顔を出した奥田さんを引き連れて、ぼくは宮さんのアトリエを訪ねた。そして、事情を説明した。こういうときの宮さんは忍耐強くじ～っと話を聞く。聞き終わると、一切意見を口にしない。それが宮さんのやり方だ。

そして、第一声を忘れない。

「奥田さん、零戦の映画を作らない？　企画はぼくが考えるから」

奥田さんは戦争に関する本や映画に詳しくて、宮さんと一緒によく雑談をしていた。奥田さんの意見に対し宮さんは「くだらない」とバカにしつつ、しかし、いつだって、話しているときは楽しそうだ。奥田さんも同じく。むろん、ぼくは仲間はずれだ。

宮さんが、模型雑誌『モデルグラフィックス』（大日本絵画）に「風立ちぬ」の連載を開始するのは、それから数ヶ月先のことになる。

映画『風立ちぬ』の公開がスタートして一週間が過ぎたころのこと。仲間が集まって食事をする機会があった。ジブリの出版部長のゆかりさんとニコニコ動画の川上量生さん、そして奥田さんと四人だった。ぼくがこの話題を持ち出した。奥田さんは、そのことを絶対、覚えてないに違いない。その確信の下に。案の定、奥田さんが表情を変えた。

「あ、あのときの！」

どうやら記憶がよみがえったらしい。零戦の漫画は、マニアの奥田さんも毎号、期待して読んでいたが、まったく気付かなかったそうだ。

漫画の登場人物たちは、菜穂子をのぞいてすべて豚。映画では、それが人間になった。しかし、内容はほとんど同じだ。

ちなみに、『千と千尋の神隠し』は、奥田一家のことをモデルにして作った映画だ。ジブリは、奥田さんに随分と世話になっている。

あれから五年。氏家さんが亡くなった後、奥田さんは部長に復帰して元気に働いている。

（「エンタ目」『中日新聞』二〇一三年八月八日）

「死ぬまで映画監督」から一転

映画監督に引退はあるのだろうか?

一度、監督をやったら、死ぬまで映画監督だというのが宮さんの口癖だった。それが自ら「引退」の二文字を口にした。そして、世間に公表したいとも言いだした。そうでもしないと自分で自分を抑えることができない。

顔にそう書いてあった。熱血漢宮崎駿の面目躍如だ。映画が完成して少したったころの話。七月のはじめだったろうか。

そういえば、六月十九日、完成した『風立ちぬ』のスタッフ試写のとき、あいさつに立った宮さんが号泣したことを思い出す。

「自分の作った映画で泣いたのは初めてです。すみません」

同席したスタッフも、もらい泣き。庵野秀明は表情を変えず冷静に受け止め、ユーミンはトイレに駆け込み、ヒロインの瀧本美織ちゃんは目を泣きはらしていた。

スタッフ試写に特別参加した堀越二郎氏の息子さん、雅郎さんも奥さんともども涙に暮れていた。

「こんなふうに描いてもらい、父も喜んでいると思う」

ぼくにしても、思わず、胸が熱くなっていた。

涙の理由について、六月二十四日に開いた映画の完成記者会見でも「恥ずかしい」を繰り返すばかりで、宮さんは多くを語らなかったが、そのとき、すでに引退を覚悟していた。

いつ発表するのか？ せっかちな宮さんは、早く発表したくてウズウズしていたが、ぼくは九月になるまで待ってほしいと説得した。映画を公開してすぐに引退ということになると、話がややこしくなる。そういう判断だった。

八月五日、社内会議に珍しく出席した宮さんは、その場で引退を発表した。前日まで信州にある山小屋にいて、ぼくはわざわざ上京せずともと電話で伝えたのだが、いや、こういうことは自分で話したいと話を遮った。発表も宮さんらしかった。ただ一言だった。

「もう、無理です！」

「じゃあ、あとは鈴木さんから説明があると思うので、ぼくは退出します」

宮崎駿はどういう人なのか？ テレビの映像だけでは、なかなか伝わらない。『風立ちぬ』に登場した主人公二郎の先輩技術者で黒川という人物を思い出してほしい。これが宮さんの自画像だ。

短足胴長の典型的な日本人。そして、顔はベートーベン。宮さんは、こういう漫画っぽいキャラクターを描かせたら天下一品だが、今回は特別だ。挙措動作、しゃべり方、表情を含め、カリカチュア（誇張）はあるがすべてが宮さんそのものだった。

その黒川が引退を口にしたと想像してほしい。なにしろ、黒川の声は最後まで自分でやりたいと叫んでいた。

この映画で、宮さんが一番喜んだ声の芝居がある。二郎と菜穂子の結婚式の前に、黒川が奥さんに押し切られるシーンだ。

「あなた、よろしいじゃありませんか」

アフレコが終わった後、宮さんは、大竹しのぶさんに深々とアタマを下げていた。

（「エンタ目」『中日新聞』二〇一三年九月五日）

ジブリ題材の映画『夢と狂気の王国』

『夢と狂気の王国』という映画が十一月に公開される。監督は砂田麻美さん。自分のお父さんがガンで亡くなるまでを撮影し、『エンディングノート』という映画を作って注目された若い映画監督だ。彼女は、ジブリを題材に映画を作りたいと言って、ぼくの前に登場した。

ドキュメントじゃなく、映画。いったい、何が違うのか？　説明を聞いてもよく分からなかったが、そのうち分かるだろうと判断し許諾した。

彼女が登場してもう一年が過ぎただろうか。その映画が完成まぢか。プロデューサーはドワンゴの川上量生さん。

今回は、そのポスターについて書く。どうやって、この絵は生まれたのか？

映画館に飾られているので、ご覧になった方も多いと思う。高畑勲、宮崎駿、そして、ぼくの三人が並んで腰掛けている。背景には、一軒の大きな建物が。よく見るとすぐに分かる。建物は絵で描かれている。表札には、なごみ荘と書かれている。

どうやら、三人が老人ホームにいるらしい。もっとよく見ると、この建物、ジブリの元スタジオであることも分かってくる。種明かしをすると、このポスター絵は宮崎駿のいたずらだ。

『風立ちぬ』を作っていたとき、フランスのカメラマン、ニコラがジブリにやってきた。この人は、世界中の映画監督とプロデューサーをカメラに収めることがライフワーク。彼に撮影されることは一流の証になる。

砂田麻美監督作品『夢と狂気の王国』ポスター（デザイン：森本千絵）
©2013 dwango
レイアウト：宮崎駿
Photo by Nicolas Guerin
画：吉田昇 ©Studio Ghibli

宮さんがいい機会だと言って、三人でカメラに収まることを提案した。そういえば、三人でキチンとした写真を撮ったことなど、一度もなかった。こういう時、恥ずかしがらずに、そういうことを提案するのが宮さんだ。

ぼくと高畑さんは、命令されるがままに宮さんに従う。場所は、ジブリの正面玄関の前。そこへ三人で座ろうと言い出したのも宮さんだった。となると、真ん中をだれにするのか。ぼくは、年の功で高畑さんをと主張したが、いつの間にやら、ぼくが真ん中に座らされた。そして、撮影は無事に終わった。

しばらく経って、フランスから写真が送られてきた。写真は、五枚くらいあっただろうか。宮さんが、気に入った一枚を選ぶ。むろん、ぼくにも高畑さんにも相談はない。そしてあっという間に、背景をこうしようと下絵を描き、美術の吉田さんに依頼する。背景が完成した。なごみ荘の文字は宮さんが自ら書いた。

宮さんは写真をハサミで自ら切り抜き、背景の上の置き場所をシミュレートし、簡易に合成する。そして、プロデューサー室の壁に貼る。

部屋を訪れる人が、興味深そうにこの写真をのぞき込んで行く。この刹那、それを見る宮さんはご満悦だ。忙中閑あり。宮さんの〝閑〟は、手が込んでいる。

川上量生さんにポスターについて相談された時、ぼくはすぐに提案した。「これしかないよ」。川上さんも我が意を得たりと同意してくれた。

（「エンタ目」『中日新聞』二〇一三年十月三日）

高畑勲監督の『かぐや姫』

日本最古の物語が高畑勲の手によって現代の話としてよみがえった。誰よりも驚いているのは、このぼくである。なにしろ、頼んだのはぼくである。まさか、あの『かぐや姫』が、こんな現代に通じる話になろうとは。

断っておかないといけないが、『かぐや姫』という企画の言い出しっぺはじつは高畑さんだ。それを思い出して、「作ってほしい」、ぼくは、そう言い返したにすぎない。

高畑さんはいったい、何をやったのか？ 話の大筋は、原作を尊重している。じゃあ、何が違うのか？

原作は、起きた出来事についてしか書かれていない。その時々の姫の気持ちについては何も書かれていない。

第一に、姫はなぜ、数ある星の中から地球を選んだのか？ 原作を読むと、三年半くらい姫は地球にいたことになる。その間、姫は何を考え、どういう気持ちで毎日を過ごしていたのか？ 最初に、原作には書かれていないそういう質問を矢継ぎ早にされたことを覚えている。むろん、ぼくは何も答えられなかった。

高畑さんが、そんな思考を何度も繰り返しているうちに、三年の時が過ぎた。そして、脚本が完成した。読んだ。驚いた。それは、ひとりの女性の半生を力強く描いた見事な女性映画になっていた。

大事に育てられ幸福だった子ども時代。それが都へ行って高貴な姫君としての教育を施されてから、彼女の様子に大きな変化が生まれる。姫はどうやって、自分を取り戻すのか。

思い出したのが、小津安二郎と並び称された溝口健二のことだ。溝口は、女性映画の名手だった。懸命に生きる女性たちに熱いエールを送った監督だ。

高畑さんというと、誰もが認める代表作は『アルプスの少女ハイジ』と『赤毛のアン』、そして、『火垂るの墓』『おもひでぽろぽろ』などなど、思い返してみればいつだって魅力的な女性を主人公に作品を作ってきた。

しかも、誤解を恐れずに言ってしまえばテーマはひとつ、女性の自立だ。

今回、現場を預かるプロデューサーの西村義明からこんな話も聞いた。他でもない。主役の朝倉あきさんが決まった経緯だ。いま、活躍する女優さんたちの声の芝居を山のように聞きながら、高畑さんは大きな不満を訴えたそうだ。

「なぜ、みんな、こんなに受け身の芝居しかできないのか?」

「意思の強い女性はいないのか?」

オーディションの最後に登場した彼女だけが、高畑さんの要求に合致した。このエピソードから、この映画の今日的課題を含んだテーマが垣間見えてくる。

公開前なので、これ以上の話を語るのは興ざめだ。節度を守りたい。付け加えれば、表現がすごい。テーマと一致している。

音のファイナル・ミックスに現れ、はじめて大きなスクリーンで映像を見た音楽の久石譲さんの感想が印象的だった。

「歴史に残る作品ですね」

そういう映画をどうやって、観客に届けるのか？　それがぼくの仕事になるが、告白すれば不安で仕方がない。


（「エンタ目」『中日新聞』二〇一三年十月三十一日）

身体を鍛えなさい！

高畑さんと出会って三十五年になるが、驚くべきはその才能もさることながら、その類い稀な体力である。

今週は、『かぐや姫の物語』の音楽収録で始まった。作曲と指揮は久石譲さん、演奏は東京交響楽団。二日間で五十曲を収録した。場所はミューザ川崎シンフォニーホール、二日間、ホールを借り切っての作業だ。

やっと、ここまで辿り着いた。その後、間髪を入れず、今度は成城にある東宝スタジオで効果音のチェック。まだまだ予断は許さないが、ゴールが見えつつある。

高畑さんは、文字通り寝食を惜しんで映画作りに没頭。この数週間休みもなく、そしてジブリに戻ると、連日、絵のチェックが待っている。もっともリテークを出しまくっているのは、誰あろう、高畑さん本人だ。したがって、この時期、深夜作業が増える。過日など、なんと朝の七時半まで作業を続け、点滴を打って翌日に備える有様。噂では、若いスタッフを相手に怒鳴りまくっていたそうだ。

このエピソードを教えてくれた三十五歳のジブリの若きプロデューサー西村義明も、さすがに驚きを隠さなかった。ぼくは、高畑さんが死んでしまうのではないかと心配を打ち明けると西村も同意。その後のスケジュールを出来る限り軽減すべく努力すると約束してくれたが、さて、どうなっているのか?

今回、ぼくは現場の仕切りをすべて西村に任せ、後方支援に回った。というよりも、一緒に付き合っていたら、ぼくの身体が持たない。そう判断したからだ。にしても、西村がよくやってくれる。彼は、この十年で見違えるほど成長した。というか、一本の作品が彼を育てたのだ。

ぼくが〝かぐや姫〟を作ってほしいと高畑さんに提案したのが二〇〇五年。西村が現場に入ったのが翌二〇〇六年。爾来、足掛け八年、西村は高畑さんと起居を共にした。その間に、彼は結婚し二人の子どもをもうけた。その上の子も今年小学校へ入学した。

ぼくが現場に顔を出すようになったのは、音楽が久石譲さんに決まってからのこと。久石さんから打ち合わせへの参加と現場への立ち会いを要請されたからだ。そうこうするうちに、最後の音作業のすべてに付き合うことになり、ぼくは高畑さんの健在ぶりを目撃することになった。

映画の完成、その直前の十月二十九日には、高畑さんは七十八歳の誕生日を迎えるのだが、その仕事のやり方は若いときとまったく変わらない。いや、それ以上に細部に拘っていた。七十八歳で体力の限界までやり抜く。ぼくには未体験ゾーンなので想像できない。高畑さんの身体は一体どうなっているのか?

宮崎駿の引退については、ぼくから話をしたのだが、第一声は「もっとやればいいのに。勿体ない」だった。随分と前の話だが、高畑さんがこう話したことをよく憶えている。

「宮さんは、やり方を変えるべきだ。そうすれば、監督として長生きが出来る」

そのことを高畑さんは憶えていないに違いない。

宮さんは引退会見に臨むにあたって、高畑さんに直接、引退を促した。

「会見に一緒に出ませんか?」

高畑さんは笑うばかりで相手にしなかったが、宮さんは真剣だった。宮さんは引退するにあたって、高畑さんを〝道連れ〟にしたかったのだ。宮さんの真意は分からない。しかし、五十年という半世紀の間、高畑さんという存在があったからこそ、宮さんは病気ひとつせず丈夫に元気にやって来ることが出来た。ぼくはそういうことだと思っている。直後に、宮さんがふと洩らした言葉が印象的だった。

「パクさん(高畑さんのことを宮さんはそう呼ぶ)は、九十五歳まで作るよ」

そういえば、突然、思い出したが、ジブリを支援してくれた徳間康快が亡くなったのは七十八歳だった。

高畑さんというと、必ず話題になるのが髪の毛である。髪が黒い、真っ黒だ。髪を染めているわけでは無い。なのになぜ、黒いのか？　高畑監督を知る人は、まずこの髪のことを話題にする。ぼく自身、『おもひでぽろぽろ』を作っているときに、髪がどんどん白くなった。それを見た宮さんが、ぼくを揶揄してこう言った。

「パクさんに負けたんだよ。鈴木さんは」

人を食って生きている。これが、高畑さんを知る人が本人のいないところで呟く台詞だ。ぼくにしてもずっと付き合ってきて、その言葉に実感を憶えるときが間々ある。若い生き血を吸えば人は若くなる。冗談だが、高畑さんはドラキュラだ。

ともあれ、映画は完成に近づいている。世に問うて、どういう評価が得られるのか。内容と興行、ぼくにしても今回ばかりはまったく予測が付かない。ただ、いまにして思うことがある。アタマのいい人は巨万《ごまん》といるが、アタマが良くて体力がある。この両面を兼ね備えた映画監督を、ぼくは高畑さんを除いて他に知らない。

宮崎・高畑を中心にジブリを三十年やって来た。若い人に贈る言葉があるとすれば、まずは身体を鍛えなさい！　である。

二〇一三年　秋

（「あとがき　身体を鍛えなさい！」『鈴木敏夫のジブリ汗まみれ　3』復刊ドットコム、二〇一三年より）

宮崎駿が『かぐや姫の物語』を見て

宮崎駿は、高畑勲の十四年ぶりの新作『かぐや姫の物語』をどう見たのか？　それはぼくのみならず、ジブリをよく知る人なら大いに気になるところだ。

高畑勲と宮崎駿、ふたりの関係は、先輩後輩、友人、あるいはライバルとして、五十年間続いている。

宮さんが見る前にぼくは勝手に予測を立てた。褒めた場合は、引退が本気だったことが証明される。いちゃもんを付けた場合は撤回、再び作るという意味だ。

監督という人種は、そういうものだ。他人の作品を褒めるようになったら、おしまいなのだ。

実際はこうだった。十月三十日(水)のことだ。東京・五反田にある現像所イマジカで初号試写を四回繰り返すことになっていたが、その二回目に宮さんは登場した。

ロビーは一回目の試写を見た『かぐや姫』の現場スタッフでごった返していた。一種、異様な興奮に満ちている。泣いている人も数多くいる。みんなの顔に歓喜と感動の表情が見てとれる。みんな、この作品に関われたことを誇らしく思っているようにも見えた。

これまで何度も映画完成の場に立ち会ってきたが、今回は特別な気がした。その熱気が異常なくらい熱かったからだ。

そしてだれひとり、その場を立ち去ろうとしなかった。そこへ二回目の試写を見る人たちが加わった。ロビーは大混乱に陥った。

その間を縫うように、宮さんが人をかき分けかき分け現れた。そして、試写室に入っていった。二回目の試写は、残りの現場スタッフと製作委員会のメンバーが見る。

終映後、ロビーは再びごった返した。そこへ三回目の試写を見る人たちが加わった。まるで、ビデオの再生を見るように。

宮さんを見つけたぼくは、駆け寄った。傍らに、日本テレビの奥田誠治さんがいた。奥田さんは、製作委員会でも最古のメンバーだ。

奥田さんの目が真っ赤だった。宮さんの表情は戸惑っているように見えた。宮さんが、大きな声で叫んだ。

「奥田さん、どうしたの？　目を真っ赤に泣きはらして。この映画を見て泣くのは……し、素人だよ」

宮さんが、どういう意味で「素人」という言葉を使ったのか。真相は分からない。褒めたのか、あるいは、いちゃもんを付けたのか？

奥田さんに意見を求めると、宮さんが何を言ったのか、彼は喧騒の中で聞こえなかったと告白した。奥田さんもまた大興奮状態にあった。

九月六日(金)の引退会見から約三ヶ月。宮崎駿は、ある模型雑誌の連載用に漫画を描き始めた。原稿の一部を見せてくれたが、それはこれまで以上に迫力のあるモノだった。宮さんがニコニコ顔でこう言った。

「この漫画、原稿料を貰わないことにしたんです。だったら道楽ということになる」

宮さんが不気味だった。その後、宮さんは『かぐや姫の物語』について一切語ろうとしないし、僕にしても話を振らない。

宮崎駿はいったい、何を考えているのか。

(「エンタ目」『中日新聞』二〇一三年十一月二十八日)

ぼくの映画の見方

映画を見るとき、ぼくが心掛けていることは三つ。

第一に、タイトルを見て、あらかじめ内容を想像する。見たあと、それに照らし合わせて、いい悪いを決める。

第二に、いいシーンを見逃さない。これまで見たことがあるものなのか、あるいは、そうじゃないのか。見たことの無いカット(シーン)に出会うと、大きな喜びがある。

第三に、映画を見終わったあと、内容を正確に反芻する。ストーリー、絵の順番などなど。これが、ぼくの映画の見方です。

みなさんも、自分の映画の見方を作っておくと、映画がますます楽しいものになると思います。

多くの感想文、本当にありがとうございました。

二〇一三年　十一月吉日

スタジオジブリ　鈴木敏夫

（ＫＤＤＩ企画『風立ちぬ』映画感想文集に寄せた御礼文）

ジブリの三人で鼎談

三人で鼎談をした。高畑勲と宮崎駿、そして、ぼく。むろん、はじめてのことだ。どうしてそんなことになったのか？

話は三ヶ月前に遡る。『かぐや姫の物語』の宣伝が始まったころの話だ。宮さんへの取材が殺到した。高畑勲について語ってほしいというのだ。宮さんがそれを受けてくれれば百人力。大きな力になる。しかし、個々に対応するわけにはいかない。代表質問でだれかに取材してもらい、それを映像に収め、各社の要望に対応する。そう考えた。宮さんに相談すると、しばし黙考。ひとつ条件があると言い出した。インタビュアーは鈴木さんだというのだ。

こういう時の宮さんは食えない。笑顔がいつにも増してうれしそう。いたずら小僧の面目躍如。仕方がない。躊躇は禁物。ぼくは潔く二つ返事した。

担当はジブリ出版部の田居因《たいゆかり》さんに頼んだ。その三日後のことだった。彼女が、困惑した顔でぼくの前に現れた。宮さんが、パクさん(高畑勲のニックネーム)も入れて三人でと言い出したというのだ。三人で話すのは最初で最後になるだろうと、遠い目をしたとも。

彼女が困った理由は、容易に想像できた。宮さんはこの案にこだわる。高畑さんは『かぐや姫』が最後の追い込みで、それどころじゃない。

しかし、彼女は簡単には引き下がらない。物事の白黒を明快にするというのか、果敢に戦いを挑むのが彼女のいいところ。編集者の鑑《かがみ》だ。忙しい高畑監督をつかまえて粉砕覚悟で直談判。案の定、高畑さんはイライラをあらわにしたそうだ。

「三人で話し合えば、おのずと過去の話になる。ぼくは、いやだ。第一、なぜ、それを公表する必要があるのか?」

えらい剣幕だったそうだ。しかし、話は大きく前進した。そして、映画『かぐや姫の物語』の完成した十月三十日に、概要が決まった。十二月十四日の夜、場所は東京・国分寺のとある料亭。高畑さんが、公開して数週間後の実施を望んだのだ。その間、宮さんは田居さん相手にシミュレーションを繰り返した。

どんな約束でも、時間ぎりぎりに登場する宮さんが、当日は編集者よりも早く到着。準備万端。

あとは高畑さんを待つのみ。しかし、高畑さんは現れない。約束の時間を過ぎても現れない。そして、登場するや、弁舌爽やか。長男の役割を見事にやってのけた。風邪で調子がイマイチ、宮さんは酒も呑めず、早く家に帰りたそうだった。ぼくは、当事者にもかかわらず、見届け人の気分だった。

この鼎談は、巌流島の決闘だと僕は勝手に思っていた。どっちが武蔵で小次郎かは言わずもがな。内容に興味のある方は、『文藝春秋』二〇一四年二月号を。

（「エンタ目」『中日新聞』二〇一三年十二月二十六日）

フレデリック・バック氏を訪ねて

去年の暮れに、カナダのモントリオールへ出掛けた。目的は、高畑勲監督が尊敬し、また、影響も受けたアニメーション作家、フレデリック・バックさんに『かぐや姫の物語』を見てもらうためだ。

空港へ到着してビックリ。さすが、零下二十度は寒い。いつもの作務衣と半纏、それに雪駄で旅をするつもりが、同行するみんなの大反対にあい、普通の防寒用コートに身を包み、山用の靴も持参した。寒い、確かに寒い。寒さが身体の芯にくる。はだしに雪駄はきつい。みんなの友情に心の中で感謝した。
そして、翌朝、一路、バックさんの家を目指した。バックさんは八十九歳。危篤状態にあると聞いていたので、百三十七分の全編を見てもらうのは難儀だと考え、プロモーション用に作った六分余の映像を見てもらうことにした。すると、すぐにバックさんの反応が返ってきた。

「美しい……デッサンの軽やかさ、描かれていない空間の素晴らしさ」

七十八歳の高畑さんが、まるで書生、いや、赤ん坊のようにはにかんだ。

見終わると、バックさんがひとこと。

「できればもう少し見たい……」

娘のスーゼルさんの表情に緊張が走った。しかし、止めることはできない。ぼくは、上映を始めた。そして、同行したスタッフを促し階上へ誘った。高畑さんとバックさんをふたりきりにするためだ。

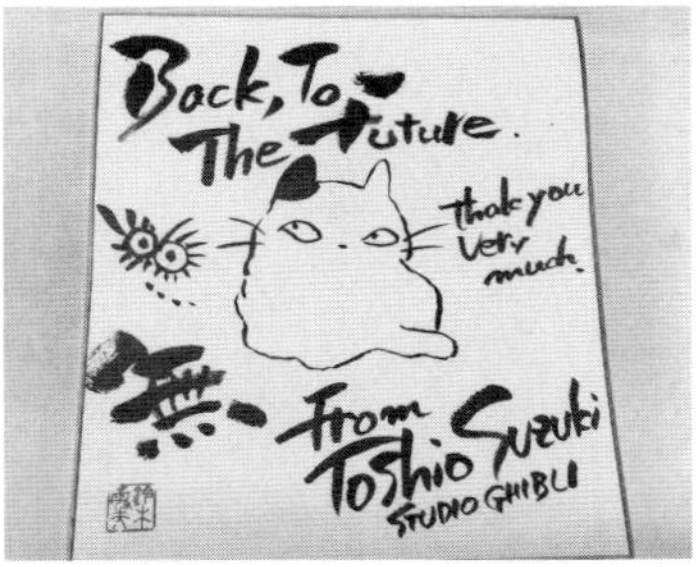

二階は、バックさんのアトリエになっていた。そこに世界中のアニメーション作家から贈られた数々の絵が飾ってあった。その中に、なんと、ぼくが筆で書いた猫の色紙があった。東京都現代美術館でバック展をやったときにいただいたお土産への返礼の色紙だった。

猫の上に筆でBack, To The Future.

通じるかどうかはともかく、バックさんとBackをひっかけた、ささやかなぼくの冗談だった。

バックさんというと、『木を植えた男』というアカデミー短編アニメ賞を受賞した作品が有名だ。羊飼いのブフィエが、たった一人で荒地に木を植え続ける話だ。この作品の日本語版を作る時、ぼくは無償でその手伝いをやった。三國連太郎さんにナレーションを担当してもらったが、その収録にもつきあった。

――階下で音が聞こえる。もうすぐ上映が終わる。ぼくらは、階下へ向かった。見終わったバックさんが、感想を語り始めた。

「特別なお土産になった。私にとっても、世の中にとっても」

ぼくらが訪ねた一週間後の十二月二十四日(火)、ぼくらは、バックさん永眠の報を受け取った。

(「エンタ目」『中日新聞』二〇一四年一月三十日)

『風立ちぬ』アカデミー賞なるか

『風立ちぬ』は、アカデミー賞を獲得できるのか?

あれから十年余。『千と千尋の神隠し』の再現よろしく、スタジオはその準備に忙しい。

第一に、獲得の可能性はあるのか? 海外事業部の武田美樹子女史の観測によると、「五分五分」だ。前回は、アカデミー賞の予備選挙に相当する各州にある全米映画批評家協会が、全会一致で『千と千尋』を推していた。今回は違う。宮崎駿の米国の友人、ジョン・ラセターがプロデュースした『アナと雪の女王』と票を二分している。

現に、米国でアカデミー賞と並ぶアニー賞は『アナと雪の女王』が作品賞を受賞している。『風立ちぬ』は、脚本賞だった。

それにこういうこともある。全米映画批評家協会が全く無視していた『メリダとおそろしの森』が、アカデミー賞だけ受賞するという番狂わせも。

日本のディズニーがジブリで『アナと雪の女王』の試写をしてくれるというので見てみた。驚いた。素晴らしい作品だった。ヒロインがもう男の子の手は借りないというテーマ。今という時代が見えてくる。

ところで、宮崎駿は授賞式に参加するのか？

引退後、公の席に顔を出さないことを決めた宮さんも、アカデミー賞だけは悩み抜いた。『風立ちぬ』のために、米国で頑張ってくれている友人たちから熱心な誘いが来たからだ。スピルバーグのプロデューサーとしてつとに知られるキャスリン・ケネディ、フランク・マーシャル夫妻。ふたりは、『風立ちぬ』の全米公開で大活躍してくれている。そして、ジョン・ラセターは、この機会に宮さんを自宅に迎えるべく、歓迎の予定表まで送りつけてきた。

今回、宮さんが悩む理由はひとつだけ。趣味の漫画を描くことをいったん中断し、ジブリ美術館の新しい企画展示の仕事に朝から晩まで従事している。内容はまだ公表できないが、それは映画を作るのと同じくらいに大事な仕事だ。

自分の親しい小さな子どもたちが、それを見て体験して、本当に喜んでくれるのか？　彼にとっては真剣勝負なのだ。

そんなときに、米国へ出掛けて、社交をする余裕と時間があるのかどうか？

しかも、宮さんが外国への旅をためらう〝時差ぼけ〟の問題もある。外国へ行くと、帰国後、宮さんは一ヶ月間、仕事が手に付かなくなる。おまけに展示の締め切りは、五月に迫っている。時間がない！

何度も話し合いを重ねた結果、宮さんは日本に留まることを決意。ぼくに向かって、アタマを下げた。

「鈴木さんが行ってほしい。授賞式には、いつも着ている作務衣で登場してほしい」

（「エンタ目」『中日新聞』二〇一四年二月二十七日）

GM就任のご挨拶

関係各位
今回は、皆様にご報告があります。
長い間、私こと鈴木敏夫は、ジブリのプロデューサーを続けてきましたが、このたび、その席を西村義明に譲り、私は後方支援に回るべく決断しました。西村については先刻ご承知の方も多くいらっしゃると想像しますが、『かぐや姫の物語』で、ジブリのプロデューサーを務めた男です。高畑勲との付き合いが始まったのが御年二十六歳、映画の完成時には三十五歳になっていた、あいつです。

私同様、皆様にご支援ご鞭撻をいただければ、幸甚に存じます。

で、私ですが、今作では「ゼネラル・マネージャー」を名乗りたく、ちぢめれば、〝GM〟という役職です。

映画に於いては耳慣れない言葉と存じますが、プロ野球で、かの落合博満さんが就任した役職を思い浮かべていただけると話が分かりやすくなります。

今作で私は、原作を選び、メインスタッフを選定し、プロデューサーに西村を指名し、予算とスケジュールを決めました。現場はすべて西村が仕切ります。

大きくは、落合さんのやったこととの二番煎じになりますが、なるほど、こういう関わり方もあるのだと深く感じ入った次第です。

蛇足になりますが、今季はドラゴンズの絶好調が約束されていますが、ひとえに落合GMの手腕の賜物と言っても言いすぎでは無い気がしています。

ともあれ、宮崎駿は引退しましたが、ジブリは不滅です。

夏公開の『思い出のマーニー』、新しい息吹を吹き込む作品になると確信していますので、何卒、よろしくお願い致します。

二〇一四年　三月吉日

スタジオジブリ　鈴木敏夫

（『文春ジブリ文庫　ジブリの教科書6　おもひでぽろぽろ』関係者送付用手紙、二〇一四年三月）

親子四代胡蝶蘭が好き

花について書く。胡蝶蘭の花が好きだ。なぜ、好きになったのか？　お袋が好きだった。理由はそれしかない。たぶん。

孫がいる。名付けた名前が「蘭堂」。そのとき、初めて知った。娘も蘭の花が好きだと。蘭のように堂々と生きてほしい。そんな願いを込めたそうだ。

芸術選奨文部科学大臣賞を受賞することになったおかげで、各方面、いつもお世話になっている方々から続々と蘭の花が届いた。おかげで、部屋の中が蘭の花だらけになった。お袋は「綺麗だねえ」を連発し、娘は、蘭の花に囲まれた蘭堂を写真に収めている。蘭堂もこの上なくご機嫌だ。どうやら、親子四代にわたって、蘭の花が好きらしい。

ちなみに、お袋はこの春、九十一歳になり、娘は三十八歳、孫は二歳になった。かくいうぼくは六十五歳。ひとつ屋根の下、同じマンションに四世代が住んでいる。

ところで、この芸術選奨文部科学大臣賞だが、いろんな人から身に余るお祝いの言葉をもらった。プロデューサーがこの賞をもらうのは、なんでも画期的なことらしい。映画で言えば、芸術的創作に対して、これまで監督など現場のスタッフに与えられる賞だったからだ。

ぼくにしても、最初、電話で連絡をもらったとき、またぞろ、宮さんへの賞だと思って、他人事として聞き流していた。なにしろ、引退したのだし。そうじゃないことが分かったときの最初の感想は、困ったなあ、だった。

過日もぼくの〝勇退報道〟があって、迷惑千万。

「長い間、ご苦労さまでした」というメールが山のように届き、また、外国からも数多くの問い合わせがあった。よってたかって、ぼくを引退させようとしているのか？　そんな気分もあって、この授賞に対して、これも新手の〝引退勧告〟かと複雑な気持ちが生まれたことも事実だ。

それに、いまさらと言われるのを承知で言えば、プロデューサーたるモノ、仕事内容は裏方だし、創作への寄与はほとんどないに等しい。にしては、表に出すぎという批判も当然、あるに違いない。しかし、ここでジタバタすると、いろんな人に迷惑が掛かる。電話のやりとりの中、刹那、そう考えて、賞を素直に受けることにした。

スタジオにも蘭の花が届き始めた。宮さんが気づいた。そして、僕の口を封じるように言い放った。

「鈴木さん、何か賞を取ったの？　鈴木さんは、もらっておいた方がいいよ」

自分では何かと理由を付けて受賞を拒む宮さんが、そう言ってくれた。それが、いちばんうれしかった。


（「エンタ目」『中日新聞』二〇一四年三月二十七日）

そういう仕事がしてみたい

ベルイマンに『沈黙』という映画がある。公開当時、芸術か猥褻か⁉と話題騒然になった映画だ。当時、ぼくらは高校一年生。十八禁の映画なので、鑑賞は指をくわえて我慢するしか無かったが、仲間内の誰かが言い出した。

「予告編なら見ることが出来る！」

こうして、ぼくらはひょんなきっかけで『トム・ジョーンズの華麗な冒険』を見ることになった。動機は不純。なにしろ、添え物の予告編を見るのがテーマだった。しかし、この映画がその後のぼくの人生を大きく変える映画になったのだから、人生は奥深い。ある青年の恋と冒険を描いたコメディ活劇だが、ぼくはこの主人公に夢中になった。寛大に正直に生きる主人公の生き方に、ぼくは大きな影響を受けた。

同じころ、日本では、植木等の「だまって俺について来い」という歌が巷に流行っていた。歌詞の一部を紹介しよう。

ぜにのないやつぁ　俺んとこへこい
俺もないけど　心配すんな
みろよ　青い空　白い雲
そのうち　なんとか　な〜るだろう

時代は高度経済成長のまっただ中、日本人は働き蜂と化し、アタマがおかしくなり始めていた。そんなときに、植木等の歌ったこの根拠の無い自信に満ちた歌が日本人を救った。そのうち何とかなるだろう、このフレーズをみんなが口ずさんだ。

ある映画が人の一生を決定し、ひとつの歌が世界の見方を変える。そういう仕事をしてみたい。おぼろげながら、未来が垣間見えた瞬間だった。今回、調べてみてわかった。いずれも一九六四年、五十年前の出来事だった。

（「新版のはじまりに」『仕事道楽　新版——スタジオジブリの現場』岩波新書、二〇一四年五月）

日本音楽著作権協会(出)許諾　第一七〇〇七〇一—七〇一号

腰痛のおかげで

腰の具合がよくない。レントゲンを撮って調べてもらうと、診断が出た。腰椎分離すべり症、あるいは、腰部脊柱管狭窄症。本来、椎間板と背骨の間にあるはずの軟骨が、左は皆無、右はうっすら残っている。中井先生は腰の模型を片手に説明してくれた。

骨と骨が直接、ぶつかる。痛いのは当たり前ということ。これは、昨日今日にこうなったわけじゃなく、随分と以前からのものらしい。素人にもよくわかる説明だ。若いときに運動は？と聞かれたので、体操だと答え、中学三年生のとき大車輪をやって落っこちたと説明すると、先生は大きな関心を示すわけでも無く、骨をずらして生きて来たのだから、そこへ戻る可能性がある。三ヶ月間、様子を見ようということに。注射で散らす手もあるし、ダメなら手術と宣告。

手術なんてとんでもない。血は嫌いですと話すと、血を見るのはぼくだと答えるが、ニコリともしない。むむ、お主、出来るなと、その時、思った。

そんなことよりも、先生はぼくの診断結果をＰＣに打ち込むのに余念が無い。どうやらキーボードを扱うのが得意じゃなさそう。何度も打ち直している。そんな姿を横目で見ながら、この先生は医者としての腕もさることながら、人間としても信頼できる人物だと思った。

ちなみに、完治に要する時間は半年から一年とも言われた。

＊

という事情もあって、しばらくスタジオへ顔を出していない。こんなことは初めての経験だ。自分でもそう考えたし、他人も言い始めた。神様が身体を休めなさい、そう言っているのだと。この十年、お世話になっているカイロプラクティックの長瀬先生もそう言い放つ。そして、若い時とは違うことを自覚しろとも言われた。何度も自分に言い聞かせ、他人からも言われると、そう思えて来るから不思議だ。

夏には、『思い出のマーニー』の公開もあるが、すべてを『かぐや姫の物語』をプロデュースした西村義明に任せ、自分は療養に努めることにした。いざという時は、恵比寿にある通称〝れんが屋〟で済ませることに。みんな、いやな顔を見せず、集まってくれる。落合博満さんに倣って、GMを名乗っておいて、本当によかった。現場のことも宣伝も、基本だけ確認しておいて、あとは西村以下のスタッフに裁量を任せるというやり方だ。

これまでと同じことをやっていてこうなったらと考えると、本当に恐ろしくなる。この年齢まで、病気らしい病気もせずやって来たが、まさか、腰を痛め、歩けなくなる自分など想像すらしなかった。働き始めて四十年以上になるが、この間、いわゆる「病欠」無しでやって来た。その自信に胡坐をかいた罰が当たった、自分ではそう思っている。

しかし、こういうことでも無ければ、今まで通りやっていたにちがいない。そう考えると、いい機会に思えてくる。実際、これまでとは時間の使い方が変わって来た。

*

今、パリにいる。アヌシー国際アニメーション映画祭で、高畑さんが名誉功労賞を受賞することになったからだ。五十五年にわたるアニメーションへの功労。長生きをして、しかも、長く現役をつづけたことへのプレゼントだ。普通なら、『かぐや姫の物語』をやった西村が同行するところだが、『思い出のマーニー』は、いまだ完成していない。公開も近づいている。諸々考えて、腰の痛みをおして、ぼくが行くことになった。

となると、旅は楽しいほうがいい。日本テレビの奥田さん、博報堂の藤巻さん、電通の福ちゃん、そして、ドワンゴの川上さんに声を掛けた。若い川上さんはともかく、みんな、長年にわたりジブリのために尽くしてくれた旧い仲間だ。気がつけば、みんな、五十を超えている。すぐに返事が来た。みんな、行きたいと。しかし、彼らの同行を高畑さんはどう思うのだろうか。高畑さんにとっては、今回の旅は『かぐや姫の物語』のヨーロッパ・キャンペーンという仕事も兼ねている。他の連中は単なる物見遊山だ。どうしたら、高畑さんの機嫌を損なわずに、七泊九日の日程を楽しく過ごせるのか。出発は羽田。最初が肝心だ。高畑さんが寝ぼけ眼で現れた。

「卒業旅行へ行くんですよ」

咄嗟に言葉が出た。高畑さんの硬い表情が崩れた。しめた、これで大丈夫。ダメ押しをした。

「向こうで会ったら、一緒に食事でも」

旅の間も、それぞれが個性を発揮して、高畑さんの気を紛らわせてくれた。まずは福ちゃんが町で財布を掏られるという大事件を起こした。取材を終えたばかりで疲れていたはずの高畑さんも一緒になって心配する。

そして、藤巻さんは使い慣れていない〝おニューのカメラ〟を片手に、公式カメラマンに。ところ構わず、写真を撮りまくったが、合図の声がよかった。

「さあ、みなさん、息を止めて〜」

川上さんは、ある夜、高畑さんを相手に議論を吹っ掛けた。これが、なんと二時間余！　高畑さんという人は、議論をはじめると完膚無きまでに相手をやっつけるのが得意だが、川上さんはへこたれず、何を言われても挫けない。それを見守るみんな。高畑さんも久方ぶりに熱くなった。議論の中心は、日本とアメリカ、そして中国についてだった。

ところで、ぼくの腰の具合だが、これも、スタッフは準備を怠らなかった。日本を発つ前から、ジブリ海外事業部の武田美樹子ちゃんがスケジュール表に、日本への強制送還の予定を三回書き込んだ。日テレの奥田さんは、羽田に大きな荷物を持って登場した。中身は簡易車椅子。発案は奥田さん、ヤマハの佐多さんが選び、ジブリの白木さんが購入してくれたらしい。そんなもの使うわけがない、そう思っていたら、これが想像以上に役に立った。アヌシーの旧市街で。パリの美術館で。心の中で手を合わせた。感謝！　感謝！

フランスで世話になったのが、旧知のイラン君と恵実ちゃん。ふたりとも日本に住んでいたが、例の原発騒ぎで日本を後にした。

＊

もう二十年以上前のことになるのだろうか。森嶋通夫という学者が、東アジア共同体を提唱していた。日本、中国、朝鮮半島、台湾、そして琉球がひとつになるべき。それが歴史の必然だと。まさか！　たとえ、そうなるにしても、ぼくが死んだ後のことに違いない。そう思ってきたが、ここへ来て、森嶋さんの書いていたことが自分の中で現実味を帯びつつある。世間が忙し過ぎ、騒がし過ぎるせいか。

尖閣、竹島問題。さらに集団的自衛権と憲法九条の問題。一緒になってしまえば、すべての問題は雲散霧消する。そのとき、日本はどうなるのか。日本語はどうなるのか。などなど連想しつつ、そうなるときを望むのは、ぼくの希望的観測なのだろうか。いつの時代もそうだが、ぼくらには予測の付かない未来が待ち受けている。

ある人の意見だが、東アジアがひとつになるのに三十年は掛かるという。三十年後を見据えて現在を考える。こんなことを考えるようになったのも、腰の痛さのせいだ。神様に感謝しないといけない。

＊

タイ人のカンヤダが母国へ帰って行った。日本へ留学生としてやって来て、ちょうど一年。マンションのエレベーターで知り合って、時折、一緒に食事をしたり、いろんなことを話し合うようになった。これに付き合ってくれたのが、ジブリの北川内君。彼に付き合って貰った理由は三つあった。

ひとつは英語力だ。彼女とは英語で会話したが、ぼくの英語力だけではコミュニケーションが取れない。その点、北川内君は正確な英語を話す。それと彼女が欲した情報はｉＰｈｏｎｅについて。デジタルについては北川内君以上の人材はいない。そして、ぼくは密かにふたりを国際結婚させようと目論んだ。北川内君は独身だったのだが、残念なことに、こっちは事がうまく運ばなかった。

タイへ戻ったら、スパとタイマッサージの店をオープンするそうだ。成功して欲しい。切なる願いだ。帰国の日、ふたりでカンヤダを羽田まで見送った。別れ際、がんばってと励ますと、彼女は「ｐｒｏｍｉｓｅ！」と言い返して来た。そして、握手を求めて来た。

彼女と付き合って思いついたことがある。東アジアだけじゃなく、アジア全域がひとつになればいい。戦前に、同じようなことを考えた日本人がいっぱいいた。彼らもたぶん、そう考えていたんじゃないのか。戦前に学ぶべき教訓もさまざまにある。理想主義かもしれないが、そうなったら、嬉しい。

北川内君とは、いつの日か、ふたりでタイへ行こうと話している。

二〇一四年　初夏

（「あとがき、あるいは日記の断片」『鈴木敏夫のジブリ汗まみれ　４』復刊ドットコム、二〇一四年より）

日本が嫌いになった日本人

映画『アナと雪の女王』のヒットが半端じゃない。このままいくと、『タイタニック』を超えて、『千と千尋の神隠し』の記録に迫る勢いだ。計算してみると観客動員数は、すでに二千万人を超えている。

なぜ、そんなことが起きたのか？　ふと、思った。みんな、日本が嫌いになったんじゃないのか。原発の再稼働で、日本はどうなってしまうのかという不安は拭えないし、集団的自衛権の問題は、日本という国が対米従属国家であることを明らかにしてしまった。

みんなの気分は、日本に対する絶望感だ。日本製の新しいモノはなにもかも、とっくに信頼を失った。スマート家電といわれてもピンと来ないし、自動車も電化製品も終わろうとしている。映画だって、日本人の作るものを見たくない。

この夏、そんな気分がこの日本を覆っている。

スケールがとてつもなく大きい米国産のディズニーやハリポタが、皮肉なことに、気持ちのふさぐ日本人を非日常へと誘うのも納得がいく。

こういうときは、どうしたらいいのか？　すべての責任を安倍さんのせいにしたって仕方がない。とりあえず、先のことは忘れて、やり過ごすしかない。そんなことを思っているときに、『AERA』の特別編集長を一冊だけやってみないかという話が来た。面白そうだった。昔取った杵柄、ぼくは、映画のプロデューサーの前に雑誌の編集長をやっていた。

目の前の面白いことをこつこつやってみる。いつだって、ぼくはそうやってきた。それが未来に繋がるかもしれないと信じて。そう思って、引き受けることにした。

これがやり始めたら、おもしろいこと、この上ない。みんなでわいわいがやがやが楽しい。改めて自分が雑誌で育った人間であることを再認識した。いろんな人にもお世話になった。この場を借りて感謝したい。本当はもっと多くの友人たちの力も借りたかったが、紙数に限りがあった。いまは、それが残念である。

特別編集長　鈴木敏夫

（「後記」『AERA』二〇一四年八月十一日号）

〝いい人〟になれば

この夏、お袋が九十二歳であの世へ旅立った。その寸前まで、同じ屋根の下で過ごした。八十歳で名古屋から東京へやって来て、一度たりと名古屋へ戻りたいとは口にしなかった。それどころか、恵比寿の街を大いに愉しんでいた。毎日、恵比寿にあるアトレのいろんな店へ顔を出し、そこでひとしきり店の人と話す。街の果物屋さん、そして市場などなど。お袋は恵比寿の街で有名人だった。

晩年、困ったのは、呆けたふりをして、それとは知らない店の人にパトカーを頼むこと。警察の人は先刻承知、仕方なく、用意したパトカーに乗せて自宅まで送ることも二度三度。なにしろ、パトカーに乗るやいなや、帰る道を指示していたらしい。

週末になると、ぼくはお袋と一緒に都内の神社仏閣巡り。早く死にたいとこぼすこともあったので、そんなときはこう助言した。「〝いい人〟になれば、早くあの世へ行けるよ」。そういうと、お袋は、決まって強い力でぼくのことを殴ってきた。

そんなお袋が軽い肺炎になり、入院を余儀なくされた。亡くなる前日、担当の医者から、短ければあと一ヶ月、長くても一年と告げられた。ま、ここまで生きたのだから、本人も満足に違いない、そう思っていたら、翌朝、静かに眠りについた。同じ日、時間に余裕のあったぼくは、ふたりで二時間ばかり最後の散歩を愉しんだ。呆けてるかどうか確かめるために、ぼくが誰か尋ねると、大きな声で「と・し・お！」と叫んだ。これが最期の言葉だった。

亡くなったのが八月十三日。親父の命日が十四日。仲が悪かったふたりなので同じ日だけは避けたかったに相違ない。家族だけの密葬。そして、骨壺を親父の骨壺の隣に置いたとき、ぼくは思わず笑ってしまった。お袋が怒って這い出して来るんじゃないかと。

二〇一五年末　喪中

鈴木敏夫

（二〇一五年末、知人・関係者に送付した喪中葉書より）

SNSはほどほどに

1

辻井伸行さんと仕事をした。あの盲目の天才ピアニストだ。コンサートでピアノを弾いて、聴衆に聴いて貰うことが何よりも楽しいと彼は言った。デジャビュだった。この話は何処かで聞いたことがある。すぐに思い出した。野球の落合博満さんも同じことを言っていた。

本来、野球は楽しいもの。それが、環境の変化でそうじゃなくなっている。現在、日本で子どもたちが野球をやる場合は、近所の子が集まって、野原や空き地で自由奔放にやるという環境は無い。野球をやりたければ、どこかのリトル・リーグに入ってという手続きが必要になる。となると、目的はチームの勝利だ。投げて打って走るのが野球の本来の楽しさだが、それとはまるで違う。また、そういう場所を探すのも至難の業だ。

辻井さんの場合、家庭が音楽一家で無かったことが幸いしたという。ただピアノを弾くことが楽しくて、それを誰かに聴いて貰う。すると、家族のみんなが演奏を褒めてくれた。ずっと、そうやって来たと彼は言う。現在も。彼の話を聞きながら、傍らにいる彼のお母さんが何度も頷く。子どもの頃、コンクールに行くと、子どもたちを叱っているお母さんたちに何度も遭遇した。彼の場合、そういうことは一度も無かった。海外の演奏旅行も同じ。聴衆が喜んでくれることが嬉しいと。ぼくにしても、一度だけ彼の演奏を生で聴いたが、ピアノを弾くことが本当に楽しくて仕方が無いという風だった。演奏の後、聴衆の大きな拍手に応えて、彼は必要以上に深々とお辞儀をする。二度も三度も。至福の時を噛みしめているのだろう。

また、ピアノはヴァイオリンなどと違って、持ち運びが出来ない。となると、コンサートで毎度のように違うピアノとの対面があるが、じつは、それも楽しみのひとつ。地方で演奏するときなど、随分と長い間、使用していなかったピアノもあるらしく、そういう場合は、まず、そのピアノを叩いて、ピアノに起きて貰うところから始めるが、それも楽しみのひとつだと。

辻井さんとの出会いは、ジブリで作ったあるCMの音楽がきっかけだった。ぼくは、フジテレビのドラマ「それでも、生きてゆく」で彼の名前を記憶し、テレビ東京「美の巨人たち」のテーマを聴いて、ファンになった。

今回の丸紅新電力の仕事は、心から幸せな仕事になった。

2

宮さんが引退し、ジブリは長編の制作も『思い出のマーニー』で一旦、中断、制作部もクローズしたので、ぼく自身は時間的に余裕が生まれるはずだったが、それがそうなっていない。それどころか、むしろ、忙しくなっている。なぜか？　その理由について考えてみたい。

宮さんが引退のための記者発表を行ったのが、二〇一三年の九月六日。その日、ぼくは壇上でぬか喜びした。今までの仕事から解放される。長かった。つい感慨にも浸った。その姿を目に浮かべると、ぼくは壇上で思わず大きな笑みを浮かべてしまった。甘かった。引退後の宮さんがどうなるのか、その想像力に欠けるものがあった。宮さんが「毎日が日曜日」に飽きるのに時間は要さなかった。なにしろ、引退したのに、毎日、スタジオへ顔を出す。しかも、定時に。あげくは、仕事中のスタッフの邪魔をする。むろん、本人にその自覚は無い。みんな、困っていた。みんなの目がぼくに集中する。何とかして欲しい。これじゃあ、仕事にならない。

引退といっても、宮さんは記者たちの前で「長編からの引退」だと断った。真相を語ろう。それを言い出したのは、発表の前日の朝のこと、引退のための短い文章を書いたから読んで欲しいと。そこに、長編からの引退という一言があった。『風立ちぬ』で引退するとスタッフに宣言したが、そのときは、そんなことは一言も言っていない。誰もがアニメーションのすべてから引退するものと信じていた。

そうか。短編はやりたいんだな。ぼくはさっと目を通すと、いいんじゃないですかと返答した。宮さんは何か言いたげだった。短編は作る。それをぼくと話したかったのか。ぼくは無視した。しかし翌日、ぼくは壇上に上ると、そのことをすっかり忘れてしまった。

こうなったら、手はひとつしかない。〝短編〟に取り掛かって貰うしかない。ジブリ美術館の短編が九本ある。あと三本作れば、毎月、違う作品を上映出来る。宮さんに異論は無かった。ぼくはすかさず、『毛虫のボロ』をやったらどうかと提案した。宮さんの顔色が変わる。そして、ひとこと。面白くないよ。その企画をずっと考えていた。それを先に言われたら面白くないよと。負けず嫌いの宮さんは、こだわりの人だ。どんな小さなことにもこだわる。自分から言い出したかったのだろう。そして、ぼくは付け加えた。CGでやってみるのはどうかと。宮さんの目が光った。宮さんは新しいものに目がない。意欲満々の目だった。

となると、まずはスタッフの問題だ。CGをどういうメンバーでやるのか。ピクサーを率いるジョン・ラセターと宮さんは三十年来の付き合いがある。ぼくは宮さんに迫った。ピクサーの力を借りるか、あるいは、元ジブリの石井朋彦が傘下に置く日本のスタッフでやるか。宮さんは迷うことなく日本を選んだ。これまでがそうだったように、日本の若者たちと作ることを選んだのだ。こうして、現在、宮さんはCGと格闘する毎日だ。勝手が分からないので、余計な時間が掛かると文句を言いながら、充実の日々だ。

一方、ぼくは、忙しい。作品というのは、長い短いに関係無い。やることは同じだ。お蔭様で、ぼく自身も忙しい日々を送っている。痛めた腰をかばいながら。

3

ある人にこう言われた。鈴木さんの周辺には、いつも三十歳前後の若者たちが群れている。指摘を受けて、ドキンとした。確かに。言われてみると、そうかもしれない。ついこの間まで、ぼくの周りは団塊ジュニアだらけだった。それが十年経って、気がつくと再び、三十歳前後の若者たちがぼくを取り囲んでいる。

ジブリのＰＤ室だと、チップこと唯野君。彼は、美術館からスタジオへやって来た。ディズニーキャラのチップに容貌が似ていると言われ、そのあだ名がついた。友だちの友だちだった智美ちゃん。ぼくとは親子以上に年齢が離れているのに、なぜか趣味が合う。美術、音楽、小説に映画などなど、好みが合致する。れんが屋のエレベーターで出会ったネイルサロンの元店長、理沙ちゃんもその世代。彼女は、その華奢な身体でゴルフクラブを持つと大の男も敵わない。スコアーは九十前後を出す。毎週、金曜日の夜、日本テレビの奥田さんが主催する映画会に参加する華と千愛もその年代。れんが屋の前にあるレストラン、ＴＯＯＴＨで働いていた小浦ちゃんも今では、三十歳のお母さんだ。そして、忘れちゃいけない。ドワンゴの綾乃ちゃん。川上さんが、今、一番力を入れる事業、Ｎ高の担当者だ。ぼくも理事に名前を連ねている。

そんな彼らとぼくは毎日のように一緒に仕事をしたり、食事をしたりして過ごしている。その時間は振り返ってみると、ぼくにとって何ものにも代え難い貴重な時間だ。最近、そこで気になった話がある。ぼくには全く理解不能な男女関係の話だ。けっしていい話ではないが、時として人はむごい現実と対面しないといけない。現代と格闘するためには必要悪だと思って、あえて書く。

去年の夏の終わりの話だ。Ａ子さんは、妻ある男性から告白を受けた。子どもが出来ないことで夫婦仲にひびが入り、別れようと思っている。面倒な手続きがあるけど、ぼくのことを待ってくれますかと。それを真摯に受け止めた彼女は、待つ決心をする。そして、彼女は彼と逢瀬を繰り返すが、突然、彼から音沙汰が無くなる。年末に噂が聞こえてきた。年明けにも彼に赤ちゃんが生まれそうだと。そんな馬鹿な！　その噂が正しいとしたら告白の日に、彼はそのことを分かっていたはず。信じられない。あり得ないと思ったが、その後、どうやら、それが本当の話だと分かって来た。

Ｂ子さんの場合は、もっと質《たち》が悪い。

去年の九月に結婚式を挙げる予定で、彼女は準備を進めていた。日取りも式場も決まって、案内状もすでに送付済みだった。八月のことだ。彼のお母さんは、五十歳の時に胃がんで亡くなっていた。お父さんは介護を必要とし、認知症にもなっていたので、彼はお父さんとふたり暮らし。彼の自宅前まで彼女が訪ねたことも二度ばかりあったという。父が何をするか分からない。ごめん。部屋に入って貰えなくて。そう語る彼を信じて、彼女は結婚式の夢を見る日々だった。それが一転する。そんな状態のため、結婚式の前に両家の親同士が会うことが出来ない。そこで、彼女のお父さんが彼に提案する。戸籍謄本でも用意して貰おうか。分かりましたと彼は、すぐに戸籍謄本を持って彼女の家に現れた。彼の戸籍を見た彼女の家族は口をあんぐり、彼には妻子がいたのだ。

この二つの話は、いったい何を意味するのか？　理解を超えるし、理解したいとも思わないし、また、その必要もない。特徴は、男たちには自分が悪いことをしたという自覚が無いこと。だから、謝罪もない。彼女たちの口惜しさと憤りがそこにある。彼女たちが受けた精神の打撃の大きさを考えると、心底、うんざりする。

なぜ、こんなイヤな話をつらつらと書いたか？

ぼくの怒りである。

調べてみて分かったが、この三十歳前後の若者たちのことを世間では「プレッシャー世代」と呼ぶのだそうだ。いろいろなプレッシャーに耐えてきた人たちという意味らしい。生きることが辛い時代だ。そういう意味では現在、老若男女を問わずこの国に生きる人たちすべてがその気分を共有しているのかもしれない。そして、そのプレッシャーが現代の妖怪を生み出し、悪質な行為に及ぶ。だからといって、ぼくは彼らを許せない。

唐突だが、爺の戯言を聞いて欲しい。SNSを使うのもほどほどに。SNSには使い方がある。使わないで人と接する機会を増やす。でないと、もっと非道い目に遭うよ。SNSは、自分であることを中断して、みんなが他人の仮面をつける場なので。

そういえば、去年の暮れにタイを訪ねた。タイのカンヤダに赤ちゃんが生まれたというので会いに行った。会いたいとぼくが言うと、彼女は、あなたは口だけでタイへは来ないだろう。そう言われて、アタマに来てタイまで出掛けた。カンヤダは涙を流して再会を喜んでくれた。そんな彼女も三十歳になった。その時、旅のコーディネートと通訳をやってくれた日本とタイのハーフのアッシ君も三十歳だった。アッシ君は今度、自分の彼女と共に来日する。彼には大いに世話になったので、宿泊にれんが屋を提供することになった。


（「あとがき」『鈴木敏夫のジブリ汗まみれ　5』復刊ドットコム、二〇一六年より）

氏家齊一郎さんの「最期の旅」

三鷹の森ジブリ美術館は財団で運営している。二代目の理事長が日本テレビの会長だった氏家齊一郎さん。現場の報告のため月に一度、氏家さんを訪ねた。報告はあっという間に終わる。後は雑談。頃合いを見て、じゃあと立ち上がろうとすると、氏家さんが「もう帰るのか！」と毎度、儀式のように不機嫌になる。「予定の時間を過ぎています。次の人が待っています」。そうたしなめても、氏家さんはわがままを通そうとする。「待たせておけばいいんだ」。

その氏家さんが亡くなって五年になるだろうか。その悪戯《いたずら》っぽい表情は忘れない。忘れないどころか、記憶はより鮮明になってきている。

年齢は親子ほど離れていた。なのに、なぜこうもウマがあったのか。ぼくは、携帯は携帯しない人だった。あとで、留守電を聞けばいい。そう思っていた。そんなある日、携帯に氏家さんの留守電が残っていた。「氏家です。また、電話します。じゃあ、またね～」。あわてて、氏家さんに電話を入れ、それがきっかけでぼくは携帯を携帯するようになった。

そのうち、会う機会が飛躍的に増えていった。そして、欧州への旅に誘われた。「俺の最期の旅になる。それに付き合ってほしい」。氏家さんの表情は真顔だった。そうまで言われたら断るわけにはいかず、高畑勲、宮崎駿にも声を掛けて共に出掛けた。

イタリアのあるレストランでの出来事。氏家さんがぼくにふたりだけの写真を撮ろうと言った。異論は無い。カメラの前にふたりで並ぶと突然、「手をつなごう」と言われ、ぼくはドギマギしながらその手を強く握った。最期の旅だったはずが、その後の三年間、同じメンバーで欧州へ旅をすることになる。

この連載を始めるにあたってタイトルで悩んだ。傍らに茨木のり子さんの『歳月』という詩集があった。帯にこう書いてあった。「たった一日っきりの稲妻のような真実を抱きしめて生き抜いている人もいますもの」。これだ、これしかない。限られた時間の中で、誰と共に同じ時間を過ごしているのか。あるいは過ごして来たのか。

（「歳月」共同通信配信記事、二〇一六年二月）

人間は見てくれが大事

「人間は中身じゃない。見てくれが大事だ」

晩年に、そのせりふを聞いたが、どういう意味なのか、社長は説明してくれなかった。

その意味を知ることになるのは、社長が二〇〇〇年に七十八歳で亡くなった後のことだった。徳間康快。出版の徳間書店、映画の大映、音楽の徳間ジャパン、新聞の東京タイムズにスタジオジブリなどいずれも社長としてグループをひとりで率いた。さらには、自分の出身校だった逗子開成学園の理事長、校長も歴任した快男児だ。

亡くなる三日前のことだった。主治医がぼくに命じた。隣に置いたベッドに社長を移してほしい。社長は並みの人と比較して体格の大きな人だった。ぼくひとりで移すのは到底無理な話だった。

ためらっていると、主治医が早くと促した。そして付け加えた。「軽いですから」と。身体を持ち上げてみると、実際、想像以上に軽かった。そのとき、感慨がこみ上げた。

こんなに小さな人になってしまったのかと。

初七日は、社長の自宅の部屋で執り行われることになっていた。ベッドのそばに大きなクロゼットがあった。

社長がいつも着ていたスーツが、所狭しと並んでいる。見るともなしに見ていると、夫人が現れた。このスーツ、もったいないので、形見分けでしょうかと聞くと、夫人がクロゼットにぼくを案内した。

「見てください。徳間にしか着ることの出来ないスーツなんですよ」

夫人が取り出したスーツの裏側を見たとき、ぼくは愕然とした。驚いた。スーツに肩パッドは付きものだが、その肩パッドがおなかの下まで続いている。むろん、左右とも。このスーツを着れば、痩せた身体が人一倍太っているように見える。

社長は、包容力のある人だったが、まさか、特製の肩パッドで自分の身体を大きく見せていたとは。ひそかに外見を演出し、〝見てくれが大事〟を死の直前まで実践していたのだ。呆然としているぼくに夫人が言った。

「あの人は嘘つきでした。時として、私にまで嘘をついたんですよ」

その徳間康快が、六十年間、欠かさずに書いたという日記帳が存在するのだが、現在、杳《よう》としてその行方が知れない。

（「歳月」共同通信配信記事、二〇一六年二月）

ちばてつやさんの屋根裏部屋

ちばてつやという作家は、団塊の世代に多大な影響を与えた漫画家だと思う。ぼくらは多感な時期に、ちばてつやを読みまくった。

最初は野球漫画『ちかいの魔球』に夢中になった。そして、人生に意味があると思って読んだ最初の漫画が『紫電改のタカ』だった。太平洋戦争末期の戦闘機「紫電改」に搭乗するパイロットとその周囲の人々を描いた戦記漫画。戦闘をかっこよく描く一方で、死と隣り合わせの戦争の中で生きる若者たちの苦悩と心情を表現し、ぼくらは戦争の二面性を学んだ。

ぼくらはちょうど中学から高校へ行く年頃だった。そして『あしたのジョー』が登場する。それまで、漫画は大人になれば卒業していくものだった。ぼくらは大学生になっても漫画を読んで、それが社会現象になった。

『ちばてつやの世界』(徳間書店, 1978 年)

徳間書店に入社後、漫画家のイラスト集を作る企画で、ぼくは躊躇《ちゅうちょ》なくちばさんを提案し担当になった。

西武池袋線の富士見台にあった自宅兼仕事場を訪ね、ぼくは毎日ちばさんの家族とアシスタントさんたちと、お昼と夜ご飯を共にすることになる。しかし、ちばさんは無駄話をしない。黙々と食事をする。終われば、すぐに仕事場へ戻る。そんな日々が一ヶ月も続いた。その間、ぼくは、そこで何をしていたのか。まったく記憶がない。むろん、ちばさんとはひとことも口をきいていない。

ある日のこと、突然、ちばさんがぼくを仕事場へ誘った。大きな部屋で、アシスタントさんたちが机を並べている。彼らも仕事中は口を開かない。そして、ちばさんがその一角にあった屋根裏部屋にぼくを案内した。そこは誰も入ってはいけない場所だった。狭い階段を上ると小部屋があった。作画机がひとつ。どうかすると、頭が天井にぶつかる高さだ。ちばさんが押し入れを開けて、ここにぼくの昔のものがすべてあると教えてくれた。そして、自由に出入りしなさいと。その日をきっかけに、ぼくは一ヶ月間、食事の間、ずっとちばさんと言葉を交わすことになる。最後にあとがきを書いてもらった。そこにこう書いてくれた。鈴木さんは名編集者だと。後にも先にもそんなことを言われたことはない。うれしかった。

（「歳月」共同通信配信記事、二〇一六年三月）

押井守、十五年越しの夢

押井守とはいつから友だちになったのだろう。たぶん、一九八〇年代の中盤か。気がついたら毎週土曜日の夜、彼の自宅に入り浸っていた。仕事が終わって、みかんを持って訪ねる。そして、奥さんも一緒になって朝まで話す。それがどのくらいの期間、続いたのか。

押井さんもぼくも学生時代に映画を山のように見ていた。娯楽映画も芸術映画も、邦洋問わずに見ていた。それがぼくらの共通体験だった。当然、話題は映画だった。

そのころ、映画はまだ輝きを失っていない。一本の映画が世界を変える。ぼくらは信じていた。そして、ぼくがプロデューサーになって『天使のたまご』を作る。タイトルは、ぼくがつけた。そうこうするうち、押井さんは宮崎駿の個人事務所に居候することになる。そして、一緒にアイルランドまで旅をする。

その後、ぼくらは別の道を歩んだけれど、たまに交錯することがあった。押井守の作る実写映画への出演である。『攻殻機動隊』のような娯楽作品を作る傍ら、押井さんは、観念的な実写映画を量産していた。『紅い眼鏡』を皮切りに、『ケルベロス　地獄の番犬』だの『アヴァロン』だの。そんなある日のこと、彼から電話があった。出演してほしいと。題して『KILLERS』、女のスナイパーに撃ち殺されるのがぼくの役だった。

彼の映画への出演が続く。『立喰師列伝』『真・女立喰師列伝』、そして、『パトレイバー　首都決戦』。その合間を縫ってぼくは、『イノセンス』のプロデューサーも務めた。そしていま、ぼくらは再び一緒に仕事をしている。

押井守がカナダで現地のスタッフとキャストを起用して作った『ガルム・ウォーズ』という作品だ。押井守が日本で果たすことがかなわず、海外で撮った、十五年越しの作品だ。その日本語版をぼくが作ることになった。

英語版を二度三度と見ながら、せりふの内容を一切変えずに、作品の印象を一変させてみたいと考えた。幸いなことに、朴璐美《パクロミ》さんという名優と演出の打越領一さんとの出会いがあり、そのもくろみが実現できた。

日本語版を見て、押井守が何というか。某日、見た彼はこう答えた。

「良くできている」


（「歳月」共同通信配信記事、二〇一六年五月）

欧州の現代史と対面

カルロス・ヌニェスに出会ったのは、『ゲド戦記』のときだった。映画音楽にバグパイプが必要になり、バグパイプが上手なスペイン人がちょうど来日しているというので演奏してもらうと、これが半端なうまさじゃない。加えて、顔が強烈だった。

顔の半分が頭。しかも、そのはげの大きさが尋常じゃない。顔の半分から下、頭の周辺に黒い髪を垂らしている。落ち武者風といえば、わかってもらえるだろうか。収録をしながら、そんなカルロスと話が弾んだ。

そして突然、彼の故郷ガリシアに遊びに来ないかと誘われた。彼にはラテンの血が流れている。ややこしい話は許されない。来なよと言われたら、行くよと答えるしかない。

彼がバグパイプひとつで闘牛場を満員にするスーパースターであることを知るのは、ずっと後のこと。彼はそんなことはおくびにも出さない。『ゲド戦記』に参加してくれたのも忙しいコンサートの合間を縫っての出来事だ。やってよ。わかった。この申し出を断ったら、男じゃない。ぼくは仲間を誘ってスペインへ旅立った。

ガリシアのビゴで、カルロスはぼくらを彼の家族が住む大邸宅に誘った。両親と兄妹も一緒だった。大きな暖炉で肉を焼く。それをやってみろと指図され、ぼくが見よう見まねで肉を焼いていると、お父さんが近づいて来て、手ほどきしてくれた。そして、二言三言、言葉を交わすと、お父さんの顔が真顔になった。

「あんたの目は、俺の目に似ている。その目は何を見て来たのか」

話を聞くと、お父さんはスペイン内戦で領内にとどまれず、フランスと当時のソビエトに亡命した兵士だった。スペインは、フランコの率いるナショナリスト派と人民戦線が争っていた。人民戦線をソビエトが、フランコをドイツ・イタリアが支援するなど、それは第二次世界大戦の前哨戦だった。

話を聞きながら、お父さんの目から目をそらさなかった。それが礼儀だと思った。自分が今、欧州の現代史と対面しているのだと思うと、身体が震えた。

その後もカルロスとの友情は続いている。カルロスに会うたびに、ぼくは彼のお父さんを思い出す。

(「歳月」共同通信配信記事、二〇一六年五月)

カンヌの〝おしゃれ泥棒〟

生まれて初めて財布をすられた。気がついたらポシェットに入れておいた財布がない。それは首から下げて胸の前に置いていた。パスポートなど大事なものはすべてその中にあった。はたから見ればその格好はみっともないが、お構いなし。外国へ行くときは、いつだってそうしていた。飛行機に乗る前に最後の一服と思って空港の外へ出て煙草を喫《す》って、ポシェットのｉＰｈｏｎｅを取り出したときだ。ない。財布がない。

記憶をたどる。最後に財布を見たのはいつのことだったのか？　空港までのタクシーの中。ホテルの部屋の中などなど。

初めてカンヌ国際映画祭を訪ね、その帰途の出来事だ。ぼくらはフランスで足掛け十年の歳月をかけてジブリの新作を作っていた。マイケル・デュドク・ドゥ・ヴィット監督作品『レッドタートル　ある島の物語』。「ある視点」という部門に参加するためだった。すべての行事を終えて国内線でパリに向かおうとしたときに事件は起きた。

出発の時間が迫っていた。とりあえず、ラウンジへ急いだ。と、そこへ飛行機会社の女性職員の方がぼくの財布を右手にかざしてニコニコ顔で登場した。財布の中にあった名刺でぼくを特定できたらしい。財布は、チェックインのカウンターの上に置いてあったという。うれしかった。クレジットカードなど停止の手続きをまさにやろうとしていた矢先のことだった。中身を調べた。カードは全部ある。

そして、気がついた。現金だけが抜き取られている。日本円もユーロも。その刹那、まざまざと記憶がよみがえった。チェックインしようとしたときに、何やら叫びながら乱暴にぼくらのそばに近づいて来た三十歳くらいの男がいた。あいつだ。急いでいる様子だった。あいつにすられたんだ。

どうやってすられたのか？　記憶は無い。同行のスタッフの誰も気づかなかった。ともあれ、財布が戻って本当に助かった。にしても、鮮やかな手並みだ。この場合、感心するのはふさわしくないが、これぞプロフェッショナルの技だし、フランスらしい〝おしゃれ泥棒〟の仕事だった。

（「歳月」共同通信配信記事、二〇一六年七月）

ゴーギャンへとつづく旅

この原稿は、カンヌからの帰国の途、機内で書いている。

ベネチア、ベルリンと並んで世界の三大映画祭のひとつとして有名なカンヌ国際映画祭にジブリはこれまで縁がなかった。映画祭の事務局からは何度も参加を要請されたが、物理的に無理だった。ひとえに時期の問題だ。映画祭は五月の開催。ジブリの映画は夏の公開が定番だったので、五月に映画が完成していることはありえなかった。

現地でさまざまな記者の質問を受けた。一番困ったのがカンヌそのものの感想だった。素直に言えば、熱海に似ている。海岸沿いにずらりホテルが居並ぶし、浜辺も熱海に似ていた。そういえばぼくが何度も訪ねたベネチアは浅草に似ていた。寺院に川にゴンドラ、そして仲見世通りよろしく店が並ぶ。しかし、記者の誰もそんな感想は求めていない。ジブリが初めてカンヌへやって来た感動を言葉にすることを求められた。

適当にお茶を濁していると、今度は、マイケル・デュドク・ドゥ・ヴィット監督とジブリのコラボレーションに関する質問だ。この『レッドタートル　ある島の物語』を皮切りに、ジブリはヨーロッパの監督とアニメーション映画を作り始めるのか。記者たちがみんな同じ質問を繰り返した。

この質問に、正直に言うと、ぼくはうんざりした。ぼくの尊敬してきたヨーロッパの記者たちは、もっと時代に敏感だったはずだ。何をいまさらトボけたことを言っているのか？　いろんな国の人が集まってひとつのものを作る。それは映画に限らない。世界は、とっくにそうなっているじゃないか。

ひとりだけ気に入った記者がいた。マイケルとの共同インタビューだったので、ちょうどいい機会だろうと、作家の池澤夏樹さんの意見を思い出しながら少し長めに説明した。現代は移民と難民の時代だ。新しい国へ行って、その土地で獲得した言語で文学を書く。そういう作家の書いたものの中に非常に新しく面白いものがあるし、そこにこそ現代のテーマが潜んでいる。かつて、日本でも世界文学全集というものがあったが、それはもはや現代では成り立たない。それこそフランス文学、ドイツ文学、ロシア文学などと分かれていたけれども、いまやそんな区分は流行らないし、意味もおよそ薄れてしまった(池澤さん、うろ覚えなので間違っていたらスミマセン)。小説は国境を越えたし、映画だって、そういう時代が始まっている。それはアニメーションに限らない。実写でも同じこと。現にぼくは、宮崎駿の長男吾朗くんにタイで映画を作るのはどうかと提案している。園子温監督の次回作はアメリカで撮る。だから今回のコラボレーションごときでガタガタ騒いではしゃぐ記者たちを見てぼくはガッカリした。

そういえば、監督のマイケルはオランダで生まれ、本人に言わせると森の中で育ち、スイスで勉強して、スペインでアニメーターになったらしい。その後、ディズニーの仕事をするためにアメリカの西海岸へも出掛けたし、その後はイギリスに居を構え、短編作りに精を出し、その間を縫って日本にもやって来た。そして今回はフランスにいる。池澤夏樹さんも北海道の帯広で生まれ、上京したあと、一転ギリシャに渡って生活していた。その後は沖縄で十年、パリの近郊フォンテーヌブローで五年暮らし、現在は札幌在住だ。そんなふうに考えていくと、思い出す先達がいる。ポール・ゴーギャンだ。彼はフランスで生まれて、家族とペルーへ亡命した。水夫や株式仲買人になって世界を巡ったのち、パリで画家を目指した。やがてブルターニュで前近代の面白さに取り憑かれ、タヒチへ旅立つ。二年後パリへ戻ってタヒチを題材にした絵を発表したが、まるで評価されず、再びタヒチへ帰る。以後二度とヨーロッパの土を踏むことはなかった。

この三人に共通するのは、いわゆる定住者ではないことだ。『男はつらいよ』の寅さんとは違う。寅さんには帰る故郷、柴又があるが、この三人にはそれがない。

カンヌでの取材の合間に、マイケルへ質問してみた。いくつの言語を話すのか？　彼はキチンと答えてくれた。オランダ語、フランス語。そして、英語とスペイン語とドイツ語は少しだけ。

……この話、もっとしたかったのに、つぎのインタビュアーが来てしまった。

＊

谷川俊太郎さんに『レッドタートル　ある島の物語』を見てもらい、一編の詩を書いてもらった。すばらしい作品だった。

水平線を背に何ひとつ持たず
荒れ狂う波に逆らって
生まれたての赤ん坊のように
男が海からあがってくる

どこなのか　ここは
いつなのか　いまは

どこから来たのか
どこへ行くのか　いのちは？

空と海の永遠に連なる
暦では計れない時
世界は言葉では答えない
もうひとつのいのちで答える

この詩を読んで思い出したゴーギャンの絵がある。「我々はどこから来たのか　我々は何者か　我々はどこへ行くのか」と題された、ゴーギャンがタヒチへ戻ってから最晩年に描いた大作だ。ぼくは迷うことなく、谷川さんの詩の一節を映画のコピーにさせて頂いた。

どこから来たのか
どこへ行くのか　いのちは？

そして池澤さんにはパンフレットのために解説を書いてもらった。マイケル、ゴーギャン、池澤さんの三人は揃って「定住者ではない」と書いたが、もうひとつ共通しているのは、彼らの作品に「いのち」を生みだす女性への深い畏敬の念があることだ。

そのことに気づいたとき、この映画の宣伝の方向性が見えてきた。複雑化し続ける現代社会では、新たな形の女性差別が増えている。恋愛や結婚、家庭生活や職場において、女性が被害者になる事件は後を絶たない。『レッドタートル　ある島の物語』は、そんな時代に対するひとつの答えになるんじゃないか？

ぼくにとって、こういう具合に作品のテーマを読み解き、時代に即した映画の売り方を考える作業は、いつだって冒険の旅のようなものだ。

（「あとがき」『ジブリの仲間たち』新潮新書、二〇一六年より）

人を愛するのに言葉はいらない

バンコクに住む友人のアッシ君は、日本とタイのハーフ。彼は三十歳。この夏のはじめ、タイへ出掛け、その旅の終わりに、彼のご両親にお目に掛かったのだが、その日の出来事が忘れられない。

日本人のお父さんはタイ語をほとんど話せない。タイ人のお母さんは片言の日本語を話す。そんなふたりが出会って恋愛して、ひとり息子のアッシ君を育てて三十年余。ふたりはどうやって、コミュニケーションを交わしてきたのか？　アッシ君に問いただすと、込み入った話は、彼が通訳するそうだ。むろん、ふたりは愛し合っている。

こんな話を思い出したのは、映画『レッドタートル　ある島の物語』の内容と関係があるからだ。この映画には台詞が無い。なぜ、台詞が無いのか、インタビューで何度も同じ質問を受けた。最初の案では、少ないながら台詞があった。それを全部、無くすべきだと強く主張したのはぼくだった。なぜか？　そりゃあ、いろいろ説明はできるが、そのときの気分は思い出せない。人を恋し愛するのに言葉は要らない。そう思ったのだろう。たぶん。

来日したマイケル・デュドク・ドゥ・ヴィット監督一家とともに、キャンペーンの後、一泊二日の旅に出た。裏磐梯の風景を見ながら、マイケルにそのタイの話をした。彼の表情に笑みが浮かんだ。

カンヌ国際映画祭のとき、ふたりで話す機会があった。マイケルは、生まれ故郷のオランダ語をはじめ、何ヶ国語も話す。『レッドタートル』のスタッフは、ヨーロッパ中の人の集まりだった。現場を訪ねると、さまざまな言語が飛び交っていた。ある人にこう言われたのを思い出す。

「日本人は日本語だけ話せばいい。しかし、ぼくらヨーロッパ人は、いろんな言語を話せないと生きてゆけない」

自然に翻弄される人間、その中で、小さな確かな愛を育み、幸せな時間を過ごして生涯を終える。登場する男女とその息子に名前は無い。そして、言葉も交わさない。

マイケルは『レッドタートル』で現代の神話を作りたかったに違いない。

（「歳月」共同通信配信記事、二〇一六年十月）

加藤周一さんの素顔

その場に応じて、必要なことをきちんと演じられる人。そういう人をぼくは尊敬しているし、また、信じることができる。

いついかなるときにも、そういう人の常として、所作とせりふがかっこいい。いずれも、決まっている。どこを切り取っても、映画のワンシーンのように。

それは、けっして芝居じゃないし、きざでもない。あくまで自然にやってのける。大勢ではないが、少なからず、ぼくはそういう素顔を持った人たちと出会うことができた。そのひとりが加藤周一さんだった。

二〇〇五年のことになる。NHKで放送した「日本　その心とかたち」のDVD化をジブリでもくろんだときの出来事だ。高畑勲さんの発案で、DVDの特別編として、加藤さんの講義をみんなで聴くという企画を立てた。集合場所は東京・上野毛にある五島美術館。加藤さんのご自宅からも近い。ビデオ撮影のためにスタッフが集まった。

打ち合わせが、いままさに始まろうとした刹那だった。進行役のNHKの女性ディレクターが、自己紹介しようと名刺を差し出したとき、加藤さんがそれを遮った。

「ぼくは、仕事で出会った女性の名前を忘れない。なのに、君の名前を思い出せない」

その場に同席したぼくは最初、加藤さんが何を言い出したのかといぶかった。しかし、すぐに合点がいった。彼女も心得たもので、慌てることなく名刺を加藤さんに手渡した。

「今日はじめてお目に掛かります」

加藤さんは彼女の瞳を見つめながら、柔和な顔で楽しそうにニコニコしている。そのとき、ぼくは感じ入った。いくつになってもこういうお茶目《ちゃめ》な一面を失わない人が「女性にもてる」に違いないと。

あとで数えてみると、このとき、加藤さんは八十六歳だった。

加藤さんは煙草にゆっくりと火をつけて、おいしそうに煙をくゆらせ始めた。煙草の吸い方まで かっこいい。場の空気が一変した。スタッフ全員の緊張がほぐれた。収録は、むろん、うまく運んだ。

戦後の日本を代表する知識人として発言を続けた加藤周一さんは、人間としても第一級の魅力ある人物だった。


（「歳月」共同通信配信記事、二〇一六年八月）

自分をさらけ出す男

『式日』という映画がある。庵野秀明が唯一、スタジオジブリと組んで作った実写映画だ。舞台は、彼が生まれ育った山口県宇部市。そこには庵野の綿密な計算があった。経験の浅い実写映画に挑戦するにあたり、隅々まで知り尽くしている宇部を舞台に選べば、不馴れな実写の現場を自分のペースで進めることができる。庵野は、そう考え抜いたに違いない。

ぼくも現場に足を運び、庵野に案内されるがまま町のそこかしこを見学したが、宇部興産の工場の風景には本当に驚いた。現実の風景のはずなのに、そのまま撮るだけでSFになってしまう。ここが、『エヴァンゲリオン』の原点だと知った。庵野にそのことを伝えると、彼は悪戯《いたずら》っぽく、にっと笑った。

ぼくは、『式日』を作っていくことで、庵野秀明という男の映画作りの本質を知った。

等身大の自分自身をそのままさらけ出すことが映画作りだ、とかたくなに信じこんでいる。よく、自伝と称した小説や映画があるが、そのほとんどは美化されたフィクションでしかない。しかし、庵野は違う。その映画は、本物の自伝だった。結局、主演は岩井俊二さんに演じてもらったが、最初、ぼくが提案したのは庵野自身が演じることだった。

『式日』は、その庵野秀明の映画作りがもっともピュアにほとばしり出た作品になった。『エヴァ』を好きな人は、ぜひ『式日』を見てほしい。より深く『エヴァ』の本質がわかるはずだ。庵野秀明という男の極端な純粋さ。それだけに、この男と付き合っていくのは大変だ。自分をさらけ出すこと、本人の言葉を借りると「パンツを脱ぐこと」を自分にも他人にも要求するからだ。

ところが、それにもかかわらず、今も付き合っているのはなぜか。実は、庵野と同じ映画作りをしている監督がもう一人いる。宮崎駿だ。ぼくは、そういう監督にしか関心が無い。だから、協力せざるを得ないのだろう。

その庵野の新作『シン・ゴジラ』が現在、公開中。ぼくはまだ見ていないが、庵野は、「ゴジラ」という題材で、どう自分をさらけ出しているのか。

（「歳月」共同通信配信記事、二〇一六年八月）

保田道世さんの「こころ」

いまでもよく覚えている。ちょうど今年と同じく、十月の声を聞いても、残暑がきびしい日の出来事だった。ジブリの一階と二階をつなぐ螺旋階段の途中で、保田道世さんとぼくが交差した。

すれちがいざま、彼女が唐突にぼくを呼び止めた。

「ねえ、鈴木さん。男と女の関係って三つしか無いわよねえ」

足が止まる。保田さんがぼくの目をしっかと見た。彼女は、いつも唐突に話しかける。話に前段は無い。それが特徴だ。時間は午後のお昼時。螺旋階段から見おろすとスタッフがご飯を食べていた。

「お金と身体、それにこころ……」

「どれがいちばん、質《たち》が悪いと思う？」

真っ昼間に話すような話題ではない。しかし、そのことをわかっていて、保田さんは聞いてくる。そして、悪戯《いたずら》っぽくニッと笑う。ぼくは彼女に促されてゆっくりと応えた。

「こ・こ・ろ、ですよねえ」

「……そうよねえ」

保田さんが納得するようにうなずき、「ハ、ハ、ハ」と大きな声で照れ笑いをした。

彼女は、なぜ、そんな質問をぼくにしてきたのか？

保田道世さんは、宮崎駿が命名した〝ジブリの色職人〟として、その全作品に関わった人だ。

彼女が、あの品の良い、ジブリの色を作りあげた。

高畑勲にとっては、五十年以上に及ぶよき仲間、宮崎駿にとっては、生涯、心を支えてくれた人だった。

十月五日午後三時十一分、その保田さんが帰らぬ人となった。

夕方、小平にある彼女の自宅に保田さんを訪ねた。安らかな表情に包まれた保田さんを見守りながら、ぼくは冒頭のエピソードを思い出していた。彼女は仕事の出来る人だった。部下の信頼も厚かった。しかし、けっして仕事だけの人では無かった。若き日の保田さんは、昼間、高畑宮崎と仕事をしたあと、夜な夜な、新宿のゴールデン街に出没するというもうひとつの顔を持っていた。

ぼくらが『ハウルの動く城』を作っていた頃の話である。

享年七十七歳、合掌。本当にご苦労さまでした。

（「歳月」共同通信配信記事、二〇一六年十一月）

第五章

推薦の辞

〔書籍編〕

たかが宣伝、されど宣伝。

この本の誕生には、ぼくも少なからず関わりがある。

第一に、書くように勧めたのは、このぼくである。

スタジオジブリが毎月発行する月刊誌『熱風』という雑誌があり、そこで連載してみないかと話を持ちかけた。業界の人なら誰でも知っているが、古澤利夫という人物の映画に関する知識と経験、そして愛情は並々ならぬモノがある。それを今のうちに形にしておくべきだ。人間、いつどこで死んじゃうのか、分かったものじゃない。早ければ早いほうがいいと考えた。

古澤さんの答えは二つ返事だった。

第二に、この本のタイトルを思いつき提案し決めたのも、このぼくである。

映画ファンなら『明日に向って撃て！』という映画は、誰もが知っている。だが、その原題が「ブッチ・キャシディとサンダンス・キッド」であることを知っている人となると限られる。この邦題は、いったい、誰がつけたのか？

答えを先に言ってしまえば、それを考えたのが当時、フォックスで宣伝を担当していた古澤さんらしい。「らしい」というのは、本人に確かめたわけじゃないので。しかし、自慢話の大好きな古澤さんのこの本に、なぜか、そのエピソードは語られていない。アメリカン・ニューシネマで一番大好きな作品だと告白しているのに、そのことに触れない理由は何か？

このタイトル、原題からは絶対出て来ない。内容に思い入れがあって初めて出てくるタイトルだ。あのタイトルがあったから、日本で名作になった。これぞ、生涯のナンバーワンの映画だと記憶に残る人が多いし、かくいうぼくにしても、当時、そのタイトルに惹かれて映画を見た口だ。

この本の中には、故・淀川長治さんを起用して作った予告編についての記述がある。淀川さんに映画を見て貰い、その直後に、感想を求め、それをそっくりそのまま映画の予告編として使う。秀逸なアイデアだ。ちなみに、淀川さんは、こう語ったそうだ。

明日を捨て、今日だけに生きる男の孤独の呼吸が……。

かっこいい！

七〇年安保の前後、世界には、そういう気分が蔓延していた。

本文に、その予告編についての古澤さんの個人的感想はないが、その刹那、ある感情に打ち震える古澤利夫の姿が目に浮かぶ。ポール・ニューマンに自分を折り重ね、淀川さんのコメントにしびれていたはずに違いない男の姿が。

たかが宣伝、されど宣伝。

「明日に向って撃て！」は、青年・古澤利夫の魂の叫びだったに違いない。俺はただの宣伝マンじゃないぞと叫ぶ――。

ぼくが、タイトルをこれにするように人を介して伝えると、古澤さんは「あいつらしいな。古澤が褒めていたと伝えておいて」と嬉しそうに語ったそうだ。

参考までに記するが、本人が主張していたタイトルは『映画の夢　百年の記憶』だった。

第三に、この本の表紙について語っておきたい。

ぼくが提案したのは、ブッチとサンダンスが、追っ手に立ち向かう有名なあのラストシーン、ストップ・モーションになって、動きが止まる、あの瞬間を表紙にすべきと主張したが、結果は現在、あるモノになった。それは、古澤さんの案だった。

どちらがよかったかは、読者の判断に任せたい。

『タイタニック』で、古澤さんが興行記録を作ったあと、『千と千尋の神隠し』で、ぼくが、その記録を塗り替えた。古澤さんが、どれだけ悔しがったことか？

古澤利夫『明日に向って撃て！――ハリウッドが認めた！　ぼくは日本一の洋画宣伝マン』（文春文庫，2012 年）

古澤さんは、ぼくより一歳、年上のお兄ちゃん。ともに団塊世代に属する。洋画とアニメーションと畑は違ったが、傍から見れば、ライバルに見えたと思う。〝ふたりのとしお〟と、ある業界紙の記者が、古澤さんとぼくについて記事を書いた。いまでは懐かしい思い出である。

（『キネマ旬報』二〇一二年五月上旬号）

汚れなき悪戯

米林宏昌はスタジオで〝麻呂〟と呼ばれている。何でも、新人の時、同期のだれかが言い出したらしい。挙措動作、言葉遣いが、平安貴族のようだという意味だ。以来、みんなが彼のことを〝麻呂〟と呼ぶ。

ある日のことだ。刷り上がったばかりの『思い出のマーニー』のポスターを見た宮さんが不快を露にした。

「麻呂は、美少女ばかり描いている。しかも、金髪の……」

それは西洋に対する日本人のコンプレックスだと言いたいのだ。そんなものばかり描いていて、どうしようもない。成長がない。そういう怒りを込めた口調だった。宮さんがそう言い出したとき、ぼくは押し黙った。麻呂が描きためたイメージキャラクターの中からあの絵を選んでポスターに使おうと提案したのは、だれあろう、このぼくだった。心中、ぼくはおだやかでは無かったが、同時にこう思った。

宮さんだって戦闘機など〝兵器〟ばかり描いているじゃないか。麻呂の場合、それがたまさか、少女なのだ。むろん、麻呂に日本人のコンプレックスは無い。麻呂は、日本人が自由に世界中を旅するようになったグローバルな時代の申し子なのだ。しかし、宮さんを前にぼくは反論できなかった。

そこへこの画集である。この画集を作っていることを宮さんが知ったらどう思うのだろうか？　怒る。たぶん。それも尋常な怒り方じゃ無い。その姿が目に浮かぶ。

「だ、だれが、こんなものを！」

告白すれば、この本の企画もぼくである。麻呂は、物心がついたころから、さまざまな少女を描いていたに違いない。日本人も外国人も含めて。ぼくは、麻呂の過去について知っている訳じゃ無いし、本人に確かめたこともないが、『借りぐらしのアリエッティ』で、麻呂が見せてくれた少女嗜好は格別のモノがあった。旅の途中で、世界の名画や映画の鑑賞、そして、日常の少女たちの観察とスケッチ、その蓄積が無ければ、あのアリエッティという魅力的なキャラクターは生まれていない。

麻呂が隠している秘蔵のスケッチを引っ張り出す。それにアリエッティとアンナとマーニーを加える。それらを一冊にまとめるのも悪くない。ふと、そう思った。おまけに、そういう本を編集させたら天下一品の森遊机さんが近くにいる。こうして、この本の企画が始まった。

なにしろ、もう一本、映画を作りたい。『アリエッティ』でやり残したことがある。そう言い出した麻呂に、躊躇無くこれを読めと言って、手渡したのが『思い出のマーニー』だった。理由は明快だ。ヒロインがふたりいる。ふたりのヒロインを描き分ける。麻呂には楽しい仕事になるに違いない。麻呂にうってつけの企画だとぼくは思った。

マーニーを作るに際し、参考用に麻呂に手渡したビデオがある。ヘイリー・ミルズ主演『ドーヴァーの青い花』。暗い過去を持つ女性と、思春期の少女の交歓を描いた作品だ。舞台が原作のイギリスだし、主人公の設定も参考になるかもしれない。そう思った。ぼくは、この映画の主人公ヘイリー・ミルズの大ファンだった。いまだに写真集も大事に持っている。数日後、麻呂に会うと、こう言ってくれた。

「いい映画でしたねえ」

ちなみに、この作品は日本でビデオ化されていない。ただ一度だけ、テレビ埼玉で放映されたモノの録画ビデオが手元にあった。友人にコピーして貰った代物だ。むろん、台詞は吹き替えだった。

思い出した作品がある。川端康成の『眠れる美女』だ。海辺の宿の一室で、薬を飲まされて前後不覚に眠る一糸まとわぬ若い娘の傍らで、老人が一夜を過ごす。それが幾晩にも亘り、つづく物語だ。世上、川端のデカダンス文学の名作として有名だが、ぼくは、密かにそのアニメーション映画化を妄想している。この作品には、タイプの違う、さまざまな少女が登場する。監督には麻呂がいい。いつの日か、実現して貰いたい。

最後に、この本の副題に、「汚れなき悪戯」とつけた理由を。内容は関係無いが、昔のスペイン映画のタイトルから採った。映画の本編、アンナとマーニーのふたりだけのやりとりがそうだし、麻呂が女の子を描き続けて来たことも〝汚れなき悪戯〟以外の何物でも無かったからだ。

（「汚れなき悪戯」『米林宏昌画集——汚れなき悪戯』復刊ドットコム、二〇一四年）

三十年越しの胸のつかえ

「長くつ下のピッピ」は、ぼくにとっても浅からぬ因縁のある企画でした。というのも、いまから三十年ほど前、いちど今回のような本を作ろうとして動いたことがあったのです。

雑誌『アニメージュ』の編集者として高畑勲、宮崎駿と付き合うようになって間もなく、ぼくは彼らが東映動画を辞めるきっかけとなった幻の作品があったことを知ります。

二人が日米合作映画『リトル・ニモ』の制作を途中で降板して帰国したとき、もっと二人の作品を見たいと思ったぼくは、高畑さんと宮さんの仕事を紹介するページを毎号企画することにしました。高畑さんにはそのスーパーバイザーとなってもらい、宮さんには『風の谷のナウシカ』の漫画を連載してもらいました。

毎号、高畑さんといろいろな雑談をしながら企画を立てていったのですが、その一つとして出てきたのが、幻の作品「長くつ下のピッピ」にまつわる資料を誌面で紹介するというアイデアでした。

一九七一年に高畑さんが書いた「覚え書き」や、宮さんがスクラップブックに貼って保存していたイメージボードを見せてもらうと、文章も絵もかなりの量がありました。

それをじっくり見ているうちに、『太陽の王子　ホルスの大冒険』から『アルプスの少女ハイジ』へと向かう過渡期に、「ピッピ」の企画を準備していたことは、その後の高畑勲と宮崎駿にとって大きな意味があったに違いないと確信しました。

『ホルス』で二人は冒険活劇ファンタジーを作った。それが『ハイジ』では、一転して登場人物たちの日常生活を丹念に描くという方向に変わっている。その転換のきっかけが「ピッピ」だったのではないか？

高畑さんは『ホルス』を作った後、二度とこういうものは作らないと決断したといいます。

「生活、風俗、習慣は、アニメーションの中に描くことができる。でも一つだけどうしても描けなかったもの、それはその世界に流れている思想です」

ぼくの記憶に間違いが無ければ、そんな言い方だったと思います。ぼくの勝手な推測ですが、そのことがきっかけとなって、高畑さんは、より日常生活を描く方向へ進んでいきます。

ところが、宮崎駿はそうじゃなかった。後に作った『未来少年コナン』も『ナウシカ』も『ホルス』の延長線上にある作品です。二人の歩む道が分かれていくことになるきっかけも、「ピッピ」の中に含まれていたのかもしれない――。

そんなことを考えているうちに、彼らが「ピッピ」の準備過程で残したものを、雑誌の記事だけでなく、単行本の形でしっかり残すべきじゃないかと思うようになりました。高畑さんのほうからも、自分たちがやろうとしたことを形に残しておきたいという話があったと記憶しています。

そこで、さっそくぼくらはスウェーデン大使館を通じて原作者のリンドグレーンさんに許諾を求める一方、日本で原作を出版している岩波書店とも交渉を始めました。しかし、残念ながらリンドグレーンさん側から断られてしまうのです。

それでも、せめて雑誌の特集だけはやろうと、ぼくは『アニメージュ』一九八五年八月号に「子どものためのアニメーション、その発想の原点「ピッピ」の秘蔵イメージボード公開！」と題して、宮さんの絵と高畑さんの「覚え書き」を掲載しました。

その後、ぼくはスタジオジブリのプロデューサーとなり、高畑勲、宮崎駿の作品を制作していくことになります。じつはその過程で何度も宮さんと「ピッピ」の映画化については話し合ってきました。でも、毎回、いろいろなことがあってついに実現には至りませんでした。

こうしてぼくの中で、「長くつ下のピッピ」は未解決のテーマとして残ることになったのです。宮さんとしても、『魔女の宅急便』を作るときに、あらためてスタッフを「ピッピ」の舞台だったゴトランド島へロケハンに行かせたことなどを見ると、ずっと「ピッピ」のことが引っ掛かっていたんだと思います。


アカデミー賞やベルリン国際映画祭の金熊賞を受賞し、宮崎駿の名が世界中に知れ渡った後、リンドグレーンさんの著作権継承者から『ピッピ』のアニメーション化のオファーが来たことがあります。

そのとき宮さんは「遅すぎる……」と言ってその話に乗りませんでした。最終的に、「『ピッピ』は時期を逸してしまったから、もう作れない」というのが宮さんの答えでした。「ただ、『ローニャ』は……」と引きずるように言います。じつは、リンドグレーンさんが書いた別の作品『山賊のむすめローニャ』にも宮さんは思い入れを持っていたのです。

それを憶えていたぼくは『ゲド戦記』の制作を終えた宮崎吾朗くんの次回作として検討を始めました。実際、吾朗くんには東欧までロケハンに行ってもらったのですが、結局、企画は暗礁に乗り上げてしまいました。

『ローニャ』を断念した吾朗くんは、『コクリコ坂から』を監督します。そして、その後は心機一転、ジブリを離れてNHKでテレビシリーズを作ることになりました。そこで再び企画検討の俎上に上ってきたのが『ローニャ』だったのです。リンドグレーン作品を通じて、吾朗くんは親父の意志を継ぐ決心をしたのかもしれません。

制作はジブリではないのですが、映像化の許諾を得る作業だけはジブリが協力することになり、あらためてリンドグレーンさん側と交渉を始めました。すると、向こうは待ってましたとばかりに喜んでくれて、とんとん拍子で話が進みました。

そして二〇一三年十一月、著作権を管理しているリンドグレーンさんのお孫さんたちが大挙して来日し、スタジオジブリへとやって来ました。彼らはみんなジブリの映画が大好きで、とくに宮崎作品のファンだといいます。そこで、宮さん、吾朗くんを囲み、スタジオでいろいろな話をしました。

そのとき、お孫さんのひとりが「質問があります」と切り出しました。「『長くつ下のピッピ』をもとにした絵がインターネットに載っているんですけど、これは宮崎さんが描いたものですか？」

その場で確認すると、たしかに宮さんが描いたイメージボードです。

「なんでこんなところに載っているんだろう？」と不思議がる宮さんに、「これは『アニメージュ』で特集したときのものですね」と説明しました。

「ほら宮さん、高畑さんが言い出して、「ピッピ」で準備したことをまるごと本にしようという話があったじゃないですか」

その会話を聞いたお孫さんたちは驚き、「そういう本が出るなら、私たちとしても非常にうれしい。ぜひ作ってください」という話になりました。

以上が、この本が生まれることになった経緯です。

こうして、スウェーデンでも日本でも世代が一回りし、リンドグレーン作品に新しい風が吹き込まれ始めています。

ぼくとしても、三十年越しの胸のつかえがおりて、ようやくほっとしているところです。

（「本書の企画者より　三十年越しの胸のつかえ」、高畑勲×宮崎駿×小田部羊一『幻の「長くつ下のピッピ」』岩波書店、二〇一四年）

メイちゃんの誕生

宮さんの特徴のひとつは、言葉遣いが丁寧なこと。目上の人に対してはもちろんのこと、目下の人に対しても、原則、丁寧語を話す。そんな宮さんが、ぼくの記憶ではただ一度だけ、舘野さんに対し、声を荒らげたことがある。

「顔がでかくて悪かったなあ！」

大きい声だった。スタジオ中にその声は響き渡った。舘野さんが困惑した。彼女は困惑すると、目が綺麗になる。一点を見つめ、瞳孔が動かなくなるからだ。その場にいた人、全員が固まった。息をのんだ。

その経緯はこうだ。ちょうど『となりのトトロ』の作画に入ってすぐの出来事だったと思う。舘野さんがチェックしていた動画は、メイちゃんの大アップ。画面いっぱいにメイちゃんの顔があった。机の配置は正確に憶えていないが、宮さんのすぐ後ろに彼女の席はあった。そして、隣の席の人に小さく笑いながら彼女が話しかけた。

「メイちゃんの顔って、画面にぴったり収まるね」

その刹那の出来事だった。

「顔がでかくて悪かったなあ！」

宮さんがなぜ、声を荒らげたのか？　その理由について、その場に居合わせたぼくは、一瞬ですべてを理解した。でかい顔のメイちゃんのモデルは、誰あろう、宮さん本人だった。

宮さんの顔は、横に長い。そのことを揶揄されたと宮さんは勝手に誤解した。一方、舘野さんはそんなことは露ほども考えていない。むろん、悪気もない。

映画の企画段階で、宮さんは、サツキとメイのお父さんのキャラクターを二種類作った。ひとつは、実際に映画で使うことになる面長タイプ。もうひとつが、横に長い顔だ。そのふたつの絵を持って、宮さんはスタジオを回った。どっちがいいと思うのか、スタッフに聞いて回ったのだ。結果、面長タイプが圧倒的な支持を得て、そっちに決まった。そのときの宮さんの落胆ぶりをぼくはよーく憶えている。

この事件は、宮さんにふたつのことをもたらした。宮さんという人は、時として声を荒らげることがある。しかし、そのことを人一倍気にする人でもある。その後、宮さんは、舘野さんに特別にやさしい人になった。そして、同時に、メイというキャラクターに特別の感情を抱いて、絵を描くようになった。

舘野さんは、もともと有能な人である。その有能の背景にあるのが、彼女の負けず嫌いな性格と努力。その彼女が、メイの動画をチェックするとき、これまで以上に力を注ぎ、その力を発揮した。

このエピソード、舘野さんが記憶しているのかどうか、ぼくは知らない。しかし、彼女のひとことが、その後、日本中で愛されることになる、あのメイちゃんの魅力を生み出したのだとぼくは確信している。

（「メイちゃんの誕生」、舘野仁美・平林享子『エンピツ戦記——誰も知らなかったスタジオジブリ』中央公論新社、二〇一五年）

帯のことば

関根さんからは、映画のコピーを学んだ。

『関根忠郎の映画惹句術』徳間書店、二〇一二年

映画を作っても、この人は、〝名監督〟になっていたと思う。

落合博満『戦士の休息』岩波書店、二〇一三年

この土佐弁が日本を変えた。

司馬遼太郎『竜馬がゆく』第五巻、文春文庫、二〇一三年

造物主［Ｇｏｄ］の代理人

『竹谷隆之　精密デザイン画集――造形のためのデザインとアレンジ』グラフィック社、二〇一四年

種田さんに美術を頼んでホントによかった！

種田陽平『ジブリの世界を創る』角川ｏｎｅテーマ21、二〇一四年

ぼくの本棚に、生涯大事にする本が加わった。

『伝説の映画美術監督たち×種田陽平』スペースシャワーネットワーク、二〇一四年

人間は何かを抱きしめていないと生きていけない。マミさん、そういうことですね。

砂田麻美『一瞬の雲の切れ間に』ポプラ社、二〇一六年

〔展示企画編〕

一本の作品が世界を変えることがある。

夢想することがある。

宮崎駿の描いた絵が、そっくりそのまま動いたら、どうなるか。キャラクターも背景も、彼の絵だけで。それを実現しているのが、バックさんのアニメーションだった。

高畑勲や宮崎駿が、バックさんの作品に出会ったのは、いまから二十五年以上前に遡る。ロサンゼルスで『クラック！』を見たふたりは、帰国するやいなや、興奮して、その魅力について語ってくれたものだ。曰く、物語とテーマ、そして表現が一致していると。特に表現においては、ぼくらが作るセルアニメーションとは、一線を画した作品だった。ぼくらの作るアニメーションでは、背景にキャラクターを馴染ませることは、むずかしい。セル画に描くキャラクターはのっぺりしているし、背景は、緻密に描けば描くほど、キャラクターとは質感の違う絵になる。しかも、多くのスタッフが分業で絵を描く。

時を経て『木を植えた男』が日本へやって来た。それは、バックさんの仕事の頂点ともいうべき作品だった。

その後、Kさんを通じて、バックさんとぼくらとの交流が始まったが、バックさんは、作品とその人柄が見事に一致した人物だったことも驚きだった。

バックさんとの出会いのあと、高畑勲は、長編アニメーション『となりの山田くん』で、実際に、背景にキャラクターを馴染ませてみたし、一方、宮崎駿は、『崖の上のポニョ』で、CGをいっさい捨てて、絵本の挿絵のような背景を採用し、手描きのアニメーション、それも、可能な限り動かしまくるアニメーションにとことん、こだわった。

一本の作品が世界を変えることがある。アニメーションは進化する。『木を植えた男』以降、世界のアニメーションは、大きく変わった。


（「フレデリック・バック展」東京都現代美術館、二〇一一年）

されど、われらが日々

特撮の博物館を作りたい。協力して貰えないだろうか。

某日、古い友人の庵野秀明が唐突に、こんなことを言い出した。二〇一〇年の夏のことだったと記憶している。

なんでも、特撮を作って来た人、そして、会社も需要が減ったことで、これまでに作り、保管して来たミニチュア、様々な資料等々が、このままだと雲散霧消してしまう危険性が出てきた。多くの人にとって、それらは、ほとんど意味の無いものかもしれないが、特撮ファンの自分としては、やり切れないし、自分以外にも、そういう人はじつに数多くいると思う。特撮を使ったテレビシリーズや映画を見て、子どものときに、明るい未来を夢見た人はいっぱいいたはず、いや、いるはずだという庵野の熱意にほだされたが、しかし、手立てがむずかしい。どうやれば、それを実現できるのか？

こういうときは、いろんな人の意見を聞くしかない。早速、いろんな人を集めて、この話を持ち掛けると、まずは、現代美術館で夏の展示をやるのはどうかという話になった。

どういうミニチュアと様々な資料が残っているのか、まずは、それを調べて所有する人たちの協力を得ることが、博物館実現への第一歩だというのだ。非常に現実的な案だった。

説得力がある。と同時に、頭の中で想像が膨らんだ。いろんな特撮のミニチュア群が一堂に会する。お客さんたちにとって、それは意味のあることだし、第一、面白そうだ。所詮、子どもだましの造型物だけれども、そこに命を懸けた職人技。子どもだましといって、いい加減に作ったものは無い。

こういう世界にこそ、じつは、日本人の底力のいい見本があったはず。

こういう時代だからこそ、そうした職人たちの、〝されど、われらが日々〟を振り返るのも、悪くない。

そして、短い特撮フィルムも作ることになった。庵野の思いついた企画が「巨神兵東京に現わる」。巨神兵のキャラクターを使用する件については宮崎駿の了解を得た。庵野の盟友、樋口真嗣の参加も決まり、体制は整った。あとは、二〇一二年夏を待つばかりである。

（「館長庵野秀明　特撮博物館――ミニチュアで見る昭和平成の技」東京都現代美術館、二〇一二年）

アニメーターという職業

あの宮崎駿も、近藤勝也には一目置く。

なぜか、理由はふたつある。ひとつは、絵と芝居が上手いこと。もうひとつは、彼の性格だ。自分勝手というか、態度がふてぶてしい。宮崎駿の許で、仕事をする人は数多くいるし、いたが、じつは、これが大事な、大事なポイントになる。

アニメーションといえば、当然、仕事は絵を描くことだ。とはいえ、内容は多岐に亘る。キャラクターが登場し、それが動く。これは、アニメーター。それ以外にも、キャラクターの芝居の背景を描く美術もあり、背景の色を考えつつ、キャラクターの色彩を決める仕上げという仕事もあるが、もっとも大変なのがアニメーターだ。各パート、責任者がいるが、アニメーターの場合、宮崎駿が責任者だからだ。

宮崎駿は、元々、一番上手なアニメーターであり、芝居は、コンテを描くときから頭にイメージがある。下手な絵と芝居があがってくると、すぐさま、宮崎駿の修正が入る。そして、怒る。アニメーターたちは、彼を恐れ、萎縮する。普段の実力が発揮できなくなる。

そんなとき、モノを言うのがその人が持っている性格だ。何を言われようが、自分の描いた絵に修正が入ろうが、そんなことはおかまいなく、マイペースで仕事をこなせることが肝要になる。近藤勝也は、それを持っている。彼のそういう強さは、どこで培われたのか。

この世界に入るとき、近藤勝也は、宮崎駿が当時、所属していたスタジオのアニメーター募集に応募した。そして、一次試験には通ったものの、実技試験と面接で落とされている。試験官は、むろん、宮崎駿だ。その後、いろいろあって、ジブリには『天空の城ラピュタ』から参加するが、彼がどういう思いでジブリにやって来たのか、確かめたことはないが、想像に難くない。

本人がどう思っているかはともかく、彼の代表作は、『魔女の宅急便』と『崖の上のポニョ』だろう。キキを描くことで、彼は、女の子を描かせたら、宮崎駿よりも上手いという定評を得た。彼の描いた思春期の少女には色気があった。その後、実生活で娘を持った彼は、『ポニョ』で新境地を開く。元気いっぱいの幼児を見事に表現してみせたのだ。

ポニョのモデルは、彼の一人娘。愛する娘のために、彼は日清製粉のコマーシャル・フィルム「コニャラ」を手掛けた。フィルムの終わりに、女の子が会社名を叫ぶが、それが彼の娘さんの声である。

（「ジブリの動画家　近藤勝也展」新居浜市立郷土美術館、二〇一二年）

「上を向いて歩こう」とアメリカと団塊の世代と

米国との戦争に負けたあと、日本にアメリカ文化がどっと入って来た。その中のひとつが歌だった。しばらくして、テレビ放送が始まるが、歌番組は二種類あった。

ひとつは、美空ひばりとか島倉千代子、三橋美智也などが登場する大人向きの歌謡番組。もうひとつが、アメリカのヒット曲に日本語詞をつけた歌を若手の歌手が歌う若者向け番組だった。

歌謡曲は最初から敬遠した。日本の歌に独特の節回しが、生理的に受け付けなかった。戦争に負けた日本が嫌いになったことが理由だと思う。たぶん。一方で、たとえ日本人が歌おうが、アメリカのポピュラーソングは魅力に満ちていた。日本よりも強い国、そして、テレビではじめて見たアメリカ人の生活、その国で流行る歌を聴かないと時代から置いてきぼりを食らう気分だった。

そして、ぼくらは中学生になって、ラジオから流れるアメリカの歌のオリジナルに触れることになる。コニー・フランシスの歌う「ヴァケイション」は、弘田三枝子が、いくらアメリカ風に歌っても、かないっこなかった。

最初に購入した、今は懐かしいドーナツ盤をよく憶えている。

ジョニー・ソマーズの歌った「内気なジョニー」。今だって、歌詞を見なくても、歌を歌える。ぼくらは、いつのまにか、日本の若者の歌うアメリカの歌を聴くことに耐えられなくなっていた。恥ずかしい、そんな気分だったし、本物があるじゃん、だった。

そこへ登場したのが、九ちゃんこと、坂本九だった。

九ちゃんだって、最初は、アメリカの歌を日本語で歌っていたが、なぜか、他の人が歌うのとは違って聞こえた。時系列については記憶が曖昧だが、九ちゃんが、日本で生まれたちょっとアメリカ風の歌を同時に歌っていたことと関係がある気がする。

中でも「九ちゃんのズンタタッタ」は、衝撃の曲だった。

それまでの大人のために作られた歌とは、一線を画していた。主人公は少年だった。それは、ぼくらの歌だった。ぼくらは、この歌を、そのころ、与えられた個室でひとり、人生の応援歌として口ずさむことになる。九ちゃんが主演の「アワモリ君シリーズ」も見に行った。そして、ぼくは、九ちゃんの歌い方をマスターし、学校へ行って、それを披露することになる。当時の同級生が、あのころ、敏夫は九ちゃんの歌真似をして、上手だろうと自慢していたという。

後に分かるのだが、作詞作曲は青島幸男。

この人も、都知事になる前は、ぼくらの時代のヒーローのひとりだった。

そして、「上を向いて歩こう」の誕生にぼくらは立ち会う。

それは、少年の歌では無かった。日本人の歌だった。日本で生まれた、これまで誰も作ったことのない日本人の作った詞と曲だった。

その曲が、海を渡って、ビルボードで一位になったと聞いたとき、その喜びとうれしさは半端なモノじゃなかった。日本がアメリカに勝った、訳が分からないが、そういう誇りを持った瞬間だった。

小学生のとき、テレビでアメリカの生活を見て憧れと羨望を持ち、同時に『少年サンデー』と『少年マガジン』の戦記記事を読んで、遅れてきた軍国少年と化し、中学生になってギターを手に入れ、アメリカの歌を聴くだけじゃなく歌いまくり、そして、高校生になると、東宝映画の8・15シリーズを見て奮い立ち、大学に於ける学生運動の大きなテーマのひとつは、反米だった。

この年になって分かることがある。

ぼくらの世代は、アメリカという国に翻弄された人生だったことが。

（「「上を向いて歩こう」展——奇跡の歌から、希望の歌へ」世田谷文学館、二〇一三年）

ささやかな野心

偶然の出会いだった。去年の夏の出来事。幽霊画を楽しむべく全生庵を訪ねた。それはぼくにとって、ここ数年の夏の恒例行事だった。

半分、見終わった時のことだ。見慣れない幽霊画が並んでいた。最初に目に入って来たのが、牡丹灯籠だった。お露とお米のふたりが中空に浮かんでいる。志の輔師匠の牡丹灯籠を聴いたばかりだったことも手伝って、その噺と画が重なった。お露が本当に美しい。髪のほつれ毛が、手の品が。子どもの頃の懐かしい、しかし、恐ろしかった思い出。番町皿屋敷のお菊の亡霊も、この上なく美しかった。

見惚れていると、作者の名前が目に入った。伊藤晴雨。混乱が起きた。ぼくにとって、晴雨は責め絵や縛り絵の達人だった。晴雨が、こんなかよわい美しい画を描くはずがない。葛藤が起きた。同行した友人が、ぼくの葛藤をよそに画を楽しんでいた。そして、友人が素晴らしいと言って、ぼくに見ることを強いたのが吊り灯籠だった。これ、お盆提灯ですかねえ。構図の大胆さと線の繊細さが相まって、灯籠に映る男の顔がえも言われぬ怖さだった。その日の出来事は、まるで夢のような一日で、強烈な印象をぼくに残した。

間を置かず、あれは本当に素晴らしい画だったのか気になり、もう一度、全生庵を訪ねた。確信を持った。自分の目に狂いはない。今度は、ぼくにも余裕があった。猫怪談の猫の可愛らしさや地獄の釜の蓋が開く様には、晴雨のユーモラスな一面も楽しむことが出来た。そして、展示の人に尋ねた。図録はありませんか。無かった。すると、その人が教えてくれた。今回が初公開で他にもいろいろあるらしいと。全部の作品を見たいと思った。

晴雨になぜ、ぼくは心を惹かれたのか。ひとことで言うと、晴雨の巧みな筆捌きに魅了された。真っ白な紙に筆を置いて、すっと書き下ろす。濃い薄い、速いゆっくりは書きながら瞬時に判断する。その思い切りの良さ。見ているだけで、何物にも代え難い快感がある。それは鳥獣戯画の実物を初めて見たときの興奮に似ていた。印刷物だと、微妙に再現できないのがその筆捌きだ。身体中を快感が走る。比べるのもおこがましいが、ぼくにしても、下手を承知で筆を執り書と画を描く。ゆえに、その捌きの見事さに圧倒された。手練れでなければ、ああは書けない。

ぼくの別の友人に昔の画に詳しい男がいたので、晴雨のことを話すと、なんと彼は自分の親戚だと言い出した。なんでも母方の親類筋にあたり、親戚はみな、そのことをひた隠しにしていることも分かった。ぼくがかつて所属した徳間書店の大先輩にも教えられた。貧乏だったらしく、仕事の斡旋を頼むべく、自宅によく顔を出していたと。

晴雨の描いた画は、一般には世間の評価は低い。ぼくにしても偏見があった。しかし、今回の展示で公表する晴雨の画は、それらのものと一線を画すと信じて、今回の展示を提案した。晴雨に対する世間の評価を引っ繰り返したい。ぼくのささやかな野心だった。

晴雨の軸は、すべて小さんコレクションの寄贈だと書いてあった。ぼくは、小さん師匠の最期の高座に立ち会っている。紀伊國屋ホールだったと記憶している。小さん師匠が登場して何も語らず、しばらくの間、同じ姿勢のまま座り続けていた。いつ落語が始まるのか、耐え難い間があった。すると、お弟子さんらしき人が登場して、小さん師匠を抱きかかえ奥へと引っ込んだ。師匠が亡くなったのは、その直後のことだった。

ぼくは、小さん師匠が晴雨に引き合わせてくれた。そう信じている。

（「伊藤晴雨幽霊画展」江戸東京博物館、二〇一六年に寄せて。初出は『伊藤晴雨幽霊画集――柳家小さんコレクション』スタジオジブリ、二〇一六年）

〔映画編〕

無常の風

マキノ雅弘監督「次郎長三国志」シリーズ(東宝、一九五二—五四年)の大きな特徴は、一話ごとにテーマが明快なことだ。この文章を書くにあたり、シリーズ全話を見直してみたが、そのことに気づかされた。今回、特に気に入ったのが第六部の『旅がらす次郎長一家』。最近、親しかった人の早過ぎる死を目にしたせいか、人の命の儚さを丁寧に描く、この話に心惹かれた。

甲州猿屋の勘助を叩き斬って兇状旅に出た次郎長一家に対し、世間の目は冷たかった。役人から追われる身なので、気の休まる日が無い。泊まる宿にも事欠く。親しかった人たちも、一家を匿うわけにいかない。匿えば同罪になってしまう。そんな旅のさなか、次郎長の女房、お蝶の身体の具合が悪くなっていく。

困り果てる一家を見かねた石松の幼なじみの七五郎が一家を自分の家に誘う。といっても貧乏世帯、家はあばら屋だ。七五郎が家に帰ると、待っていた女房のお園が、七五郎相手に「こんなひどい家に泊めるわけにはいかない」というようなことを言い出し、いきなり夫婦喧嘩を始める。

家の外では、七五郎に案内されてきた次郎長一家が、その喧嘩の凄まじさを黙って聞いている。しかし、ついに我慢できず、全員が笑い転げてしまう。犬も食わない夫婦喧嘩は、他人から見れば、ギャグ以外の何物でもない。つられて、お蝶も笑ってしまう。次郎長がお蝶に言う。「おまえが笑う顔を久しぶりに見たなあ」。ここが、この映画の見せ場。どんなに辛くても、笑いがあれば人は生きていける。

昨今の映画は、いずれも奇跡に満ちている。ありえないことを描くことで感動がある。しかし、このシリーズは、ありえない出来事は何も起きない。ありうることだけで映画を成立させている。しかも、観客の立場に立てば、すべてのエピソードが、だれしも身に覚えのあることばかり。そして、必ず、そこに笑いと涙がある。だから、感動が深い。

——病状が悪化したお蝶は一家が見守る中、静かに死を迎える。一家全員が泣きながら野辺の送りをする。映画の冒頭に登場する歌が印象的だ。

若きとて末を永きと思うなよ　無常の風は時をきらわぬ

シリーズを通して、好きなシーンがある。次郎長だって人の子、困ったことがあれば、すぐに子分たちに相談を持ち掛ける。気がつくと、一家全員で相談している。そんな次郎長一家を見ているとき、ぼくは幸福な気分に襲われる。

（『熱風』二〇一二年一月号、初出はＤＶＤ「次郎長三国志第二集」解説書）

子ども時代の記憶――『ハロー！　純一』（監督 石井克人／配給 ティ・ジョイ／二〇一四年公開）

子どもたちが主人公の日本映画が絶えて久しい。

『ハロー！　純一』は、そんな時代にあえて挑戦した野心作だ。学校生活や遊び、そして子ども同士の付き合い方など、子どもたちの天真爛漫さを丁寧に描いた映画だ。

地震と原発事故のあと、日本の子どもたちを励ましたい。石井克人監督がこの映画を作ろうとした動機は、その一点。役者さんたちも手弁当で、この映画に参加したそうだ。

そして、小学生以下は無料というアイデアが生まれたが、それが理由で、作った映画の公開が難しくなる。子どもたちに見て貰いたい。しかし、入場料は無料ということになると、映画館の人も大きな収入が見込めず、困ってしまう。

旧知の石井監督からぼくに長文のメールが届いたのは、そんな時だった。一昨年の九月、ジブリは『風立ちぬ』の制作中の時期だったが、まずは一度会って相談ということになった。ぼくが思いついたのは、ティ・ジョイの紀伊さんのこと。普段、映画の興行で大変お世話になっているのだが、こういう話に乗ってくれるとしたら、彼を措いて他にいない。その場で電話を入れると即断即決、二ツ返事だった。そして、話はトントン拍子に進み、イオンシネマの大山さんの協力も得て、なんと九十五スクリーンの公開ということになった。

この映画を見ながら、思い出した古い日本映画がある。清水宏監督作品『風の中の子供』だ。戦前に作られた子どもたちが主人公の傑作だが、ぼくの中で、ふたつの作品に登場する子どもたちが被さった。いつの時代も子どもたちは変わらない。両作品に共通するのは、話らしい話が無いにもかかわらず、子どもたちが生き生きしていることだ。

先日、ロシアのアニメーション作家ユーリ・ノルシュテインさんが、ジブリに遊びにやって来た。彼とぼく、そして宮崎駿の三人で話をした。ノルシュテインさんのひとことが心に残った。

——人生で大事なのは、子ども時代の記憶と友だちだ。

風が吹けば——『人生フルーツ』（監督　伏原健之／配給　東海テレビ放送／二〇一七年公開）

九十歳の夫と八十七歳の妻。六十五年間をふたりで暮らした。六十五年間、一緒に暮らして、おたがい丁寧語で話す。「おい、お前」ではない。呼びかけるときは、「お父さん」「お母さん」、あるいは、下の名前を呼ぶ。「修たん」「ヒデコさん」と。その距離感がいい。

映画で見る限り、ふたりともかなりの頑固者と見た。それがゆえに、娘夫婦に会うのも一ヶ月に一度のペース。その距離感もいい。

人は近づきすぎると、とかく、その良好な関係が壊れやすくなる。

この映画は、雑木林とともに老夫婦ふたりがどういう日々を過ごしているのか、その二年間を丁寧に追いかけたドキュメンタリーである。

ふたりを見ていると本当に忙しい。朝から晩まで。しかし、楽しそうだ。やることは山のようにある。ほとんど自給自足の生活だからだ。季節の野菜、果物。それらをちゃんと育てなくてはいけない。野菜が七十種、果物が五十種。タケノコ、ジャガイモ、梅干し、甘夏、さくらんぼ、柿、栗、いちご、桃、すいか、くるみなどなど。ベーコンなど仕込みに三日を掛ける。作るのはお父さんの仕事。ザルに区分けし整理するのはお母さんの仕事だ。

家は木造平屋建て。夫の尊敬する建築家アントニン・レーモンドの家を模した三十畳のワンルーム。天井が異様に高い。その端っこにある机で、お父さんは毎日手紙を十通書く。そして、お父さんは得意なイラストを添える。これがなかなか上手な絵だ。生活費は二ヶ月に一度の年金三十二万円だ。

お父さんは、名古屋の近郊にある高蔵寺ニュータウンの計画に携わった建築家だ。しかし、お父さんの考えたマスタープランがそのまま実現されることは無かった。山を削り谷は埋められて、里山は無くなった。ふたりは、その一角に三百坪の土地を購入する。平らになった土地に、その一部でも良いからと里山と雑木林を復活させるべく生涯を捧げようと考えた。

ふたりの生き方は、おたがい向き合わないこと。向き合えば、些細なことで人はいさかいを起こす。ふたりはひとつの夢を一緒に見ることが大事だと考えて生きてきた。

雑木林にある落葉樹の落ち葉を集めて、土に返す。それが腐葉土と化す。お父さんは「土の状態によって、食物は健康に育つ」と考えている。それをお母さんが手伝う。お父さんの大好物はジャガイモ。お母さんは食さない。嫌いだからだ。そのことが微笑ましい。買い出しはお母さんの仕事。電車に乗ってテクテク、地下鉄に乗り換え名古屋の繁華街、栄の地下にある食品売り場へ。そこで一ヶ月分の買い物をする。お店の人とは、何十年来の馴染みだ。なかには、二代目になった店主もいる。お父さんはトロも大好きだ。

そんなある日、お父さんが亡くなる。いつものように畑の草むしりをした後、横になって昼寝をし、そのまま帰らぬ人になった。お母さんは途方に暮れるが、これまでの生活習慣が彼女を助けてくれる。葬儀を済ませた後、お母さんは、毎朝、お父さんのために食事を作り始める。むろん、料理はお父さんの好きだったジャガイモ料理だ。

ふたりの住処の高蔵寺は名古屋生まれのぼくには、親しみ深い地名だ。ぼくにしても、名古屋を離れて上京してから五十年という歳月が過ぎた。そろそろ来し方行く末を思い、残りの人生を考えるべき時がやって来た。いつか機会を作って、人知れずこの家を訪ねてみたい。

（『人生フルーツ』劇場用パンフレット、二〇一七年）

〔寸評〕

『カールじいさんの空飛ぶ家』

監督 ピート・ドクター／ボブ・ピーターソン／**配給** ディズニー／二〇〇九年公開

映画を見ている最中、ずっと、このおじいさんは宮さんだと思いました。ジジイが元気な時代ですねえ。

『一枚のハガキ』

監督 新藤兼人／**配給** 東京テアトル／二〇一一年公開

九十九歳の理性。

『ヴァンパイア』

監督 岩井俊二／**配給** ポニーキャニオン／二〇一二年公開

孤独な魂の乱交――。

主人公の吸血鬼が

岩井俊二そっくりだった。

恐い！

『東京家族』

監督 山田洋次／**配給** 松竹／二〇一三年公開

このままじゃいけん！――コピーはこうですか。

『赤々煉恋』

監督 小中和哉／**配給** アイエス・フィールド／二〇一三年公開

こんなに辛い映画を見たのは、本当に久しぶりのことでした。

『小さいおうち』

監督 山田洋次／**配給** 松竹／二〇一四年公開

小さいおうちの大きな悲劇。人生には説明のつかないことがある。

『ネブラスカ　ふたつの心をつなぐ旅』

監督　アレクサンダー・ペイン／**配給**　ロングライド／二〇一四年公開

素晴らしかった。
映画とは何か？
久しぶりに堪能しました。
老いた父と息子の物語でありながら、
見ていくうちに、アメリカの現代史を見た気分になった。

『アナと雪の女王』

監督　クリス・バック／ジェニファー・リー／**配給**　ディズニー／二〇一四年公開

この映画が面白いと思ったのは、ヒロインがもう男の子の手は借りないということ。そこから今という時代が見えてきます。原案「雪の女王」の主人公が持っていた精神をうまく引き継いでいて、自己犠牲を払いながら進む姿は宮崎駿の作品にも通じるものがある。エグゼクティブプロデューサーのジョン・ラセターはアメリカの大事な友人。信頼する人が作るものは信頼できます。

『her／世界でひとつの彼女』

監督　スパイク・ジョーンズ／配給　アスミック・エース／二〇一四年公開

人間だって愛を知った日がある。AI《人工知能》だって愛を知る日がある。

『ぼくたちの家族』

監督　石井裕也／配給　ファントム・フィルム／二〇一四年公開

絶望は、希望の始まりなり。大傑作でした。

『ベイマックス』

監督　ドン・ホール／クリス・ウィリアムズ／配給　ディズニー／二〇一四年公開

私は常々「映画の品格は背景美術で決まる」と考えているんです。長年の友人であるジョン・ラセターからは「東京とサンフランシスコを合わせた都市をつくった」と聞かされていましたが、物語の舞台であるサンフランソウキョウは高層ビルや道路だけでなく、場末の路地裏から看板などの小物に至るまでが実によく描けている。老若男女にオススメできる作品ですよ。

『THE NEXT GENERATION パトレイバー　首都決戦』

監督 押井守／**配給** 松竹／二〇一五年公開

押井守の描いて来た未来が、次から次へと実現しつつあるのが現代だ。還暦を過ぎた押井守は、ＳＦが現実になった時代を超えることが出来るのか？

『恋人たち』

監督 橋口亮輔／二〇一五年公開

配給 松竹ブロードキャスティング／アーク・フィルムズ

世の中には、

いい馬鹿と悪い馬鹿と

質《タチ》の悪い馬鹿がいる

『リップヴァンウィンクルの花嫁』

監督 岩井俊二／**配給** 東映／二〇一六年公開

ネットでモノを買うように
七海はネットで彼氏を手に入れた。

簡単に手に入れたモノは、
しかし、簡単に何処かへ行ってしまう。

彼は、七海のもとを去った。
そんな失意の七海の前に現れたのは、
真白と名乗る女。

アカウント名はリップヴァンウィンクル。

ふたりの暮らしが始まる。

ただの一度もＳＮＳを使わない
ふたりの暮らしが。

自分であることを中断し、
みんなが他人の「仮面」をつけている。
そんな時代に斬り込む
岩井俊二の「現代との格闘」が
面白かった。　スタジオジブリ
鈴木敏夫

『スポットライト　世紀のスクープ』
監督　トム・マッカーシー／配給　ロングライド／二〇一六年公開

臭いものに蓋をしない。
人間にとって一番大事なモノは言論の自由。
この映画を見ながら、つくづく思った。
こういう映画に作品賞を与える
アメリカという国の奥深さが羨ましいと。

『ズートピア』
監督　バイロン・ハワード／リッチ・ムーア／ジャレド・ブッシュ
配給　ディズニー／二〇一六年公開

こんな映画がなぜ誕生したのか？
動物たちが主人公なので子ども向けかと思ったら大間違い。
この作品は、資本主義の果てに、どういう社会が生まれるのかを暗示している。
ディズニー映画の中でもずば抜けた傑作です！

『ひそひそ星』

監督 園子温／**配給** 日活／二〇一六年公開

クシャミをするのは男ではなくて女。
この映画をみながらふと谷川俊太郎のことを思い出した。傑作です。

『教授のおかしな妄想殺人』

監督 ウディ・アレン／**配給** ロングライド／二〇一六年公開

社会のルールに縛られて、大きなストレスと心の屈折を感じている。
そんな現代人にウディ・アレンが贈る重い心が軽くなる物語。
え？　どうしてそっちへ行っちゃうの???

『シン・ゴジラ』

総監督 庵野秀明／**監督・特技監督** 樋口真嗣／**配給** 東宝／二〇一六年公開

人間はしばしば希望にあざむかれるが、
絶望という事はあり得ない。
この映画が、この国で、
この時代に作られた事に
大きな感謝《エール》を贈りたい。

『君の名は。』

監督 新海誠／**配給** 東宝／二〇一六年公開

人類が最後にかかるのは、
希望という名の病気である。
――映画を見ながら、
サン＝テグジュペリのこの言葉が
何度も脳裏を過《よぎ》った。

『シネマ歌舞伎　スーパー歌舞伎Ⅱ《セカンド》　ワンピース』

演出 横内謙介／市川猿之助／**配給** 松竹／二〇一六年公開

スーパー歌舞伎Ⅱ『ワンピース』は、見る者を圧倒する。
これでもか、これでもかと繰り出す見せ物に徹したその内容。
歌舞伎は本来、こうだったに違いない！

『牝猫たち』

監督 白石和彌／**配給** 日活／二〇一七年公開

「いま」「ここ」で生きる。傑作です！

あとがき　一期の夢よ、ただ狂へ

ちゃんとした爺になりたいというぼくの願望を木っ端微塵に打ち砕いたのが宮崎駿だった。いま思い起こせば、宮さんは用意周到、かなり以前から着々と準備を進めていた。ぼくが『レッドタートル』の完成で忙しかったときのことだ。かれこれ一年余り前のことになる。ぼくを摑まえては、何度も何度も同じ言葉を繰り返した。

「鈴木さんは映画を作るべきだ」

いったい、何を言っているのか。意味不明だった。宮さんが呆けたのか。最初は、そうも思った。十年掛けて作ってきた『レッドタートル』がやっと完成する。ぼくは、映画を作っていたのだ。それを知らない宮さんではない。しかし、宮さんは繰り返す。

「鈴木さんは映画を作るべきだ」

そのうち、こんな話が聞こえてきた。『レッドタートル』にまったく関心を示さなかった宮さんが映画を見たという。スタッフのひとりが、モニターで完成した映画のチェックをしていたときだ。気がついたら、宮さんが後ろに立ってそのまま映画に見入ったらしい。

その直後のことだ。美術館のための短編『毛虫のボロ』を作っていた宮さんは、その日の午前中にチェックしてOKを出したカットの全リテークを指示した。

『レッドタートル』が宮さんに火をつけた。刺激を受けた。スタッフの間に緊張が走った。『レッドタートル』は全編手描き。しかも、芝居が素晴らしい。同時にこうも思ったに違いない。『レッドタートル』がジブリの最後の作品として公開される、それは我慢がならない、と。

数日後、ぼくとの雑談の中で宮さんが唐突にこう言い出した。

「あのスタッフがいれば、長編を作ることが出来る」

宮さんは矛盾の人だ。いつも同時にふたつのことを考える。そして、いつだって前段無しに本論に入る。ぼくは、そのことが不可能であることを真面目に伝えた。

「ヨーロッパ中の手描きのアニメーターが集まったんですよ。それをもう一度集めるのは至難の業です」

むろん、宮さんは映画を見たとは口が裂けても言わない。ぼくにしても、いつ見たのかなどと野暮なことは口にしない。

PIXARの始めた3DCGによって、世界のアニメーションは一変した。コンピュータでアニメーションを作る。それが現在の世界のアニメーションの趨勢になって、手描きアニメーションは苦境に陥っている。日本とてその例外ではない。日本の若者たちも3DCGの世界には参入するが、手描きへの希望者は激減している。その結果、日本でも有能な手描きのアニメーターの質と量が逼迫して来た。上手だったアニメーターたちがいずれも高年齢化し、後に続く世代からも目立った才能が出なくなった。

かくいう宮崎駿も『毛虫のボロ』では、作画の一部を3DCGに託した。しかし、宮さんにとって3DCGは勝手が違っていた。手描きを作るようには、自分の思い通りには事が運ばない。

それから数ヶ月経った。宮さんが一冊の本をぼくに提示した。

「読んでみて下さい」

アイルランド人が書いた児童文学だった。宮さんは、毎月、三冊から五冊の児童書に必ず目を通す。その中の一冊だった。初夏の暑い日。ぼくは、その本を一気に読んだ。そして、面白いと思ったし、いまこの時代に長編映画とするに相応しい内容だと判断した。翌朝、そのことを伝えると、宮さんは満足の表情だった。

「しかし、どういう内容にするかが難しい。原作のままでは映画にならない」

そして、付け加えた。

「ジブリは映画を作るべきだ」

それは正論だ。やれるものならやりたい。しかし、いったい、誰が作るのか。この時点で、宮さんにしても自分が作るとは言い出していない。

季節は梅雨になった。宮さんが別の企画を持ち出した。今度も外国の児童書だった。ぼくは再び、一晩で読んだ。宮さんが質問してきた。

「どちらをやるべきか」

ぼくに迷いは無かった。

「もちろん、最初の本でしょう」

七月に入ったばかりのころだった。宮さんが企画書を書いた。

そこには三つのことが書かれていた。


一つ目。「引退宣言」の撤回。

二つ目。この本には刺激を受けたけど原作にはしない。オリジナルで作る。そして、舞台は日本にする。

三つ目。全編、手描きでやる。


むろん、監督は宮さんだった。このあと、ふたりが交わした会話は、去年の秋に放映されたNHKスペシャルの「終わらない人　宮崎駿」に詳しい。番組中で、ぼくが宮さんに返したコメントが世間で話題になった。

「作っている途中で宮さんが死んじゃえば、この作品は大ヒットしますよ」

視聴者は、そのシーンを見て、どう思ったのか。

宮崎家は、長寿の家系ではないと宮さんは言う。宮さんのお父さんは七十九歳で亡くなったし、去年、長兄も七十七歳で客死した。ぼくは宮さんの弟の至朗さんと親しいが、彼に言わせると、「宮崎家で八十歳の壁を超えた人はいない」らしい。この正月で、宮さんは七十六歳になった。

七十六歳で長編映画を作る。なおかつ、やり方も変えない。宮さんは、作画チェックを全部やるつもりでいる。当然、制作期間も長期にわたる。

いったい、この映画の全予算はいくらになるのか。そして、映画はちゃんと完成するのか。

去年の暮れ、ぼくは十二月三十日まで働いた。熟練アニメーターの本田雄君に作画監督をやって貰う。その説得のためだった。この新作の要になる人が本田君だった。彼は、この春からある大型企画の総作画監督をやることになっている。それをこっちに連れて来てしまうという算段だ。本田君は「本当は両方やりたいがそういうわけにも行かない」「だから、こっちをやる」と言ってくれた。その足で、ぼくは小金井にあるジブリへ向かった。宮さんへの報告だ。宮さんはひとりきりで、誰もいないスタジオで新作のための絵コンテを描いていた。

あれから三年半の月日が流れた。宮さんの引退宣言を喜んだのは、ぼくを措いて他にいない。日本中が悲しみに包まれていた。なのに、あのとき、ぼくだけが壇上でニコニコしていた。老後の楽しみ。肩の荷を下ろす。いろんな言葉が浮かんでいた。これから何をやろう。そう考えると、うれしさを押し殺すことが出来なかった。束の間の夢だった——一期は夢よ、ただ狂へ。こうなったら、やるしかない。

＊

『ジブリの文学』というタイトル案を聞いたとき、そんな大仰なと、最初はそう思った。しかし、その直後に「いや、面白い」と思い返した。前著が〝哲学〟で、今回が〝文学〟、となると三冊目は何か。てなことを考えていたら、書店の店頭に三冊居並ぶ「ジブリ・シリーズ」がふと目に浮かんだ。いいじゃないか。提案してくれたのは担当編集の西澤昭方君。三十九歳。独身。

東大出身のインテリ青年。学生時代はプロレスなどやっていたらしいが、本当のところはよく分からない。彼は、タイトル以外に、この本で二つのことをやってくれた。

この五年間に、ぼくがそこかしこに書き散らした雑文を中心に、対談座談を加えて編集する。つまり、構成はすべて彼の手による。最初は、若い人に向けた人生論集のような本を構想していたようだが、資料を読み進むうちにテーマが変わったらしい。タイトルのヒントは、対談座談の相手を文学者に絞ったことによる。彼の説明を聞くや、ぼくは納得、〝文学〟というタイトルに賛同した。加藤周一さんによれば、文学の範囲は本来、音楽まで含めれば限りなく広い。

西澤君とぼくの付き合いは、ジブリ作品の『ゲド戦記』のころに遡る。岩波書店から社員を相手に講演をして欲しい、という依頼を受けた。その聴衆のひとりが西澤君で、質問コーナーで手を挙げて、『エヴァンゲリオン』について質問してきた。西澤君は、まだ二十代だったと記憶している。爾来、彼との付き合いが始まったが、一緒に本を作るのは初めての出来事。その間隙を縫っての雑談は、現代とは何かについての話が多く、ぼくにしても彼の見方分析が面白く、話は何度も深夜に及んだ。

二つ目は、本の帯を池澤夏樹さんに依頼したこと。最初、彼から池澤さんでどうかと聞かれたとき、ぼくは即座に反対した。ぼくの尊敬する池澤さんが書いてくれたらそりゃあ嬉しいが、それとこれとは話が違う。恥ずかしいからやめて欲しいと強く否定した。ぼくの雑文をまとめたこの本に池澤さんが帯を書くなど、想像するだに恐ろしい話だった。それに断られるのも気が引けた。

「池澤さんが引き受けてくれました」と西澤君から話があったのは、そんな提案を忘れた頃のことだった。その刹那、ぼくは西澤君の顔をまじまじと見た。彼の表情に、〝してやったり〟の満足と自信が溢れていた。出版はサービス業だというのがぼくの持論だ。ぼくはジブリの前に、出版社で記者と編集者の経験がある。西澤君に欠けているのはその大事なサービス精神だと考えていたので、心底、驚いた。西澤君、君のことを四十に近くなった単なるインテリ青年だと見くびっていたぼくを許して下さい。この場を借りて謝罪したい。歳月は人を変える。あれから十年、時が過ぎたと思うと感慨深い。

毎度のことだが、ジブリの編集部長・田居《たい》因《ゆかり》さんに世話になった。彼女は、ぼくの出版物のすべてに目を通してくれている。

ところで、池澤さんの帯ですが、本当に書いてくれるのでしょうか？　現在、書いてくれたという西澤君からの連絡はまだ無い。

二〇一七年二月八日

鈴木敏夫

鈴木敏夫
株式会社スタジオジブリ代表取締役プロデューサー．
1948年名古屋市生まれ．72年慶應義塾大学文学部卒業，徳間書店に入社．『週刊アサヒ芸能』を経て，78年アニメーション雑誌『アニメージュ』の創刊に参加．副編集長，編集長を12年あまり務めるかたわら，84年『風の谷のナウシカ』，86年『天空の城ラピュタ』，88年『火垂るの墓』『となりのトトロ』，89年『魔女の宅急便』など一連の高畑勲・宮崎駿作品の製作に関わる．85年にはスタジオジブリの設立に参加，89年から同スタジオの専従に．以後，91年『おもひでぽろぽろ』から2016年『レッドタートル ある島の物語』まで，全作品の企画・プロデュースに携わる．2014年，第64回芸術選奨文部科学大臣賞を受賞．
著書に『映画道楽』(ぴあ)，『仕事道楽　新版――スタジオジブリの現場』(岩波新書)，『ジブリの哲学――変わるものと変わらないもの』(岩波書店)，『鈴木敏夫のジブリ汗まみれ』1〜5(復刊ドットコム)，『風に吹かれて』(中央公論新社)，『ジブリの仲間たち』(新潮新書)がある．

ジブリの文学

2017年3月28日　第1刷発行
2017年4月14日　第2刷発行

著　者　鈴木敏夫《すずきとしお》

発行者　岡本　厚

発行所　株式会社　岩波書店
〒101-8002 東京都千代田区一ツ橋 2-5-5
電話案内 03-5210-4000
http://www.iwanami.co.jp/

印刷・法令印刷　カバー・半七印刷　製本・三水舎

ISBN 978-4-00-061194-7　　Printed in Japan